Direito
Ambiental

O GEN | Grupo Editorial Nacional – maior plataforma editorial brasileira no segmento científico, técnico e profissional – publica conteúdos nas áreas de concursos, ciências jurídicas, humanas, exatas, da saúde e sociais aplicadas, além de prover serviços direcionados à educação continuada.

As editoras que integram o GEN, das mais respeitadas no mercado editorial, construíram catálogos inigualáveis, com obras decisivas para a formação acadêmica e o aperfeiçoamento de várias gerações de profissionais e estudantes, tendo se tornado sinônimo de qualidade e seriedade.

A missão do GEN e dos núcleos de conteúdo que o compõem é prover a melhor informação científica e distribuí-la de maneira flexível e conveniente, a preços justos, gerando benefícios e servindo a autores, docentes, livreiros, funcionários, colaboradores e acionistas.

Nosso comportamento ético incondicional e nossa responsabilidade social e ambiental são reforçados pela natureza educacional de nossa atividade e dão sustentabilidade ao crescimento contínuo e à rentabilidade do grupo.

Pedro **Abi-Eçab**
Rafael Schwez **Kurkowski**

COORDENAÇÃO
Renee do Ó **Souza**

Direito Ambiental

2ª EDIÇÃO REVISTA, ATUALIZADA E REFORMULADA

- Os autores deste livro e a editora empenharam seus melhores esforços para assegurar que as informações e os procedimentos apresentados no texto estejam em acordo com os padrões aceitos à época da publicação, e todos os dados foram atualizados pelos autores até a data de fechamento do livro. Entretanto, tendo em conta a evolução das ciências, as atualizações legislativas, as mudanças regulamentares governamentais e o constante fluxo de novas informações sobre os temas que constam do livro, recomendamos enfaticamente que os leitores consultem sempre outras fontes fidedignas, de modo a se certificarem de que as informações contidas no texto estão corretas e de que não houve alterações nas recomendações ou na legislação regulamentadora.
- Fechamento desta edição: 10.02.2022
- Os autores e a editora se empenharam para citar adequadamente e dar o devido crédito a todos os detentores de direitos autorais de qualquer material utilizado neste livro, dispondo-se a possíveis acertos posteriores caso, inadvertida e involuntariamente, a identificação de algum deles tenha sido omitida.
- **Atendimento ao cliente: (11) 5080-0751 | faleconosco@grupogen.com.br**
- Direitos exclusivos para a língua portuguesa
  Copyright © 2022 *by*
  Editora Forense Ltda.
  Uma editora integrante do GEN | Grupo Editorial Nacional
  Travessa do Ouvidor, 11 – Térreo e 6º andar
  Rio de Janeiro – RJ – 20040-040
  www.grupogen.com.br
- Reservados todos os direitos. É proibida a duplicação ou reprodução deste volume, no todo ou em parte, em quaisquer formas ou por quaisquer meios (eletrônico, mecânico, gravação, fotocópia, distribuição pela Internet ou outros), sem permissão, por escrito, da Editora Forense Ltda.
- Esta obra passou a ser publicada pela Editora Método | Grupo GEN a partir da 2ª edição.
- Capa: Bruno Sales Zorzetto
- **CIP – BRASIL. CATALOGAÇÃO NA FONTE.**
  SINDICATO NACIONAL DOS EDITORES DE LIVROS, RJ.

A13d
2. ed.

Abi-Eçab, Pedro

Direito ambiental / Pedro Abi-Eçab, Rafael Schwez Kurkowski; coordenação Renee do Ó Souza. – 2. ed. – Rio de Janeiro: Método, 2022.
384 p.; 21 cm. (Método essencial)

Inclui bibliografia
ISBN 978-65-5964-433-9

1. Direito ambiental – Brasil. 2. Serviço público – Brasil – Concursos. I. Kurkowski, Rafael Scwez. II. Souza, Renee do Ó. III. Título. IV. Série

22-75961   CDU: 349.6(81)

Meri Gleice Rodrigues de Souza – Bibliotecária – CRB-7/6439

Sumário

Capítulo 1

Introdução ao Direito Ambiental 1

1.1　Direito Ambiental no Brasil 1

1.2　Antropocentrismo e biocentrismo 3

1.3　A dignidade dos animais não humanos e o direito animal .. 5

1.4　Conceito de meio ambiente 6

1.5　Os quatro tipos de meio ambiente 7

1.6　Natureza jurídica do bem ambiental 8

1.7　Estado de Direito Ambiental ou Estado Ecológico de Direito .. 9

Capítulo 2

Princípios do Direito Ambiental 11

2.1　Função dos princípios jurídicos 11

2.2　Princípios do Direito Ambiental 12

2.3　Princípio do meio ambiente ecologicamente equilibrado .. 13

2.4　Princípio da precaução e princípio da prevenção 13

2.5　Princípio do poluidor-pagador 14

2.6　Princípio do usuário-pagador 15

2.7　Princípio da transversalidade 16

2.8　Princípio da ubiquidade 16

2.9　Princípio da função ambiental 17

2.10　Princípio da cooperação 18

2.11　Princípio da solidariedade intergeracional 19

2.12　Princípio do desenvolvimento sustentável 20

2.13　Princípio da intervenção estatal ou defesa compulsória .. 21

2.14　Princípio da participação 21

2.15 Princípio da informação 22

2.16 Princípio da correção na fonte................................. 23

2.17 Princípio do acesso equitativo aos recursos naturais....... 24

2.18 Princípio da vedação do retrocesso......................... 24

2.19 Princípio da responsabilidade comum, porém, diferenciada .. 26

2.20 Princípio do provedor-recebedor ou protetor-recebedor .. 26

2.21 Princípio da moralidade e o meio ambiente (moralidade ambiental).. 28

2.22 Princípio da ecoeficiência 28

2.23 Princípio do limite ou controle 29

Capítulo 3

Competências ambientais na Constituição Federal 31

3.1 Introdução 31

3.2 Competência legislativa 32

    3.2.1 Competência legislativa privativa 32

    3.2.2 Competência legislativa exclusiva 33

    3.2.3 Competência legislativa concorrente.............. 33

    3.2.4 Competência legislativa concorrente supletiva 35

    3.2.5 Competências municipais............................... 36

3.3 Competência material, administrativa ou de implementação .. 37

    3.3.1 Competência material comum......................... 37

    3.3.2 Competência material exclusiva...................... 38

Capítulo 4

Política Nacional do Meio Ambiente.................................. 39

4.1 Política Nacional de Meio Ambiente (PNMA): considerações gerais... 39

4.2 Educação ambiental 41

4.3 Sistema Nacional do Meio Ambiente (Sisnama) 42

    4.3.1 Conselho Nacional do Meio Ambiente (Conama) 43

4.3.2	Instituto Brasileiro do Meio Ambiente e dos Recursos Naturais Renováveis (Ibama)	45
4.3.3	Instituto Chico Mendes de Conservação da Biodiversidade (ICMBio)	45
4.4	Instrumentos da Política Nacional do Meio Ambiente	46
4.4.1	Estabelecimento de padrões de qualidade ambiental	46
4.4.2	Zoneamento ambiental	47
4.4.3	Avaliação de impactos ambientais (AIA)	50
4.4.4	Licenciamento ambiental	53
4.4.4.1	Considerações gerais	53
4.4.4.2	Licença ambiental	55
4.4.4.3	Competência para o licenciamento ambiental	59
4.4.4.4	Dispensa do licenciamento ambiental	65
4.4.5	Incentivos a produção e instalação de equipamentos e a criação ou absorção de tecnologia, voltados para a melhoria da qualidade ambiental	66
4.4.6	Criação de espaços territoriais especialmente protegidos pelo Poder Público federal, estadual e municipal, tais como áreas de proteção ambiental, de relevante interesse ecológico e reservas extrativistas	67
4.4.7	Sistema Nacional de Informações sobre o Meio Ambiente (Sinima)	67
4.4.8	Cadastro Técnico Federal de Atividades e Instrumento de Defesa Ambiental	69
4.4.9	Penalidades disciplinares ou compensatórias ao não cumprimento das medidas necessárias à preservação ou correção da degradação ambiental	70
4.4.10	Garantia da prestação de informações relativas ao meio ambiente	70
4.4.11	Cadastro Técnico Federal de atividades potencialmente poluidoras e/ou utilizadoras dos recursos ambientais	70
4.4.12	Instrumentos econômicos, como concessão florestal, servidão ambiental, seguro ambiental e outros	71
4.4.12.1	Concessão florestal	71
4.4.12.2	Servidão ambiental	72
4.4.12.3	Seguro ambiental	74

viii Direito Ambiental

Capítulo 5

Código Florestal e proteção da vegetação 75

5.1 Introdução 75

5.2 As áreas de preservação permanente 85

    5.2.1 APP *ex lege* 85

    5.2.2 APP constituída ou administrativa 88

    5.2.3 Regime de proteção da APP 89

    5.2.4 Áreas consolidadas em APP 90

    5.2.5 Indenização de APP em desapropriação direta 94

    5.2.6 APP em área urbana consolidada 94

5.3 Reserva legal 95

    5.3.1 Características gerais da reserva legal 95

    5.3.2 Regime de proteção da reserva legal 100

    5.3.3 Áreas consolidadas em reserva legal 102

    5.3.4 Indenização de reserva legal em desapropriação 105

5.4 Principais diferenças entre a área de preservação permanente e a reserva legal 105

5.5 Cadastro Ambiental Rural 106

5.6 Cota de Reserva Ambiental 107

5.7 Mata Atlântica 108

    5.7.1 Vegetação primária e vegetação secundária 111

    5.7.2 Exploração da Mata Atlântica 111

5.8 Gestão de florestas públicas 117

    5.8.1 Concessão florestal 119

    5.8.2 Fundo Nacional de Desenvolvimento Florestal 122

    5.8.3 Serviço Florestal Brasileiro (SFB) 122

Capítulo 6

Sistema Nacional de Unidades de Conservação 123

6.1 Considerações gerais 123

6.2 Órgãos gestores 124

6.3 Grupos e categorias de unidades de conservação 125

Sumário ix

6.4 Criação, alteração e extinção de unidades de conservação .. 135

6.5 Limitações administrativas provisórias 137

6.6 Zona de amortecimento 138

6.7 Mosaico de unidades de conservação 139

6.8 Compensação ambiental em favor de unidades de conservação 140

6.9 Desapropriação de áreas em unidades de conservação ... 142

6.10 Reassentamento das populações tradicionais 142

Capítulo 7

Recursos hídricos 145

7.1 Dominialidade 145

7.2 Competências 146

7.3 Política Nacional de Recursos Hídricos (PNRH) 147

7.4 Outorga 149

7.5 Sistema de Informações sobre Recursos Hídricos 152

7.6 Sistema Nacional de Gerenciamento de Recursos Hídricos.. 153

7.7 Comitês de Bacia Hidrográfica 153

7.8 Agências de água 153

Capítulo 8

Patrimônio cultural 155

8.1 Introdução 155

8.2 Princípios específicos da proteção do patrimônio cultural... 157

8.2.1 Princípio da proteção 157

8.2.2 Princípio da intervenção estatal obrigatória 157

8.2.3 Princípio da cooperação 157

8.2.4 Princípio da função sociocultural da propriedade 158

8.2.5 Princípio da fruição coletiva 158

8.2.6 Princípio da prevenção de danos 158

8.2.7 Princípio da responsabilização 159

8.2.8 Princípio do equilíbrio 159

8.2.9 Princípio da participação popular 159

8.2.10 Princípio da funcionalidade compatível........................ 159

8.2.11 Princípio pró-monumento 160

8.2.12 Princípio da preservação do sítio e proteção do entorno.. 160

8.2.13 Princípio da valorização sustentável 161

8.2.14 Princípio da cidadania cultural....................................... 162

8.3 Plano Nacional de Cultura 162

8.4 Sistema Nacional de Cultura 162

8.5 Tipos de bens culturais.. 163

8.5.1 Bens culturais materiais e imateriais............................ 163

8.5.2 Patrimônio arqueológico ou pré-histórico 164

8.5.3 Patrimônio paleontológico 165

8.5.4 Patrimônio espeleológico 166

8.6 Formas específicas de tutela do patrimônio cultural......... 167

8.6.1 Inventário 169

8.6.2 Registro... 170

8.6.3 Vigilância 172

8.6.4 Tombamento 173

8.6.4.1 Definição.. 173

8.6.4.2 Competência.. 174

8.6.4.3 Natureza jurídica e indenizabilidade do tombamento.. 174

8.6.4.4 Espécies de tombamento................................... 175

8.6.4.5 Limitações decorrentes do tombamento............... 178

8.6.4.6 Formas de instituição do tombamento 179

8.6.5 Desapropriação.. 180

8.6.6 Quadro comparativo... 182

8.6.7 Terras de remanescentes de quilombos 182

Capítulo 9

Responsabilidade ambiental... 185

9.1 Introdução.. 185

9.2 Responsabilidade ambiental civil 187

Sumário **xi**

9.2.1 Aspectos materiais da responsabilidade ambiental civil .. 189

9.2.2 Aspectos processuais da responsabilidade ambiental civil 195

9.3 Responsabilidade ambiental administrativa 198

9.3.1 Classificação da responsabilidade ambiental administrativa 198

9.3.2 Competência para infrações ambientais administrativas .. 200

9.3.3 Infrações 201

9.3.4 Sanções 202

9.3.5 Prescrição 205

9.3.6 Processo ambiental administrativo federal 207

9.4 Responsabilidade ambiental penal 209

9.4.1 Tipo penal ambiental 209

9.4.2 (In)Aplicabilidade do princípio da insignificância ao Direito Ambiental Penal 213

9.4.3 Sujeitos dos crimes ambientais 216

9.4.3.1 Sujeito passivo 216

9.4.3.2 Sujeito ativo 217

9.4.4 Penas 225

9.4.4.1 Penas para as pessoas físicas 225

9.4.4.2 Penas para as pessoas jurídicas 228

9.4.4.3 Dosimetria da pena 230

9.4.4.4 Suspensão condicional da pena 234

9.4.4.5 Valor mínimo de indenização fixado pela sentença penal condenatória 235

9.4.4.6 Prescrição da pretensão punitiva 236

9.4.5 Ação penal 238

9.4.6 Acordos penais 240

9.4.6.1 Transação 240

9.4.6.2 Suspensão condicional do processo 241

9.4.6.3 Acordo de não persecução penal 243

9.4.7 Competência material para o julgamento dos crimes ambientais 243

9.4.8 Apreensão do produto e do instrumento do crime ambiental ou da infração ambiental administrativa 248

9.4.9   Crimes ambientais em espécie 251

9.4.9.1   Art. 29 da Lei nº 9.605/1998 251

9.4.9.2   Art. 30 da Lei nº 9.605/1998 255

9.4.9.3   Art. 32 da Lei nº 9.605/1998 256

9.4.9.4   Art. 34 da Lei nº 9.605/1998 259

9.4.9.5   Art. 37 da Lei nº 9.605/1998 261

9.4.9.6   Art. 38 da Lei nº 9.605/1998 262

9.4.9.7   Art. 41 da Lei nº 9.605/1998 264

9.4.9.8   Art. 42 da Lei nº 9.605/1998 265

9.4.9.9   Art. 48 da Lei nº 9.605/1998 266

9.4.9.10   Art. 50 da Lei nº 9.605/1998 268

9.4.9.11   Art. 50-A da Lei nº 9.605/1998 269

9.4.9.12   Art. 52 da Lei nº 9.605/1998 271

9.4.9.13   Art. 54 da Lei nº 9.605/1998 272

9.4.9.14   Art. 56 da Lei nº 9.605/1998 278

9.4.9.15   Art. 60 da Lei nº 9.605/1998 280

9.4.9.16   Art. 62 da Lei nº 9.605/1998 281

9.4.9.17   Art. 65 da Lei nº 9.605/1998 282

9.4.9.18   Art. 66 da Lei nº 9.605/1998 283

9.4.9.19   Art. 69 da Lei nº 9.605/1998 285

Capítulo 10

Biossegurança 287

10.1 Introdução 287

10.2 Conselho Nacional de Biossegurança – CNBS 292

10.3 Comissão Técnica Nacional de Biossegurança – CTNBio ... 292

10.3.1 Atribuições 292

10.3.2 Composição e funcionamento 293

10.3.3 Atribuições 294

10.4 Órgãos e entidades de registro e fiscalização 295

Sumário **xiii**

10.5 Comissão Interna de Biossegurança – CIBio........................295

10.6 Sistema de Informações em Biossegurança (SIB)..............296

10.7 Responsabilidade civil..296

10.8 Responsabilidade administrativa...296

10.9 Responsabilidade penal..297

Capítulo 11

Biodiversidade, patrimônio genético e conhecimento
tradicional associado 301

11.1 Introdução..301

11.2 Conceitos legais..302

11.3 Proteção e acesso ao patrimônio genético e ao conheci-
mento tradicional associado...303

11.4 Conhecimento tradicional associado.....................................304

11.5 Consentimento prévio informado...305

11.6 Direitos das populações indígenas e dos povos tradi-
cionais...306

11.7 Acesso, remessa e exploração econômica...........................307

11.8 Repartição de benefícios...310

11.9 Sanções administrativas...313

11.10 Fundo Nacional para a Repartição de Benefícios e do
Programa Nacional de Repartição de Benefícios.............314

11.11 Regularização de acessos anteriores à Lei nº 13.123/2015..314

Capítulo 12

Política Nacional de Resíduos Sólidos 317

12.1 Conceito de resíduo...317

12.2 Objeto da Política Nacional de Resíduos Sólidos.............318

12.3 Objetivos da Política Nacional de Resíduos Sólidos........318

12.4 Definições...319

12.5 Princípios..320

12.6 Planos de resíduos 321

xiv Direito Ambiental

12.7 Plano de gerenciamento de resíduos sólidos...................323

12.8 Responsabilidades dos geradores de resíduos e do Poder Público...323

12.9 Responsabilidade compartilhada...324

12.10 Logística reversa..324

12.11 Resíduos perigosos...326

12.12 Instrumentos econômicos...327

12.13 Proibições..327

Capítulo 13

Agrotóxicos...329

13.1 Introdução..329

13.2 Conceito de agrotóxico...330

13.3 Registro de agrotóxicos e de empresas do setor.............330

13.4 Proibição de agrotóxicos..331

13.5 Cancelamento e impugnação do registro de agrotóxicos...332

13.6 Requisitos das embalagens..332

13.7 Propaganda..334

13.8 Competências..334

13.9 Responsabilidade civil subjetiva...335

13.10 Responsabilidade penal..335

13.11 Responsabilidade administrativa..336

Capítulo 14

Terras indígenas...339

14.1 Considerações gerais...339

14.2 Conceito jurídico de índio..339

14.3 Regime jurídico ambiental das terras indígenas..............340

Capítulo 15

Compliance ambiental..345

Capítulo 16

Litigância climática 349

Capítulo 17

Política Nacional do Poder Judiciário para o Meio Ambiente 351

Capítulo 18

Agenda 2030 e os 17 Objetivos de Desenvolvimento Sustentável 357

Referências 361

1

Introdução ao Direito Ambiental

1.1 Direito Ambiental no Brasil

O Direito Ambiental é um ramo recente da ciência jurídica, tanto no Brasil como em outros países. Ao contrário dos Direitos Penal e Civil, por exemplo, que surgiram na Antiguidade e já estavam presentes em nossa história desde o período colonial, o Direito Ambiental pátrio surgiu de forma concreta no começo do século XX, vindo a se consolidar na Constituição Federal de 1988, a primeira a prever o direito ao meio ambiente.

A evolução do Direito Ambiental pode ser dividida em três fases.

Na **fase individualista**, não se diferenciava a propriedade privada do direito ao meio ambiente, e este era protegido apenas de forma indireta. Exemplo: a Lei de Contravenções Penais – LCP (Decreto-lei nº 3.688/1941) tipifica a conduta de "provocar, abusivamente, emissão de fumaça, vapor ou gás, que possa ofender ou molestar alguém" (art. 38), e o Código

Civil de 1916 garantia ao proprietário o direito de "usar, gozar e dispor de seus bens" (art. 524) sem ressalvas ambientais. Ou seja, não se tutelava o meio ambiente, mas somente o interesse do homem sobre o meio ambiente. Nesse período, o detentor de imóvel com floresta poderia livremente desmatar a área para usar a madeira ou implantar lavoura.

Na primeira metade do século XX tem início a **fase fragmentária**, quando começam a ser editadas as primeiras leis para a proteção de alguns bens ambientais pontuais, porém, sem considerar o meio ambiente em seu conjunto. Tais leis, também, destacavam principalmente o viés da utilidade econômica do meio ambiente. São exemplos desse período o Código de Águas (Decreto nº 24.643/1934), o Código de Minas (Decreto-lei nº 1.985/1940) e o primeiro Código Florestal (Decreto nº 23.793/1934).

Na **fase holística**, vivida atualmente, surge a compreensão de que o meio ambiente deve ser protegido independentemente dos reflexos econômicos que dele possam advir, pois apresenta um valor em si mesmo enquanto conjunto (equilíbrio ecológico). Esse entendimento é iniciado em 1981, com o advento da Lei nº 6.938/1981 (Política Nacional do Meio Ambiente) e consolidado com a promulgação da Constituição Federal de 1988, que dedicou um capítulo especialmente para o meio ambiente.

Atualmente, duas características do Direito Ambiental brasileiro devem ser destacadas. A primeira é a **inexistência de um "Código Ambiental"**, no Brasil, motivo pelo qual, em nosso ordenamento, a legislação ambiental se encontra esparsa por inúmeras leis.

A outra característica é a **influência dos tratados internacionais**, bem como de documentos de caráter enunciativo de direitos, sem força vinculante, porém, com grande peso interpretativo. A esses documentos o Direito Internacional Público dá o nome de *soft law*, isto é, direito "maleável" ou "flexível". Os exemplos mais relevantes são a Declaração sobre o Meio Ambiente Humano ("Declaração de Estocolmo") de 1972 e a Conferência das Nações Unidas sobre o Meio Ambiente e Desenvolvimento (ECO-92 ou Rio-92). A jurisprudência tem cada vez mais utilizado tais documentos na fundamentação de seus julgados.

1.2 Antropocentrismo e biocentrismo

Existem duas grandes visões sobre o meio ambiente que influenciam a interpretação das normas ambientais no Brasil e no mundo. De um lado, a visão **antropocêntrica**, segundo a qual o meio ambiente precisa ser preservado apenas para atender aos interesses humanos, pois o homem é o centro de todas as coisas. Uma visão moderada desta corrente é o **antropocentrismo alargado**, que propõe o equilíbrio entre as necessidades humanas e a preservação do meio ambiente como condição necessária para assegurar o futuro de ambos.

De outro lado, a visão **biocêntrica** (ou **ecocêntrica**) entende que o meio ambiente possui valor intrínseco (em si mesmo) e que o ser humano é apenas uma espécie a ser preservada no mesmo nível que as demais.

Prevalece na doutrina e na jurisprudência o entendimento de que a CF, no seu art. 225, *caput*, adotou o paradigma do **antropocentrismo, porém, de forma moderada**, conciliando os interesses humanos com a preservação do meio ambiente.

Nesse sentido, o Supremo Tribunal Federal – STF (ADI nº 4.983) entende que, embora a norma constitucional presente no art. 225, *caput*, tenha feição nitidamente antropocêntrica, a CF a equilibra com o biocentrismo por meio de seus parágrafos e incisos. É por essa razão que é possível afirmar que o constituinte não adotou um antropocentrismo radical, mas, sim, optou por uma versão moderada. Prova disso é a previsão no art. 225, § 1°, VII, da CF, que veda práticas que submetam os animais a crueldade. Se apenas se considerasse a utilidade econômica dos animais para o homem, seria indiferente que eles fossem submetidos à crueldade. Além disso, o fato de a CF ser a primeira entre as constituições brasileiras a se importar com a proteção da fauna e da flora é bastante representativo dessa opção antropocêntrica moderada feita pelo constituinte.[1]

O STF também já decidiu que a "incolumidade do meio ambiente não pode ser comprometida por interesses empresariais nem ficar dependente de motivações de índole meramente econômica" (ADI-MC n° 3.540), reforçando ainda mais o abandono do antropocentrismo tradicional em prol do antropocentrismo alargado/moderado bem como a necessidade de buscar o equilíbrio entre as atividades humanas e o meio ambiente.

Na mesma linha está a Declaração do Rio de Janeiro sobre Meio Ambiente e Desenvolvimento de 1992, que afirma, no seu Princípio 1: **"Os seres humanos estão no centro das preocupações** com o desenvolvimento sustentável. Têm direito a uma vida saudável e produtiva, em **harmonia com a natureza"**.

---

[1] Após o julgamento apontado, verificou-se retrocesso ambiental consistente em reação legislativa materializada na Emenda Constitucional (EC) n° 96/2017, conhecida como "PEC da Vaquejada", incluindo o § 7° no art. 225, não considerando cruéis as práticas desportivas que utilizem animais, desde que sejam manifestações culturais. Sobre o tema, recomenda-se a leitura do item 2.18, sobre o princípio da vedação do retrocesso ambiental. Apesar desta alteração pontual, o texto constitucional permanece com pensamento de antropocentrismo moderado, na visão do STF.

Em recente decisão que segue uma linha biocêntrica, o STJ, com base na **concepção ecológica da dignidade da pessoa humana**, afastou-se da vertente exclusivamente antropocêntrica ao estender a dignidade para os animais não humanos (**dignidade animal**) bem como para todas as formas de vida em geral (REsp n° 1.797.175). O tema será desenvolvido adiante.

1.3 A dignidade dos animais não humanos e o direito animal

Segundo o art. 225, § 1°, VII, da Constituição brasileira, incumbe ao Poder Público "proteger a fauna e a flora, vedadas, na forma da lei, as práticas que coloquem em risco sua função ecológica, provoquem a extinção de espécies ou submetam os animais a crueldade".

Desse modo, argumenta-se que a vedação da crueldade existe porque se pressupõe que os animais são seres dotados de consciência e sencientes, ou seja, capazes de sofrer. Assim, para o direito animal, que se fundamenta na consciência e na senciência animal, o animal não humano é relevante enquanto indivíduo, portador de valor intrínseco e dignidade própria, dadas a sua consciência e a sua capacidade de sentir dor e experimentar sofrimento, seja físico, seja psíquico.

Desse modo, o direito animal opera com a mudança do conceito civilista de animal como coisa, para o conceito animalista de animal como sujeito de direitos e portador de dignidade própria.

Nesse sentido, leis estaduais de Santa Catarina (Lei n° 12.854/2003), Rio Grande do Sul (Lei n° 15.434/2020), Minas Gerais (Lei n° 23.724/2020) e Paraíba (Lei n° 11.140/2018), reconhecem direitos a animais. Uma consequência desta nova visão, para parte minoritária da doutrina, seria a capacidade processual dos animais.

Importante destacar a vedação ao abate de animais apreendidos, tendo o STF entendido que tal sacrifício ofende a Constituição, em especial o art. 225, § 1°, VII, o princípio da legalidade contido no art. 37, bem como os arts. 101, 102 e 103 do Decreto n° 6.514/2008 (ADPF n° 640). Logo após, foi sancionada a Lei n° 14.428/2021, que veda a eliminação apenas da vida de cães e de gatos pelos órgãos de controle de zoonoses, canis públicos e estabelecimentos oficiais congêneres, com exceção da eutanásia nos casos de males, doenças graves ou enfermidades infectocontagiosas incuráveis que coloquem em risco a saúde humana e a de outros animais. Como se vê, o espectro da decisão do STF é mais amplo, já que abrange todo e qualquer animal, enquanto a lei refere-se apenas a cães e gatos.

1.4 Conceito de meio ambiente

A expressão "meio ambiente" aparenta ser, de certo modo, redundante, pois os termos *meio* e *ambiente* são sinônimos. Entretanto, a expressão já é consagrada na doutrina e na legislação brasileiras, e tem maior força para significar o conjunto de elementos naturais e culturais que nos envolve.

A Lei n° 6.938/1981, que dispõe sobre a Política Nacional do Meio Ambiente (PNMA), traz o conceito legal de meio ambiente: "o conjunto de condições, leis, influências e interações de ordem física, química e biológica, que permite, abriga e rege a vida em todas as suas formas" (art. 3°, I).

Analisando o conceito, percebe-se que meio ambiente são todos os elementos **físicos**, **químicos** e **biológicos**, bem como as **leis, influências** e **interações** (conexões) que se estabelecem entre eles. De forma prática, o conceito é abrangente: tudo é meio ambiente, nada há fora dele.

1.5 Os quatro tipos de meio ambiente

O meio ambiente é um todo, uma unidade indivisível, abrigando tudo o que existe no planeta e no espaço cósmico. Todavia, para fins didáticos e melhor compreensão do tema, a ciência jurídica subdivide o conceito em quatro:

Meio ambiente **natural**	Constituído pelo solo, pelo ar, pela água, pela fauna e pela flora, bem como pelas relações que se desenvolvem entre estes, conforme o art. 3°, I, da Lei n° 6.938/1981. Protegido especificamente pelo art. 225 da CF, embora o dispositivo constitucional também se aplique às demais modalidades de meio ambiente, notadamente ao meio ambiente urbano.
Meio ambiente **urbano**	Constituído pelas cidades, suas edificações e espaços públicos (ruas, praças, parques etc.). É previsto na CF no art. 182.
Meio ambiente **cultural**	Fruto da interação do homem com o meio ambiente natural, dessa interação surge um valor especial, relevante para a cultura da sociedade humana. É o caso do patrimônio artístico, arqueológico, paisagístico, religioso e turístico. Esse conjunto de bens, materiais ou imateriais, a que a sociedade atribui relevância, representam a cultura de um povo e estão ligados à sensação de pertencimento a ele. Previsto nos arts. 215 e 216 da CF.
Meio ambiente do **trabalho**	Previsto expressamente no art. 200, VIII, da CF, compreende as condições de saúde, higiene e segurança dos trabalhadores, conforme se extrai do art. 7°, XXII, também da CF.

É importante registrar que parte dos autores unem os conceitos de meio ambiente do trabalho e meio ambiente urbano na expressão meio ambiente artificial. Para esses autores, então, haveria apenas três desdobramentos de meio ambiente: o natural, o cultural e o artificial.

Por outro lado, há parcela da doutrina que visualiza uma quinta espécie de meio ambiente, o patrimônio genético, previsto no art. 225, § 1°, II, da CF, e definido pela Lei n° 13.123/2015 (art. 2°, I) como sendo a informação de origem genética de espécies vegetais, animais, microbianas ou espécies de outra natureza, incluindo substâncias oriundas do metabolismo destes seres vivos.

1.6 Natureza jurídica do bem ambiental

Na clássica divisão dos direitos fundamentais em três gerações ou dimensões, os direitos fundamentais de primeira geração são marcados pela liberdade, sendo representados por direitos negativos, que preveem uma abstenção por parte do Poder Público. Cita-se como exemplo a proibição (não fazer) de submeter alguém a tortura (art. 5°, III, da CF). Já os direitos de segunda geração são gravados pela igualdade, sendo representados por direitos positivos, que dispõem sobre obrigações de fazer pelo poder público para assegurar a igualdade material entre as pessoas, podendo ser exemplificados pelos direitos sociais (educação, saúde, seguridade social etc.).

Os direitos fundamentais de terceira geração não têm titulares determinados, porque pertencem a todos os indivíduos. Então, o meio ambiente saudável e equilibrado constitui um direito de titularidade difusa, também qualificado como direito fundamental de terceira geração.

A Constituição Federal (art. 225, *caput*) expressamente afirma que o meio ambiente é um bem de uso comum do povo, o que o caracterizaria como bem público. Mais especificamente, a doutrina e a jurisprudência, incluindo o STF, entendem que o bem ambiental é um bem difuso, visto que pertence a todos os cidadãos e às futuras gerações. Dessa forma, não seria de titularidade do Poder Público, mas, sim, gerido por este no interesse das coletividades presente e futura, ultrapassando a noção de bem público e bem privado.

Uma consequência importante dessa classificação do meio ambiente como bem difuso – e não como bem público – é impor ao Poder Público o dever de observar o interesse da coletividade (interesse público primário) e não o interesse estatal (interesse público secundário).

1.7 Estado de Direito Ambiental ou Estado Ecológico de Direito

Trata-se de evolução do conceito tradicional positivista de Estado de Direito, contando com as seguintes características: a) tratamento sistêmico do bem ambiental (lembrando da fase holística, como visto no item anterior); b) essencialidade e intergeracionalidade do bem jurídico (conforme o art. 225, *caput*); c) meio ambiente como cláusula pétrea; d) federalismo cooperativo (todos os entes devem atuar na proteção ambiental); e e) função conformadora (o meio ambiente condiciona os demais direitos, como, por exemplo, no art. 170, VI, da CF).

Nesse sentido, o STF decidiu que:

> A Constituição da República, ao dispor sobre a proteção ao meio ambiente ecologicamente equilibrado, por ela própria reconhecido como "bem de uso comum do povo e essencial à sadia qualidade de vida" (CF, art. 225, *caput*), instituiu, entre nós, verdadeiro "Estado de Direito Ambiental" fundado em bases constitucionais (SL nº 933).

2

Princípios do Direito Ambiental

2.1 Função dos princípios jurídicos

No passado, quando prevalecia, no Direito, o pensamento **positivista**, a doutrina e a jurisprudência atribuíam aos princípios jurídicos uma função meramente interpretativa, isto é, serviam para auxiliar a interpretação das demais normas, mas não tinham força normativa por si mesmos.

Atualmente, prevalecendo na doutrina e na jurisprudência do STF o pensamento **pós-positivista**, aos princípios é atribuída força normativa, ou seja, valem por si só e ainda mantêm sua função interpretativa. Sob esta nova visão, as normas jurídicas dividem-se em dois tipos, a saber:

- **Regras**: normas de sentido fechado, que são aplicadas na forma de "tudo ou nada"; p. ex., menores de 18 anos são penalmente inimputáveis – art. 27 do Código Penal (CP) – ou se é ou não se é menor de 18 anos;
- **Princípios**: normas de sentido aberto, cujo grau de abstração permite a aplicação em graus variados segundo as

circunstâncias do caso concreto; p. ex., os direitos sociais previstos no art. 6º da CF e o direito ao meio ambiente equilibrado (art. 225, *caput*, da CF).

Desse modo, os princípios são aplicados no caso concreto em diferentes intensidades, e, no caso de eventual conflito (colisão) entre princípios, a solução dá-se por meio da ponderação entre estes.

No quadro atual, os princípios têm a missão de:

1. auxiliar a solução de casos difíceis (*hard cases*), os quais envolvem a colisão de princípios aparentemente opostos, tão corriqueiros na aplicação do Direito Ambiental; e

2. condicionar a interpretação e a aplicação das regras.

Em ambos os casos, os princípios são responsáveis por dar lógica e racionalidade ao sistema normativo.

Pode-se exemplificar observando a colisão aparente entre o direito de propriedade ou o direito à livre-iniciativa, que tem sua fruição limitada pelos princípios ambientais, porém só diante do caso concreto as restrições são definidas.

2.2 Princípios do Direito Ambiental

O Direito Ambiental, como disciplina autônoma da Ciência Jurídica, possui princípios próprios que orientam a interpretação de suas normas.

É importante destacar que não há consenso doutrinário sobre o rol de princípios do Direito Ambiental, além de alguns destes receberem denominações diferentes por parte dos autores, de modo que, para os fins desta obra, serão indicados aqueles que são aceitos pela maior parte da doutrina e da jurisprudência.

2.3 Princípio do meio ambiente ecologicamente equilibrado

A Constituição Federal, no seu art. 225, *caput*, assegura que "todos têm direito ao meio ambiente ecologicamente equilibrado, bem de uso comum do povo e essencial à sadia qualidade de vida".

Ao dispor dessa forma, o legislador constituinte deixa claro que o direito ao meio ambiente ecologicamente equilibrado ocupa posição central na ordem jurídica brasileira, porque **essencial** à sadia qualidade de vida. Ora, o direito à vida é o mais básico dos direitos humanos (art. 5º da CF), sem o qual nenhum dos demais direitos teria valor. Tudo isso impõe uma reorientação hermenêutica, de modo que o meio ambiente passa a ser um vetor interpretativo para os demais direitos.

2.4 Princípio da precaução e princípio da prevenção

Segundo o **princípio da precaução**, um dos mais importantes do Direito Ambiental, a falta de plena certeza científica não deve ser usada como razão para postergar medidas para evitar ou minimizar ameaças ao meio ambiente. Em outras palavras, não devem ser produzidas intervenções no meio ambiente antes de se ter a certeza de que elas não serão prejudiciais ao equilíbrio ecológico.

Não é preciso que se tenha prova científica absoluta de que ocorrerá dano ambiental; basta o risco de que o dano seja irreversível para que não se deixem para depois as medidas efetivas de proteção ao ambiente. Existindo dúvida sobre a possibilidade de danos ao homem e ao meio ambiente, a solução deve ser favorável ao ambiente: *in dubio pro natura* (na dúvida, a favor do meio ambiente).

14 Direito Ambiental

Além de contar em tratados internacionais subscritos pelo Brasil, o princípio é previsto na Constituição Federal, quando estabelece a necessidade de estudo prévio de impacto ambiental para instalação de obra ou atividade potencialmente causadora de significativa degradação do meio ambiente (art. 225, § 1º, IV). É previsto também na Lei de Biossegurança (art. 1º da Lei nº 11.105/2005).

O **princípio da prevenção,** por sua vez, determina a adoção de medidas para que sejam evitados impactos ou riscos cujas consequências já são conhecidas pela ciência. Aqui, diferentemente do princípio da precaução, já existe conhecimento científico sobre os impactos da atividade que será realizada, devendo-se evitar ou mitigar suas consequências.

Em síntese:

■ O princípio da prevenção visa evitar o risco certo.
■ O princípio da precaução visa evitar o risco potencial.

2.5 Princípio do poluidor-pagador

O princípio do poluidor-pagador consagra a **responsabilidade** pelo dano ambiental e consiste na absorção, por aquele que exerce atividade que impacta o meio ambiente, das chamadas **externalidades negativas**, isto é, efeitos negativos da atividade econômica para o meio ambiente.

Desse modo, impõe-se às fontes poluidoras a obrigação de incorporar em seus processos produtivos os custos com prevenção, controle e reparação de impactos ambientais, impedindo que os danos (e os custos da recuperação do ambiente) sejam suportados pela sociedade.

A Lei de Política Nacional de Meio Ambiente (Lei n° 6.938/1981) acolheu o princípio no art. 4°, VII, prevendo a imposição, ao poluidor e ao predador, da obrigação de recuperar e/ou indenizar os danos causados, bem como no art. 14, § 1°, dispondo que o poluidor é obrigado, independentemente da existência de culpa, a indenizar ou reparar os danos causados ao meio ambiente e a terceiros, afetados por sua atividade.

Mais detalhadamente, a Conferência das Nações Unidas sobre Meio Ambiente (conhecida como Rio-92), no Princípio 16, afirma que as autoridades nacionais devem procurar fomentar a internalização dos custos ambientais e o uso de instrumentos econômicos, tendo em conta que o causador da contaminação deve, por princípio, arcar com os seus respectivos custos de recuperação, considerando o interesse público, sem distorcer o comércio e os investimentos internacionais.

2.6 Princípio do usuário-pagador

Previsto desde a Lei n° 6.938/1981 (art. 4°, VII), o princípio do usuário-pagador visa imputar ao empreendedor não o custo do dano ambiental, mas o **custo pelo uso dos bens ambientais**, já que a utilização gratuita dos recursos naturais representaria um enriquecimento ilícito do usuário em detrimento da coletividade. Importante exemplo em nosso ordenamento se encontra na Lei da Política Nacional de Recursos Hídricos (Lei n° 9.433/1997), que estabelece ser a água um recurso natural limitado, de domínio público e dotado de valor econômico (art. 1°, I e II), bem como fixando-se cobrança pelo seu uso, com indicação de seu real valor (art. 19, I). A Lei n° 11.428/2006 (Lei da Mata Atlântica) prevê expressamente o princípio (art. 6°, parágrafo único).

2.7 Princípio da transversalidade

Pelo princípio da transversalidade, chamado por alguns de princípio da educação ambiental, a ciência ambiental e o Direito Ambiental não devem ser estudados apenas isoladamente, mas incorporados às demais disciplinas (do Direito ou não, como Economia, Administração, Engenharia etc.), buscando-se uma comunicação entre estas. Assim, todos os ramos do saber e todas as atividades humanas devem incorporar a vertente ambiental, numa visão transversal.

A Lei de Política Nacional de Educação Ambiental (art. 4º, I e III, da Lei nº 9.795/1999) determina a consideração da dimensão ambiental nas diversas disciplinas do conhecimento.

2.8 Princípio da ubiquidade

Ubiquidade significa que o meio ambiente está em todo lugar, nada havendo desprovido dele. Encontra respaldo no art. 3º, I, da Lei nº 6.938/1981, que define o meio ambiente como o conjunto de condições, leis, influências e interações de ordem física, química e biológica, que permite, abriga e rege a vida em todas as suas formas. Nesse sentido, o princípio da ubiquidade evidencia que o meio ambiente está localizado no centro dos direitos humanos (é essencial à vida, como preceitua o art. 225, *caput*, da CF) e deve ser levado em consideração em todas as políticas públicas e legislações, sobre qualquer tema ou atividade.

A Conferência das Nações Unidas sobre Meio Ambiente (Rio-92) prevê que, para alcançar o desenvolvimento sustentável, a proteção ambiental constituirá parte integrante do processo de desenvolvimento, e não pode ser considerada de forma isolada (Princípio 4).

2.9 Princípio da função ambiental

Existe função quando alguém está investido de um poder-dever em prol do interesse de outrem, sendo tal poder um instrumento para que seja alcançada a finalidade.

A função ambiental constitui uma vertente da função social, razão pela qual alguns autores a chamam de **função socioambiental**. Ela se expressa tanto por meio de proibições (obrigações de não fazer) como de mandados (obrigações de fazer). Por meio dela, o titular de um direito fica obrigado a cumprir uma série de condições para que não venha a sofrer consequências jurídicas que possam acarretar a própria perda do direito.

É importante destacar que as obrigações não devem ser desempenhadas em favor de pessoa específica ou do Estado. Como o meio ambiente é um bem difuso, a função é desempenhada em favor das presentes e futuras gerações.

A Constituição Federal dispõe sobre a função social da propriedade (art. 5º, XXIII) e da ordem econômica (art. 170).

A função social da propriedade rural é cumprida quando obedecidos, simultaneamente, os seguintes requisitos (art. 186 da CF):

a) aproveitamento racional e adequado;

b) utilização adequada dos recursos naturais disponíveis e preservação do meio ambiente;

c) observância das disposições que regulam as relações de trabalho; e

d) exploração que favoreça o bem-estar dos proprietários e dos trabalhadores.

Descumpridos esses encargos, o proprietário expõe-se à desapropriação-sanção a que se refere o art. 184 da CF (regulamentado pela Lei n° 8.629/1993), sem prejuízo da responsabilização ambiental (art. 225, § 3°, da CF).

A função socioambiental da propriedade urbana, segundo o art. 182, § 2°, da CF, é cumprida quando obedece às diretrizes fundamentais de ordenação da cidade fixadas no plano diretor, que é lei aprovada pela Câmara Municipal (ou Câmara Legislativa no caso do Distrito Federal), instrumento básico da política de desenvolvimento e de expansão urbana (art. 182, § 1°). Caso o proprietário não promova o adequado aproveitamento da propriedade, estará submetido a, sucessivamente, parcelamento ou edificação compulsórios; imposto sobre a propriedade progressivo no tempo; e desapropriação (§ 4°).

Sobre o tema, ainda, é importante atentar para o art. 1.228, § 1°, do Código Civil (CC), que, em sintonia com a CF, dispõe que

> o direito de propriedade deve ser exercido em consonância com as suas finalidades econômicas e sociais e de modo que sejam preservados, de conformidade com o estabelecido em lei especial, a flora, a fauna, as belezas naturais, o equilíbrio ecológico e o patrimônio histórico e artístico, bem como evitada a poluição do ar e das águas.

2.10 Princípio da cooperação

Todos os habitantes do planeta devem estar integrados e devem cooperar para manutenção da qualidade ecológica da Terra. Em verdade, são como condôminos da Terra e precisam, por isso, viver em harmonia e respeitar-se. Nesse sentido, a sociedade global precisa unir esforços para preservar o meio ambiente, já que todos sofrem efeitos negativos, como poluição, aquecimento global, contaminação de oceanos, por exemplo. As fronteiras artificiais criadas pelos homens são meras linhas imaginárias frente aos ecossistemas, à água e ao ar.

A Declaração da ONU sobre Meio Ambiente e Desenvolvimento (Rio-92) menciona o princípio da cooperação em oito oportunidades (Princípios 5, 7, 9, 12, 18, 19, 24 e 27). Destaca-se o dever de cooperação para o desenvolvimento sustentável, erradicação da pobreza, redução das disparidades de padrões de vida, conservação, proteção e restauração da saúde e da integridade do ecossistema terrestre, intercâmbio de conhecimentos científicos e tecnológicos e aprimoramento do direito internacional do meio ambiente.

Em harmonia com esse pensamento, a Constituição Federal estabelece a cooperação entre os povos para o progresso da humanidade como princípio que deve reger a atuação da República em suas relações internacionais (art. 4°, IX, da CF).

No aspecto interno, o princípio da cooperação fica claro quando se analisam as competências constitucionais (arts. 21, 22, 23, 24, 25 e 30 da CF), que consolidam o **federalismo cooperativo** no qual os entes da Federação devem atuar na defesa do meio ambiente.

A legislação infraconstitucional também acolhe o princípio ao prever "a cooperação entre as diferentes esferas do Poder Público, o setor empresarial e demais segmentos da sociedade" (art. 6°, VI, da Lei n° 12.305/2010).

2.11 Princípio da solidariedade intergeracional

A Constituição Federal, ao garantir o direito ao meio ambiente ecologicamente equilibrado, impõe o dever de defender

20 Direito Ambiental

e preservar o meio ambiente "para as presentes e futuras gerações" (art. 225, *caput*). Percebe-se, assim, que o constituinte previu um direito que é intergeracional.

A Constituição seguiu o texto de documentos internacionais, como a Declaração de Estocolmo (1972), que, em seu Princípio 1, previa que o homem tem

> o direito fundamental à liberdade, à igualdade e ao desfrute de condições de vida adequadas em um meio ambiente de qualidade tal que lhe permita levar uma vida digna e gozar de bem-estar, tendo a solene obrigação de proteger e melhorar o meio ambiente para as gerações presentes e futuras.

Desse modo, as presentes gerações têm o dever ético de deixar às futuras um meio ambiente no mínimo igual em riquezas naturais, biodiversidade e equilíbrio ecológico.

2.12 Princípio do desenvolvimento sustentável

Segundo este princípio, o desenvolvimento deve ser sustentável, ou seja, deve satisfazer as necessidades presentes, sem comprometer a capacidade das gerações futuras de suprir suas próprias necessidades. Tal conceito foi elaborado em 1987, quando da publicação, pela Organização das Nações Unidas (ONU), do relatório "Nosso Futuro Comum", também conhecido como "Relatório Brundtland", em homenagem à primeira-ministra da Noruega, Gro Brundtland, que chefiou a comissão elaboradora do documento. É expressamente acolhido pelo STF (ADI n° 3.540).

O respeito ao desenvolvimento sustentável conduz a uma situação de sustentabilidade (equilíbrio) na qual o uso dos recursos naturais respeita os limites do planeta e os interesses das futuras gerações. O objetivo do princípio é a superação

Princípios do Direito Ambiental **21**

da insaciabilidade patológica do ser humano, exemplificada no consumismo e no desperdício que colocam em risco o futuro da vida na Terra.

2.13 Princípio da intervenção estatal ou defesa compulsória

A Constituição Federal determina de modo específico, no seu art. 225, *caput*, que o Poder Público tem o dever de defender e preservar o meio ambiente para as presentes e futuras gerações. Do § 1º do mesmo artigo constam, ainda, inúmeros deveres ao Poder Público. Dessa forma, não há a opção de o Estado não agir em prol do meio ambiente, pois nossa Lei Maior criou um dever de caráter fundamental.

Assim, os entes públicos não têm discricionariedade, devendo exercer seu dever de proteção deste direito fundamental. A proteção desdobra-se em duas vertentes, uma de natureza positiva (atuar de forma comissiva na defesa do bem jurídico) e outra de natureza negativa (omitir-se de causar dano ao meio ambiente ou de prática de retrocesso ambiental).

Cuidando o meio ambiente de direito essencial, incluído no conceito de **mínimo existencial**, não existe óbice jurídico para que o Poder Público seja compelido a incluir, no planejamento orçamentário, a execução de políticas públicas, notadamente quando não houver comprovação objetiva da incapacidade econômico-financeira da pessoa estatal. Nesse particular, não se pode invocar a teoria da **reserva do possível** como argumento para o Estado se escusar do cumprimento de suas obrigações.

2.14 Princípio da participação

Este princípio é decorrência do princípio democrático e induz à atuação da comunidade na defesa do meio ambiente,

22 Direito Ambiental

por meio da definição, implantação e execução de políticas públicas ambientais. Somente por meio da efetiva participação da sociedade o meio ambiente será preservado.

São exemplos de regras editadas com o fim de concretizar esse princípio: participação nos procedimentos de licenciamento ambiental de atividades efetiva ou potencialmente degradadoras, por meio de audiências públicas (Resoluções Conama nºs 1/1986, 9/1987 e 237/1997), da participação de representantes de usuários e de organizações civis de recursos hídricos no Conselho Nacional de Recursos Hídricos e nos Comitês de Bacia Hidrográfica (arts. 1º, VI, 34 e 39, todos da Lei nº 9.433/1997) e da cooperação de organizações não governamentais e pessoas físicas na gestão de unidades de conservação em Conselhos Consultivos e Deliberativos do SNUC (arts. 15, § 5º; 17, § 5º; 18, § 2º; 20, § 4º; 29; e 41, § 4º, todos da Lei nº 9.985/2000), bem como no direito genérico de petição aos Poderes Públicos (art. 5º, XXXIV, a, da CF). Recordem-se, no plano processual, o direito de ação popular outorgado ao cidadão (art. 5º, LXXIII, da CF) e o direito de ação civil pública por associações (art. 5º da Lei nº 7.347/1985).

2.15 Princípio da informação

Não há como se falar em participação da sociedade se esta não possui acesso às informações necessárias. Desse modo, cada indivíduo deve ter acesso adequado a informações relativas ao meio ambiente de que disponham os órgãos públicos ou privados.

Por essa razão, além de a Constituição Federal prever o direito à informação (arts. 5º, XIV e XXXIII, e 37, § 3º, II), a Lei nº 6.938/1981 fixa como um dos objetivos da PNMA a divulgação de dados e informações ambientais e a formação

Princípios do Direito Ambiental   23

de uma consciência pública sobre o tema (art. 4°, V). Para efetivar esse desiderato, são instrumentos o Sistema Nacional de Informação sobre Meio Ambiente – Sinima (art. 9°, VII) e a garantia da prestação de informações relativas ao meio ambiente, obrigando-se o Poder Público a produzi-las, quando inexistentes (art. 9°, XI).

Posteriormente, a Lei n° 12.527/2011 (Lei de Acesso à Informação) fixou o dever de os órgãos e das entidades públicas e privadas a eles vinculadas promover, independentemente de requerimentos, a divulgação em local de fácil acesso, no âmbito de suas competências, de informações de interesse coletivo ou geral por eles produzidas ou custodiadas (art. 8°).

Exemplos de efetivação do princípio da informação encontram-se na Lei n° 9.985/2000 (Snuc), quando determina ao Poder Público fornecer informações adequadas e inteligíveis à população local e a outras partes interessadas (art. 22, § 3°). Já a Lei n° 12.305/2010, no art. 6°, X, estabelece o "direito da sociedade à informação e ao controle social"; no art. 8°, XI e XII, ela prevê como instrumentos da referida política o Sistema Nacional de Informações sobre a Gestão dos Resíduos Sólidos (Sinir) e o Sistema Nacional de Informações em Saneamento Básico (Sinisa).

2.16 Princípio da correção na fonte

Este princípio visa pesquisar as causas da poluição para, sempre que possível, eliminá-las ou, pelo menos, moderá-las, evitando que se repitam. Um exemplo de correção na fonte seria a interdição do funcionamento de um estabelecimento obsoleto e muito poluente enquanto não fosse modernizado com tecnologias menos degradadoras, ou, ainda, a proibição do **"turismo de resíduos"**, isto é, a transferência de rejeitos dos países

24 Direito Ambiental

produtores geralmente para outros mais pobres. Menciona-se aqui o caso da vedação de importação de pneus usados julgado pelo STF (ADPF n° 101). Nesse julgamento, o STF, em vez de exigir que empreendedores brasileiros adotassem medidas para proteger o meio ambiente da poluição causada pela importação de pneus usados, decidiu ser mais efetivo e impedir sua importação, pois corrige na fonte o problema.

2.17 Princípio do acesso equitativo aos recursos naturais

Segundo este princípio, os recursos naturais devem ser explorados de tal modo que não haja risco de serem exauridos e que as vantagens extraídas de sua utilização sejam partilhadas a toda a humanidade, conforme consta da Declaração de Estocolmo de 1972 (Princípio 5).

No mesmo sentido, a Convenção da Diversidade Biológica (Decreto n° 2.519/1998), em seu art. 15.7, prevê que cada país deve adotar medidas legislativas, administrativas ou políticas para compartilhar de forma justa e equitativa os resultados da pesquisa e do desenvolvimento de recursos genéticos e os benefícios derivados de sua utilização comercial.

Desse modo, o meio ambiente deve atender a toda a coletividade, evitando-se assim a formação de bolsões de **refugiados ou excluídos ambientais,** como p. ex., retirantes que fogem da seca, atingidos por construção de grandes obras como hidrelétricas, ou vítimas de tragédias como grandes contaminações, rompimentos de barragens, enfim.

2.18 Princípio da vedação do retrocesso

A proibição do retrocesso, também chamada de "efeito *cliquet*", *entrenchment* (entrincheiramento) ou princípio do não retorno da concretização, consiste na proibição da eliminação da concretização já alcançada na proteção de algum direito, admitindo-se somente aprimoramentos e acréscimos.

Encontra-se previsto no Pacto Internacional sobre Direitos Econômicos, Sociais e Culturais (PIDESC), subscrito pelo Brasil e promulgado pelo Decreto n° 591/1992, e prevê no art. 2°, item "1", que cada Estado se compromete a adotar medidas que visem assegurar, **progressivamente**, o pleno exercício dos direitos, incluindo a adoção de medidas legislativas. Ao prever a aplicação progressiva de um direito fundamental (cláusula de progressividade ou o dever de progressiva realização), vedado está o retorno à situação anterior (retrocesso).

A vedação do retrocesso decorre do princípio da proporcionalidade, o qual significa tanto a **proibição de excesso** como a **proibição da proteção insuficiente**. São inadmissíveis, portanto, quaisquer medidas legislativas ou administrativas que tenham por objeto suprimir, reduzir ou enfraquecer mecanismos de proteção ambiental.

Um dos casos mais polêmicos a envolver a incidência da vedação do retrocesso é o do advento da Lei n° 12.651/2012, que reduziu sensivelmente o nível normativo de proteção do meio ambiente. Outro exemplo recente de retrocesso ambiental, nítido caso de reação legislativa por ativismo congressual, é a polêmica EC n° 96/2017, chamada "PEC da Vaquejada", que incluiu o § 7° ao art. 225 da CF, e que não considera cruéis as práticas desportivas que utilizem animais.

O retrocesso ambiental caracteriza o que a doutrina constitucionalista denomina **efeito _backlash_**, isto é, uma reação conservadora de parcela da sociedade ou das forças políticas (em geral, do Poder Legislativo) diante de medidas progressistas na implementação de normas de direitos fundamentais.

2.19 Princípio da responsabilidade comum, porém, diferenciada

Este princípio afirma que todos têm responsabilidade na preservação do meio ambiente, porém, segundo suas capacidades. Foi introduzido na ordem internacional com a Convenção da Mudança do Clima, adotada em Nova York (1992), internalizada na ordem jurídica nacional pelo Decreto nº 2.652/1998. O art. 3º, "1" dispõe que "as Partes devem proteger o sistema climático em benefício das gerações presentes e futuras da humanidade com base na equidade e em conformidade com suas responsabilidades comuns mas diferenciadas e respectivas capacidades". Disposição assemelhada consta do art. 4º, "1".

Dessa forma, o custo excessivo na proteção ambiental deve ser ponderado de acordo com a realidade econômica de cada país. A referida norma reflete claramente a adoção do princípio da igualdade material, tratando-se de maneira desigual os diferentes países, conforme as suas diferenças.

A Lei nº 12.187/2009, que aprovou a Política Nacional de Mudança do Clima, estabeleceu, em seu art. 3º, "responsabilidades comuns, porém diferenciadas".

2.20 Princípio do provedor-recebedor ou protetor-recebedor

Trata-se de princípio que prevê sanções premiais (também chamadas sanções positivas), isto é, normas que conferem prêmios, em vez de punições, para os que praticarem determinadas condutas. No caso, o estímulo dá-se em favor daquele que adotar uma conduta considerada benéfica ao meio ambiente, como é o caso dos serviços ambientais.

Isso ocorre em razão do reconhecimento de que há mais efetividade em encorajar o cumprimento das normas ambientais mediante a concessão de um "prêmio" do que aplicar uma punição àquele que as transgrediu. Um exemplo encontra-se na Lei n° 9.393/1996, que dispõe sobre o Imposto sobre a Propriedade Territorial Rural (ITR) e exclui do cálculo da área tributável do imóvel as áreas de florestas plantadas ou nativas, de preservação permanente e de reserva legal, de servidão ambiental (art. 10, § 1°).

O princípio é expressamente previsto no ordenamento nacional por meio da Política Nacional de Resíduos Sólidos, que o incluiu em seu rol de princípios (art. 6°, II, da Lei n° 12.305/2010). A Lei n° 12.512/2011 (Programa de Apoio à Conservação Ambiental) prevê a transferência de recursos financeiros e a prestação de serviços de assistência técnica a famílias em situação de extrema pobreza que desenvolvam atividades de conservação de recursos naturais no meio rural (art. 2°).

De forma mais abrangente, a Lei n° 12.651/2012 (Código Florestal) autoriza o Poder Executivo federal a instituir programa de apoio e incentivo à conservação do meio ambiente, bem como para adoção de tecnologias e boas práticas que conciliem a produtividade agropecuária e florestal, com redução dos impactos ambientais, mediante incentivos como retribuição, monetária ou não, às atividades de conservação e melhoria dos ecossistemas e que gerem serviços ambientais (art. 41).

Mais recentemente, foi editada a Lei n° 14.119/2021, que institui a Política Nacional de Pagamento por Serviços Ambientais, definindo serviços ambientais como atividades individuais ou coletivas que favoreçam a manutenção, a recuperação ou a melhoria dos serviços ecossistêmicos. Serviços ecossistêmicos, por sua vez, são benefícios relevantes para a sociedade gerados pelos ecossistemas, em termos de manutenção, recuperação ou melhoria das condições ambientais.

2.21 Princípio da moralidade e o meio ambiente (moralidade ambiental)

A Constituição Federal dispõe que a Administração Pública brasileira, em quaisquer de suas esferas, obedecerá a princípios, notadamente o da moralidade (art. 37, *caput*). Ainda conforme a Constituição Federal, em seu art. 225, é dever de todo administrador a preservação do ambiente. Até mesmo a atividade dos particulares deverá atentar para a preservação ambiental (art. 170, VI, da CF).

Assim, conclui-se que todas essas atividades têm como pressuposto o dever ético de preservação do ambiente, mostrando que existe uma moral administrativa ambiental que rege a atuação do administrador, impedindo-o moralmente de agir contra o ambiente, sob pena de sua conduta configurar ato de improbidade administrativa nos termos da Lei nº 8.429/1992. Nesse sentido, o Tribunal Regional da 1ª Região (TRF1) já determinou a suspensão de obras potencialmente poluidoras por agressão ao princípio da moralidade ambiental (TRF1, AgIn nº 0057850-85.2016.4.01.0000 e Passivo nº 2006.34.00.020010-0).

2.22 Princípio da ecoeficiência

Segundo este princípio, previsto no art. 6º, V, da Lei nº 12.305/2010, a ecoeficiência dá-se mediante a compatibilização, de um lado, do fornecimento, a preços competitivos, de bens e serviços qualificados que satisfaçam as necessidades humanas e tragam qualidade de vida e, de outro, que provoquem a redução do impacto ambiental e do consumo de recursos naturais a um nível, no mínimo, equivalente à capacidade de sustentação estimada do planeta.

Em outras palavras, o objetivo do referido princípio é que as necessidades humanas sejam satisfeitas de forma ambientalmente eficientes, vale dizer, reduzindo o consumo e o impacto ambiental a um nível sustentável, que possa ser suportado pelo planeta Terra. Com isso, preserva-se a qualidade de vida das presentes e futuras gerações.

2.23 Princípio do limite ou controle

Este princípio impõe ao Poder Público o dever fundamental de controlar a poluição mediante o estabelecimento de limites máximos, de modo a mantê-la dentro de níveis aceitáveis, visando preservar o a qualidade de vida e o meio ambiente, conforme previsto no art. 225, § 1°, V, da CF, e art. 9°, I, da Lei n° 6.938/1981.

3

Competências ambientais na Constituição Federal

3.1 Introdução

A Constituição Federal de 1988 estabeleceu o chamado **federalismo de cooperação** (ou federalismo cooperativo), que consiste na atribuição de uma série de competências comuns entre a União, os Estados, o Distrito Federal e os Municípios, conforme se vê, por exemplo, no seu art. 23. A vantagem desse sistema é fazer com que todos os entes federativos sejam convocados a atuar na proteção de um bem ou interesse jurídico. Por outro lado, a desvantagem consiste no aumento dos casos de conflitos de competência.

O sistema de repartição de competências entre as entidades da Federação brasileira é bastante complexo. Em síntese, há dois tipos de competências ambientais: **competência legislativa** e **competência material** (também chamada competência administrativa ou de implementação), ambas distribuídas, direta ou indiretamente, a todos os entes federados.

A doutrina constitucionalista aponta um critério importante para a solução de conflitos: o chamado **princípio da predominância do interesse**, segundo o qual, na repartição de competências, o critério norteador será a verificação do interesse preponderante. Assim, caberá:

UNIÃO: matérias de predominante interesse **nacional** (**geral**)
ESTADOS: matérias de predominante interesse **regional**
MUNICÍPIOS: matérias de predominante interesse **local**
DISTRITO FEDERAL: matérias de predominante interesse **regional + local**

3.2 Competência legislativa

A doutrina majoritária adota a subdivisão da competência legislativa em privativa e exclusiva. O critério para esta distinção é a possibilidade ou não de delegação a outro ente:

a) competência legislativa **privativa**: é passível de delegação a outro ente;

b) competência legislativa **exclusiva**: não pode ser delegada.

Além dessa classificação, a doutrina também se refere à competência concorrente (a ser exercida por mais de um ente federado), bem como a uma subdivisão desta: a competência concorrente supletiva (a ser exercida por um ente federado quando outro ente não a exerce).

3.2.1 Competência legislativa privativa

A competência legislativa privativa é da União, conforme se vê no art. 22 da CF, podendo ser delegada aos Estados (art. 22, parágrafo único). No que diz respeito ao meio ambiente, compete privativamente à União legislar sobre:

a) desapropriação;

b) águas, energia, informática, telecomunicações e radiodifusão;

c) regime dos portos, navegação lacustre, fluvial, marítima, aérea e aeroespacial;

d) jazidas, minas, outros recursos minerais e metalurgia;

e) populações indígenas;

f) sistema estatístico, sistema cartográfico e de geologia nacionais; e

g) atividades nucleares de qualquer natureza.

3.2.2 Competência legislativa exclusiva

A competência legislativa exclusiva consta do art. 25 da CF e pertence aos Estados, com exclusão dos demais entes. Cabe aos Estados:

a) explorar diretamente, ou mediante concessão, os serviços locais de **gás canalizado**, na forma da lei, vedada a edição de medida provisória para a sua regulamentação; e

b) mediante lei complementar, instituir **regiões metropolitanas, aglomerações urbanas e microrregiões**, constituídas por agrupamentos de municípios limítrofes, para integrar a organização, o planejamento e a execução de funções públicas de interesse comum.

3.2.3 Competência legislativa concorrente

A Constituição é explícita sobre quem pode legislar em matéria de proteção do ambiente: a União, os Estados e o Distrito Federal têm competência legislativa **concorrente** (art.

24 da CF), ou seja, podem legislar sobre os mesmos temas, que são os seguintes:

a) direito urbanístico;

b) produção e consumo;

c) florestas, caça, pesca, fauna, conservação da natureza, defesa do solo e dos recursos naturais, proteção do meio ambiente e controle da poluição;

d) proteção ao patrimônio histórico, cultural, artístico, turístico e paisagístico; e

e) responsabilidade por dano ao meio ambiente, ao consumidor, a bens e direitos de valor artístico, estético, histórico, turístico e paisagístico (esta competência é limitada em razão da competência privativa da União para legislar sobre direitos penal e civil, conforme o art. 22, I, da CF).

Para evitar conflitos entre os entes nessa atividade legislativa, já que podem legislar sobre o mesmo assunto, a Constituição Federal prevê que, no âmbito da legislação concorrente, a competência da União se limitará a estabelecer normas gerais (art. 24, § 1º).

A doutrina aponta, ainda, mais dois critérios para as normas editadas por Estados, Distrito Federal e Municípios, que devem ser observados simultaneamente:

a) estar em **conformidade com a norma geral (federal)**; e

b) estabelecer padrões mais protetivos ao meio ambiente (critério da **preponderância da norma mais restritiva**, confirmado pelo STF na ADI nº 5.996).

É relevante conferir alguns julgados do STF sobre o tema:

Competências ambientais na Constituição Federal **35**

a) A possibilidade de complementação da legislação federal para o atendimento de interesse regional (art. 24, § 2°, da CF) **não permite que Estado-membro dispense a exigência de licenciamento para atividades potencialmente poluidoras**, como pretendido pelo art. 10 da Lei n° 2.713/2013 do Estado do Tocantins. O desenvolvimento de atividades agrossilvopastoris pode acarretar uma relevante intervenção sobre o meio ambiente, pelo que não se justifica a flexibilização dos instrumentos de proteção ambiental, sem que haja um controle e uma fiscalização prévios da atividade (ADI n° 5.312).

b) **Os Estados podem legislar proibindo** o uso de produtos, materiais ou artefatos que contenham quaisquer tipos de **amianto** no território estadual, pois a lei federal existente sobre o tema (Lei n° 9.055/1995, que não proibia totalmente) sofreu processo de inconstitucionalização, já que hoje há consenso em torno da natureza altamente cancerígena do produto e da inviabilidade de seu uso de forma segura. Diante da invalidade da norma geral federal, os Estados-membros passam a ter competência legislativa plena sobre a matéria, até a sobrevinda eventual de nova legislação federal (ADIs n°s 3.937, 3.406 e 3.470).

c) Os Estados podem legislar **proibindo a utilização de animais no desenvolvimento de produtos cosméticos e de higiene** (ADI n° 5.995).

d) Não afronta a competência legislativa da União o dispositivo de **constituição estadual que proíbe a caça** em seu respectivo território (ADI n° 350).

3.2.4 Competência legislativa concorrente supletiva

A competência legislativa concorrente supletiva pertence aos Estados-membros e ao Distrito Federal, e surge quando da omissão da União para exercer sua competência para a edição de normas gerais.

Assim, inexistindo lei federal sobre normas gerais, os Estados e o Distrito Federal exercerão a competência legislativa plena, para atender às suas peculiaridades (art. 24, § 3°, da CF). Todavia, a superveniência de lei federal sobre normas gerais suspende a eficácia da lei estadual ou distrital, no que lhe for contrário (art. 24, § 4°, da CF).

3.2.5 Competências municipais

Ainda com relação à competência legislativa, nos termos da Constituição Federal, cabe aos **municípios** legislar sobre:

a) ordenamento do solo urbano (art. 182 da CF);

b) assuntos de interesse local (art. 30, I, da CF); e

c) suplementar a legislação federal e a estadual no que couber (art. 30, II, da CF).

Sobre o tema, o STF (RE n° 586.224) entende que Município é competente para legislar sobre o meio ambiente desde que, cumulativamente:

1. **no limite do seu interesse local**;

2. o faça **fundamentadamente**; e

3. esse regramento seja **harmônico com a disciplina estabelecida pelos demais entes** federados.

Sobre a interpretação da expressão **"interesse local"**, o STF decidiu (RE n° 194.704) que **não significa interesse exclusivo do Município, mas preponderante**, e, com isso, manteve a validade de autos de infração municipais que aplicaram multas

Competências ambientais na Constituição Federal **37**

por poluição decorrente da emissão de fumaça por veículos automotores no perímetro urbano.

3.3 Competência material, administrativa ou de implementação

3.3.1 Competência material comum

No que tange às **competências materiais**, âmbito de exercício do poder de polícia, a Constituição Federal (art. 23) atribuiu igualmente a todos os entes (União, Estados, Distrito Federal e Municípios) o poder-dever de:

a) proteger os documentos, as obras e outros bens de valor histórico, artístico e cultural, os monumentos, as paisagens naturais notáveis e os sítios arqueológicos;

b) impedir a evasão, a destruição e a descaracterização de obras de arte e de outros bens de valor histórico, artístico ou cultural;

c) proteger o meio ambiente e combater a poluição em qualquer de suas formas;

d) preservar as florestas, a fauna e a flora;

e) promover programas de construção de moradias e a melhoria das condições habitacionais e de saneamento básico; e

f) registrar, acompanhar e fiscalizar as concessões de direitos de pesquisa e exploração de recursos hídricos e minerais em seus territórios.

Visando fixar normas para a cooperação entre a União, os Estados, o Distrito Federal e os Municípios nas ações administrativas decorrentes do exercício da competência comum relativas à proteção do meio ambiente, foi editada a Lei Complementar (LC) n° 140/2011, definindo competências e

38   Direito Ambiental

descentralizando muitas delas para Estados e Municípios, o que será objeto de estudo mais à frente.

3.3.2 Competência material exclusiva

A competência material exclusiva pertence à União (art. 21 da CF) em razão de o constituinte tê-las considerado de interesse geral. As relacionadas ao meio ambiente são:

a) elaborar e executar planos nacionais e regionais de ordenação do território e de desenvolvimento econômico e social;

b) explorar, diretamente ou mediante autorização, concessão ou permissão os serviços e as instalações de energia elétrica e o aproveitamento energético dos cursos de água, em articulação com os Estados onde se situam os potenciais hidroenergéticos;

c) instituir sistema nacional de gerenciamento de recursos hídricos e definir critérios de outorga de direitos de seu uso;

d) instituir diretrizes para o desenvolvimento urbano, inclusive habitação, saneamento básico e transportes urbanos;

e) explorar os serviços e as instalações nucleares de qualquer natureza e exercer monopólio estatal sobre a pesquisa, a lavra, o enriquecimento e reprocessamento, a industrialização e o comércio de minérios nucleares e seus derivados;

f) organizar, manter e executar a inspeção do trabalho; e

g) estabelecer as áreas e as condições para o exercício da atividade de garimpagem, em forma associativa.

4

Política Nacional do Meio Ambiente

4.1 Política Nacional de Meio Ambiente (PNMA): considerações gerais

A Lei n° 6.938/1981 instituiu a PNMA. Ela foi recepcionada pela CF, visto que se mostra compatível com o seu art. 225, especialmente quanto à tutela do meio ambiente nas esferas administrativa, civil e penal.

A referida lei prevê, inclusive, competências administrativas dos três entes políticos (União, Estados e Municípios) na tutela ambiental. Ela foi alterada significativamente pela Lei n° 12.651/2012 (objeto de estudo específico desta obra) e pela LC n° 140/2011, ao lado das quais deve, sempre, ser lida sob interpretação sistemática.

Particularmente, a LC n° 140/2011 fixou normas, em cumprimento à **competência comum** prevista no art. 23, III (proteger os documentos, as obras e outros bens de valor histórico, artístico e cultural, os monumentos, as paisagens naturais notáveis e os sítios arqueológicos), VI (proteger o meio ambiente e combater a poluição em qualquer de suas formas) e VII (preservar as florestas, a fauna e a flora), da CF, para a cooperação entre a União, os Estados, o Distrito Federal e os Municípios nas **ações administrativas** decorrentes do exercício da competência comum relativas à proteção das paisagens naturais notáveis, à proteção do meio ambiente, ao combate à poluição em qualquer de suas formas e à preservação das florestas, da fauna e da flora. A LC nº 140/2011 foi muito importante para delimitar as atribuições de cada ente político na tutela ambiental.

A PNMA tem por **objetivo** a preservação, melhoria e recuperação da qualidade ambiental propícia à vida, visando assegurar condições ao desenvolvimento socioeconômico, aos interesses da segurança nacional e à proteção da dignidade da vida humana.

A PNMA tem seus **princípios** enumerados no art. 2º e no art. 3º da Lei nº 6.938/1981 define **conceitos** cuja sistematização é relevante:

Título	Conceito
Meio ambiente	O conjunto de condições, leis, influências e interações de ordem física, química e biológica, que permite, abriga e rege a vida em todas as suas formas.
Degradação da qualidade ambiental	A alteração adversa das características do meio ambiente. Ressalta-se que essa alteração adversa não precisa decorrer de ação humana, a exemplo dos danos ao meio ambiente provocados por chuvas intensas ou ciclones.
Poluição	A degradação da qualidade ambiental resultante de **atividades** que direta ou indiretamente: a) prejudiquem a saúde, a segurança e o bem-estar da população; b) criem condições adversas às atividades sociais e econômicas; c) afetem desfavoravelmente a biota; d) afetem as condições estéticas ou sanitárias do meio ambiente; e) lancem matérias ou energia em desacordo

Poluição	com os padrões ambientais estabelecidos. Como a degradação, na poluição, deve decorrer de **atividade** (humana), a poluição, diferentemente da degradação, ocorre apenas por intermédio da conduta humana.
Poluidor	A pessoa física ou jurídica, de direito público ou privado, responsável, direta ou indiretamente, por atividade causadora de degradação ambiental. Vide o estudo sobre o conceito de poluidor desenvolvido na responsabilidade ambiental civil, nesta obra.
Recursos ambientais	A atmosfera, as águas interiores, superficiais e subterrâneas, os estuários, o mar territorial, o solo, o subsolo, os elementos da biosfera, a fauna e a flora.

Os **objetivos específicos** encontram-se no art. 4°, dentre os quais se destaca a "compatibilização do desenvolvimento econômico social com a preservação da qualidade do meio ambiente e do equilíbrio ecológico", o que caracteriza o desenvolvimento sustentável perseguido pelo art. 225 da CF.

4.2 Educação ambiental

Particularmente quanto à educação ambiental, menciona-se a Lei n° 9.795/1999, que, em cumprimento do art. 225, VI, da CF, instituiu a Política Nacional de Educação Ambiental. No seu art. 1°, ela entende "por educação ambiental os processos por meio dos quais o indivíduo e a coletividade constroem valores sociais, conhecimentos, habilidades, atitudes e competências voltadas para a conservação do meio ambiente, bem de uso comum do povo, essencial à sadia qualidade de vida e sua sustentabilidade".

A educação ambiental deve estar presente em todos os níveis e modalidades do processo educativo, em caráter formal e não formal. Desde a educação básica até a educação de nível superior, passando pela educação especial, profissional e de jovens e adultos. Inclusive, segundo os arts. 7°, XI, 8°, XI, e 9°, XI, da LC nº 140/2011, é ação administrativa da União, dos Estados e dos Municípios promover e orientar a educação ambiental em todos os níveis de ensino e a conscientização pública para a proteção do meio ambiente.

4.3 Sistema Nacional do Meio Ambiente (Sisnama)

Para a tutela do meio ambiente, o art. 6º da Lei nº 6.938/1981 criou o Sistema Nacional do Meio Ambiente (Sisnama), o qual é constituído pelos órgãos e entidades da União, dos Estados, do Distrito Federal, dos Territórios e dos Municípios, bem como as fundações instituídas pelo Poder Público, responsáveis pela proteção e melhoria da qualidade ambiental.

O Sisnama está assim estruturado:

Órgão superior	Competência
Órgão Superior	O Conselho de Governo, com a função de assessorar o presidente da República na formulação da política nacional e nas diretrizes governamentais para o meio ambiente e os recursos ambientais.
Órgão Consultivo e Deliberativo	O Conselho Nacional do Meio Ambiente (Conama), com a finalidade de assessorar, estudar e propor ao Conselho de Governo diretrizes de políticas governamentais para o meio ambiente e os recursos naturais e deliberar, no âmbito de sua competência, sobre normas e padrões compatíveis com o meio ambiente ecologicamente equilibrado e essencial à sadia qualidade de vida.
Órgão Central	A Secretaria do Meio Ambiente da Presidência da República (atual Ministério do Meio Ambiente – MMA), com a finalidade de planejar, coordenar, supervisionar e controlar, como órgão federal, a **política nacional** e as diretrizes governamentais fixadas para o meio ambiente.

Órgão superior	Competência
Órgãos Executores	O Instituto Brasileiro do Meio Ambiente e dos Recursos Naturais Renováveis (Ibama) e o Instituto Chico Mendes de Conservação da Biodiversidade – Instituto Chico Mendes (ICMBio), com a finalidade de executar e fazer executar a política e as diretrizes governamentais fixadas para o meio ambiente, de acordo com as respectivas competências.
Órgãos Seccionais	Os órgãos ou entidades estaduais responsáveis pela execução de programas, projetos e pelo controle e fiscalização de atividades capazes de provocar a degradação ambiental.
Órgãos Locais	Os órgãos ou entidades municipais, responsáveis pelo controle e fiscalização dessas atividades, nas suas respectivas jurisdições.

Os Estados, na esfera de suas competências, elaborarão normas supletivas e complementares e padrões relacionados com o meio ambiente, observados os que forem estabelecidos pelo Conama. Igualmente, os Municípios, observadas as normas e os padrões federais e estaduais, também poderão elaborar essas normas.

Em cumprimento ao objetivo da PNMA de divulgar dados e informações ambientais, os órgãos central, setoriais, seccionais e locais já mencionados deverão fornecer os resultados das análises efetuadas e sua fundamentação, quando solicitados por pessoa legitimamente interessada.

4.3.1 Conselho Nacional do Meio Ambiente (Conama)

O Conama é o órgão consultivo e deliberativo do Sisnama. Foi instituído pela Lei nº 6.938/1981. Encontra regulamentação pelo Decreto nº 99.724/1990. Ele se destina a assessorar, estudar e propor ao Governo as linhas de direção que devem tomar as políticas governamentais para a exploração e preservação do meio ambiente e dos recursos naturais. Igualmente, cabe a esse órgão criar normas e determinar padrões compatíveis com o meio ambiente ecologicamente equilibrado e essencial à sadia qualidade de vida.

As **competências** do Conama então fixadas no art. 8º da Lei nº 6.938/1981.

O **poder normativo** do Conama, em tese, limita-se à regulamentação da lei, esta vista sob o sentido formal enquanto ato elaborado pelo Poder Legislativo. Ou seja: o Poder Executivo, uma vez autorizado por lei em sentido formal, pode regulamentar a lei mediante a emissão de resoluções. A propósito, segundo o STJ, a "alegada violação à Resolução do Conama não pode ser apreciada por esta Corte, pois se trata de ato normativo que não se enquadra no conceito de 'tratado ou lei federal' de que cuida o art. 105, III, a, da Constituição Federal" (STJ, AgInt no REsp nº 1.797.425).

O STF possuía entendimento não admitindo "a propositura de ação direta de inconstitucionalidade para impugnar Resolução do Conama, ato normativo regulamentar e não autônomo, de natureza secundária" (ADI nº 3.074). Porém, em caso diverso e mais recente, decidiu que "a Resolução impugnada é ato normativo primário, dotada de generalidade e abstração suficientes a permitir o controle concentrado de constitucionalidade" (ADI nº 5.547, julgado em 22.09.2020). O Tribunal também admite o uso de arguição de descumprimento de preceito fundamental (ADPF nº 101).

Política Nacional do Meio Ambiente 45

4.3.2 Instituto Brasileiro do Meio Ambiente e dos Recursos Naturais Renováveis (Ibama)

O Ibama é uma autarquia federal dotada de personalidade jurídica de direito público, autonomia administrativa e financeira, vinculada ao MMA. Trata-se de órgão executor do Sisnama.

Enumeram-se as seguintes **finalidades do Ibama**, segundo a Lei nº 7.735/1989:

> I – Exercer o poder de polícia ambiental, no âmbito federal, já que os órgãos seccionais são responsáveis pelo controle e fiscalização de atividades capazes de provocar a degradação ambiental.
>
> II – Executar ações das políticas nacionais de meio ambiente, referentes às *atribuições federais*, relativas ao *licenciamento ambiental*, ao controle da qualidade ambiental, à autorização de uso dos recursos naturais e a fiscalização, monitoramento e controle ambiental, observadas as diretrizes emanadas do Ministério do Meio Ambiente.
>
> III – Executar as **ações supletivas** de competência da União, de conformidade com a legislação ambiental vigente.

As finalidades mencionadas devem observar a atuação supletiva e subsidiária prevista nos arts. 2º, II e III, 15 e 16, todos da LC nº 140/2011.

4.3.3 Instituto Chico Mendes de Conservação da Biodiversidade (ICMBio)

O ICMBio, criado pela Lei nº 11.516/2007, é uma autarquia federal dotada de personalidade jurídica de direito público, autonomia administrativa e financeira, vinculada ao MMA. Trata-se de órgão executor do Sisnama.

Dentre as **finalidades do ICMBio**, destacam-se proposição, implantação, **gestão**, proteção, fiscalização e monitoramento das **unidades de conservação instituídas pela União**, bem como exercer o **poder de polícia** ambiental nestas, sem excluir o exercício supletivo do poder de polícia ambiental pelo Ibama.

Notadamente, a competência para tratar de assuntos relacionados à administração de unidades de conservação federais é do ICMBio, com exceção do licenciamento ambiental, que é da competência apenas do Ibama, mesmo que envolva unidade de conservação federal.

4.4 Instrumentos da Política Nacional do Meio Ambiente

Para o desempenho da PNMA, o art. 9° da Lei n° 6.938/1981, de forma exemplificativa, apresenta os instrumentos que serão estudados na sequência.

4.4.1 Estabelecimento de padrões de qualidade ambiental

No âmbito federal, compete ao Conama estabelecer padrões de qualidade ambiental (art. 9°, I, da Lei n° 6.938/1981). Esse instrumento serve para assegurar que, dentro de certos níveis, o meio ambiente apresente qualidade positiva. Esses níveis são estabelecidos com a ajuda da ciência, que logra medir a capacidade natural de regeneração do meio ambiente.

A título de exemplo, mencionam-se as Resoluções Conama n°s 3/1990 (padrões de qualidade do ar); 382/2006 (limites máximos de emissão de poluentes atmosféricos para fontes fixas); 432/2011 (emissões de gases poluentes por

Política Nacional do Meio Ambiente 47

automotores); 20/1986 e 357/2005 (liberação, nas águas, de esgotos sem tratamento, resíduos sólidos e lixo tóxico); 1/1990 (emissão de ruídos, em decorrência de quaisquer atividades industriais, comerciais, sociais ou recreativas, inclusive as de propaganda política, com limites previstos pela norma NBR 10.152); 1/1993 e 02/1993 (ruídos emitidos por automotores).

Estados e Municípios podem fixar padrões de qualidade ambiental também, nos limites dos seus interesses regionais e locais, respectivamente. No tocante aos Municípios, por exemplo, são conhecidos os limites da emissão de ruídos sonoros.

4.4.2 Zoneamento ambiental

O zoneamento ambiental, também conhecido por Zoneamento Ecológico-Econômico (ZEE), é um instrumento de política nacional do meio ambiente (art. 9°, II, da Lei n° 6.938/1981) que foi regulamentado pelo Decreto n° 4.297/2002. Trata-se de um instrumento de organização do território a ser *obrigatoriamente* seguido na implantação de planos, obras e atividades públicas e privadas; estabelece medidas e padrões de proteção ambiental destinados a assegurar a qualidade ambiental dos recursos hídricos e do solo e a conservação da biodiversidade, garantindo o desenvolvimento sustentável e a melhoria das condições de vida da população.

O zoneamento ambiental tem por **objetivo geral** organizar, de forma vinculada, as decisões dos agentes públicos e privados quanto a planos, programas, projetos e atividades que, direta ou indiretamente, utilizem recursos naturais, assegurando a plena manutenção do capital e dos serviços ambientais dos ecossistemas.

Na distribuição espacial das atividades econômicas, o zoneamento ambiental levará em conta a importância ecológica, as limitações e as fragilidades dos ecossistemas, estabelecendo vedações, restrições e alternativas de exploração do território e determinando, quando for o caso, inclusive a relocalização de atividades incompatíveis com suas diretrizes gerais.

Nem a Lei nº 6.938/1981 nem o Decreto nº 4.297/2002 previram a **forma da criação da zona ambiental**, se por lei ou ato infralegal. Todavia, como o decreto em questão exige, no seu art. 19, § 1º, lei em sentido formal para alterar o zoneamento ambiental, entende-se que ele deve ser também instituído **mediante lei**. Ademais, a elaboração e a implantação do zoneamento ambiental devem contar com ampla participação democrática, compartilhando suas ações e responsabilidades entre os diferentes níveis da administração pública e da sociedade civil.

União, Estados e Municípios podem promover o zoneamento ambiental. Segundo o art. 7º, IX, da LC nº 140/2001, compete à União elaborar o zoneamento ambiental de âmbito nacional e regional. Nos termos do art. 8º, IX, da LC nº 140/2011, compete ao Estado elaborar o zoneamento ambiental de âmbito estadual, em conformidade com os zoneamentos de âmbito nacional e regional promovidos pela União. Registra-se que o art. 13, § 2º, da Lei nº 12.651/2012 concedeu o prazo de cinco anos, a contar da sua publicação, para os Estados elaborarem e aprovarem os seus zoneamentos ecológico-econômicos. Já os Municípios, embora contem apenas com a competência para elaborar o Plano Diretor, observando os zoneamentos ambientais (art. 9º, IX, da LC nº 140/2001), podem promover os seus zoneamentos ambientais, com base na competência comum de proteção do meio ambiente (art. 23,

VI, da CF), devendo observar, contudo, os zoneamentos realizados pelos Estados e pela União.

Nos termos do art. 19 do Decreto n° 4.297/2002, é possível a **alteração dos produtos, limites e diretrizes do zoneamento ambiental**, desde que haja consulta pública e lei. No entanto, deve-se aguardar o prazo mínimo de 10 anos da conclusão do zoneamento ou da sua última modificação. Esse prazo não é exigível na hipótese de ampliação do rigor da proteção ambiental da zona a ser alterada, ou de atualizações decorrentes de aprimoramento técnico-científico. Observa-se, também, que a alteração do zoneamento ambiental não poderá reduzir o percentual da reserva legal definido em legislação específica, nem as áreas protegidas, com unidades de conservação ou não.

Por sua vez, o **zoneamento ambiental industrial** está previsto na Lei n° 6.803/1980. Em áreas críticas de poluição, as zonas destinadas à instalação de indústrias serão definidas em esquema de zoneamento urbano, *aprovado por lei*, que compatibilize as atividades industriais com a proteção ambiental, observadas três categorias: zonas de uso estritamente industrial (onde devem ficar indústrias em que há maior risco ao meio ambiente e à saúde humana), zonas de uso predominantemente industrial e zonas de uso diversificado (indústrias em que não se exigem métodos especiais de controle da poluição por não ocasionarem inconvenientes à saúde, ao bem-estar e à segurança das populações vizinhas).

O art. 7° da Lei n° 6.803/1980 se refere também às **zonas de reserva ambiental**, nas quais, por suas características culturais, ecológicas, paisagísticas, ou pela necessidade de preservação de mananciais e proteção de áreas especiais, ficará vedada a localização de estabelecimentos industriais.

50   Direito Ambiental

Ainda, as zonas de uso industrial, independentemente de sua categoria, serão classificadas em: não saturadas; em vias de saturação; e saturadas. O grau de saturação será aferido e fixado em função da área disponível para uso industrial da infraestrutura, bem como dos padrões e normas ambientais fixados pelo Ibama e pelo Estado e Município, no limite das respectivas competências.

No mais, tendo em vista a inexistência do direito adquirido a poluir, caso um estabelecimento industrial, instalado previamente ao zoneamento ambiental industrial, não lograr adequar-se às novas exigências, ele deverá ser relocalizado, hipótese em que terá direito a condições especiais de financiamento.

4.4.3 Avaliação de impactos ambientais (AIA)

A AIA é também conhecida como **estudos ambientais** (art. 9°, III, da Lei n° 6.938/1981). Fundamentalmente, o assunto envolve o estudo das Resoluções Conama n°s 1/1986, 9/1987 e 237/1997, cuja leitura é enfaticamente recomendada.

Segundo o art. 225, § 1°, IV, da CF, o Poder Público deve exigir, para instalação de obra ou atividade potencialmente causadora de significativa degradação do meio ambiente, estudo *prévio* de impacto ambiental, ao qual se dará publicidade. Percebe-se que os estudos ambientais devem ser *prévios* ao licenciamento da obra ou atividade, inclusive anteriores à expedição da licença prévia (art. 8°, I, da Resolução Conama n° 237/1997).

Impacto ambiental é definido como qualquer alteração das propriedades físicas, químicas e biológicas do meio ambiente, causada por qualquer forma de matéria ou energia resultante das atividades humanas que, direta ou indiretamente, afetam: I – a saúde, a segurança e o bem-estar da população; II – as atividades sociais e econômicas; III – a biota; IV – as condições estéticas e sanitárias do meio ambiente; e V – a qualidade dos recursos ambientais (art. 1° da Resolução Conama n° 1/1986).

O art. 1°, III, da Resolução Conama n° 237/1997 define o *gênero* estudos ambientais: todo e qualquer estudo relativo aos aspectos ambientais relacionados a localização, instalação, operação e ampliação de uma atividade ou empreendimento, apresentado como subsídio para a análise da licença ambiental requerida, tais como: relatório ambiental, plano e projeto de controle ambiental, relatório ambiental preliminar, diagnóstico ambiental, plano de manejo, plano de recuperação de área degradada e análise preliminar de risco.

Existem várias espécies de estudos ambientais. Por exemplo, há o Relatório Ambiental Preliminar (RAP), que servirá de base para a análise do órgão ambiental na emissão de licença prévia ou eventual solicitação de EIA-Rima, caso seja verificado um potencial impactante significativo. Para os empreendimentos elétricos com pequeno potencial de impacto ambiental, há o Relatório Ambiental Simplificado (RAS), definido pela Resolução Conama n° 279/2001, como os estudos relativos aos aspectos ambientais relacionados a localização, instalação, operação e ampliação de uma atividade ou empreendimento, apresentados como subsídio para a concessão da licença prévia requerida, que conterá, dentre outras, as informações relativas ao diagnóstico ambiental da região de inserção do empreendimento, sua caracterização, a identificação dos impactos ambientais e das medidas de controle, de mitigação e de compensação. Originalmente previsto na Resolução Conama n° 9/1990, existe também o Plano de Controle

Ambiental (PCA), que, ao conter os projetos executivos de minimização dos impactos ambientais avaliados na fase da licença prévia, é condição para a expedição da licença de instalação.

A principal espécie de estudo ambiental é o EIA-Rima (Estudo de Impacto Ambiental – Relatório de Impacto Ambiental). O relatório de impacto ambiental é um documento que acompanha e explica o estudo de impacto ambiental.

Havendo impacto ambiental, não há discricionariedade quanto à exigência do EIA-Rima, de modo que não pode ser dispensado. O EIA-Rima é requisito sempre que houver impacto ambiental. Nesse sentido, o art. 2º da Resolução Conama nº 1/1986 enumera hipóteses em que a autoridade ambiental deve exigir o EIA-Rima para posterior concessão da licença ambiental. Nesses casos, trata-se de presunção absoluta de impacto ambiental. Essa enumeração, segundo a maioria da doutrina, é meramente exemplificativa.

O art. 5º da Resolução Conama nº 1/1986 apresenta as diretrizes gerais do EIA-Rima, enquanto o art. 6º dispõe sobre as atividades técnicas deste.

O EIA-Rima, a ser custeado pelo proponente do projeto, ou seja, o empreendedor, será realizado por equipe multidisciplinar habilitada, não dependente direta ou indiretamente do proponente do projeto e que será responsável tecnicamente pelos resultados apresentados.

Uma vez confeccionado o EIA-Rima, o documento deve ficar acessível ao público, preservado o sigilo industrial, se houver. Nos termos da Resolução Conama nº 9/1987, a partir de então, deve ser realizada audiência pública quando o órgão público julgar necessário ou quando for solicitado por entidade civil, pelo Ministério Público ou por 50 ou mais cidadãos. O prazo mínimo será de 45 dias, a contar da solicitação. Essa audiência pública tem por finalidade expor aos interessados o conteúdo do produto em análise e do seu referido Rima, dirimindo dúvidas e recolhendo dos presentes as críticas e sugestões a respeito. Se não for realizada a audiência pública solicitada, a licença ambiental eventualmente concedida não terá validade.

Embora seja de realização obrigatória quando solicitada, a audiência pública não vincula o órgão ambiental. Ela é meramente consultiva, e não deliberatória. Assim, a licença poderá ser concedida mesmo que a audiência pública recuse as conclusões do EIA-Rima.

Da mesma forma, o EIA-Rima não vincula o órgão ambiental, o qual poderá conceder a licença ambiental mesmo que o estudo ambiental seja contrário a tanto. Nesse caso, todavia, a autoridade licenciadora deverá fundamentar especificamente por que concede a licença, a despeito de o EIA-Rima ser contrário.

4.4.4 Licenciamento ambiental

4.4.4.1 Considerações gerais

O licenciamento ambiental, que envolve a revisão das atividades poluidoras, é outro instrumento de política do meio ambiente (art. 9°, IV, da Lei n° 6.938/1981). Aqui, afigura-se necessária a leitura da Resolução Conama n° 237/1997 e da LC n° 140/2011. Adianta-se que a LC n° 140/2011 supriu um vácuo legislativo que, até então, era ocupado pela Resolução Conama n° 237/1997, principalmente no tocante à competência para realizar o licenciamento. Considerando a hierarquia normativa, a Resolução Conama n° 237/1997 subsiste no que não contrariar a LC n° 140/2011.

O licenciamento ambiental expressa o poder de polícia inerente ao Estado e calca-se nos seguintes princípios ambientais: prevenção (previne os danos cuja certeza científica existe), precaução (evita eventuais danos de certeza científica incerta), poluidor-pagador (os custos do licenciamento correm às expensas do interessado), informação (há publicidade no licenciamento, inclusive com a possibilidade da realização de audiências públicas) e desenvolvimento sustentável (o licenciamento visa ao equilíbrio entre o meio ambiente e o desenvolvimento econômico).

O licenciamento ambiental vem definido no art. 1°, I, da Resolução Conama n° 237/1997, nos seguintes termos: "procedimento administrativo pelo qual o órgão ambiental competente licencia a localização, instalação, ampliação e a operação de empreendimentos e atividades utilizadoras de recursos ambientais, consideradas efetiva ou potencialmente poluidoras ou daquelas que, sob qualquer forma, possam causar degradação ambiental, considerando as disposições legais e regulamentares e as normas técnicas aplicáveis ao caso". Esse conceito é compatível com o apresentado no art. 2°, I, da LC n° 140/2011: "o procedimento administrativo destinado a licenciar atividades ou empreendimentos utilizadores de recursos ambientais, efetiva ou potencialmente poluidores ou capazes, sob qualquer forma, de causar degradação ambiental". O prévio licenciamento ambiental, que também depende de prévio estudo do impacto ambiental (art. 225, IV, da CF), é requisito para o desenvolvimento de atividades potencialmente poluidoras, conforme o art. 10 da Lei n° 6.938/1981 e o art. 2° da Resolução Conama n° 237/1997.

Ainda segundo o art. 2° da Resolução Conama n° 237/1997, estão sujeitos, obrigatoriamente, ao prévio licenciamento ambiental os empreendimentos e as atividades relacionadas no Anexo 1 da Resolução. Esse rol não é taxativo.

Política Nacional do Meio Ambiente   55

Assim, sempre que o órgão ambiental identificar que determinada atividade ou empreendimento são potencialmente poluidores, deve exigir o prévio licenciamento ambiental.

4.4.4.2 Licença ambiental

Por sua vez, a licença ambiental é o resultado positivo do licenciamento ambiental. Ela está definida no art. 1°, II, da Resolução Conama n° 237/1997, nos seguintes termos:

> Ato administrativo pelo qual o órgão ambiental competente estabelece as condições, restrições e medidas de controle ambiental que deverão ser obedecidas pelo empreendedor, pessoa física ou jurídica, para localizar, instalar, ampliar e operar empreendimentos ou atividades utilizadoras dos recursos ambientais consideradas efetiva ou potencialmente poluidoras ou aquelas que, sob qualquer forma, possam causar degradação ambiental.

À exceção das licenças ambientais específicas, que podem ser definidas em atenção às peculiaridades da atividade poluidora (art. 9° da Resolução Conama n° 237/1997), são três as espécies de licenças ambientais, que têm prazos de validade específicos e podem ser expedidas isolada ou sucessivamente, de acordo com a natureza, as características e a fase do empreendimento ou atividade:

Tipo de licença	Conceito	Prazo máximo de validade
Licença Prévia (LP)	Concedida na fase preliminar do planejamento do empreendimento ou atividade aprovando sua localização e concepção, atestando a viabilidade ambiental e estabelecendo os requisitos básicos e condicionantes a serem atendidos nas próximas fases de sua implementação.	Prorrogável até cinco anos

Tipo de licença	Conceito	Prazo máximo de validade
Licença de Instalação (LI)	Autoriza a instalação do empreendimento ou atividade de acordo com as especificações constantes dos planos, programas e projetos aprovados, incluindo as medidas de controle ambiental e demais condicionantes, da qual constituem motivo determinante.	Prorrogável até seis anos
Licença de Operação (LO)	Autoriza a operação da atividade ou empreendimento, após a verificação do efetivo cumprimento do que consta das licenças anteriores, com as medidas de controle ambiental e condicionantes determinados para a operação.	Prazo mínimo: quatro anos Prazo máximo: dez anos

Para fins de licenciamento, nos termos do art. 12 da Resolução Conama nº 237/1997, é possível o estabelecimento de procedimentos simplificados para as atividades e os empreendimentos de pequeno potencial de impacto ambiental, que deverão ser aprovados pelos respectivos Conselhos de Meio Ambiente. Especialmente, poderá ser admitido um único processo de licenciamento ambiental (licenciamento único) para pequenos empreendimentos e atividades similares e vizinhos ou para aqueles integrantes de planos de desenvolvimento aprovados, previamente, pelo órgão governamental competente, desde que definida a responsabilidade legal pelo conjunto de empreendimentos ou atividades.

As licenças ambientais admitem renovação, desde que requerida com antecedência mínima de 120 dias da expiração da sua validade. Nesse caso, fica automaticamente prorrogada a licença, até a manifestação definitiva da autoridade licenciadora. Diversamente, na hipótese da concessão original da licença ambiental, o decurso do prazo de licenciamento sem a emissão da licença ambiental não implica emissão tácita nem autoriza a prática de ato que dela dependa ou decorra.

Na renovação da licença de operação, o órgão ambiental competente poderá, mediante decisão motivada, aumentar ou diminuir o seu prazo de validade, após avaliação do desempenho ambiental da atividade ou empreendimento no período de vigência anterior, respeitados o limite mínimo de quatro anos e o limite máximo de dez anos.

A propósito, nos termos do art. 19 da Resolução Conama nº 237/1997, o órgão ambiental competente, mediante decisão motivada, poderá modificar os condicionantes e as medidas de controle e adequação, suspender ou cancelar uma licença expedida, quando ocorrer: I – violação ou inadequação de quaisquer condicionantes ou normas legais; II – omissão ou falsa descrição de informações relevantes que subsidiaram a expedição da licença; e III – superveniência de graves riscos ambientais e de saúde. Essas possibilidades evidenciam que a licença ambiental é marcada pela precariedade, assemelhando-se muito mais a uma autorização do que a uma licença propriamente considerada. Logo, a licença ambiental, mesmo que regularmente emitida, não gera direito adquirido ao licenciado, tendo em vista a possibilidade da alteração ou do próprio cancelamento da licença em razão de fatores supervenientes.

Em caso de nulidade da licença ambiental, a eficácia da decisão que reconhece é *ex tunc*, como já decidiu o STJ:

> É inválida, *ex tunc*, por nulidade absoluta decorrente de vício congênito, a autorização ou licença urbanístico-ambiental que ignore ou descumpra as exigências estabelecidas por lei e atos normativos federais, estaduais e municipais, não produzindo os efeitos que lhe são ordinariamente próprios (*quod nullum est, nullum producit effectum*), nem admitindo confirmação ou convalidação (STJ, REsp nº 769.753)

[...] sendo a licença espécie de ato administrativo autorizativo submetido ao regime jurídico administrativo, a sua nulidade implica que dela não podem advir efeitos válidos e tampouco a consolidação de qualquer direito adquirido (desde que não ultrapassado o prazo previsto no art. 54 da Lei nº 9.784/1999, caso o beneficiário esteja de boa-fé). Vale dizer, declarada a sua nulidade, que a situação fática deve retornar ao estado ex ante, sem prejuízo de eventual reparação civil do lesado caso presentes os pressupostos necessários para tal (STJ, REsp nº 1.362.456).

Ordinariamente, são as **seguintes as etapas do licenciamento ambiental**, conforme o art. 10 da Resolução Conama nº 237/1997:

I – Definição pelo órgão ambiental competente, com a participação do empreendedor, dos documentos, projetos e estudos ambientais, necessários ao início do processo de licenciamento correspondente à licença a ser requerida.

II – Requerimento da licença ambiental pelo empreendedor, acompanhado dos documentos, projetos e estudos ambientais pertinentes, dando-se a devida publicidade.

III – Análise pelo órgão ambiental competente, integrante do Sisnama, dos documentos, projetos e estudos ambientais apresentados e a realização de vistorias técnicas, quando necessárias.

IV – Solicitação de esclarecimentos e complementações pelo órgão ambiental competente, integrante do Sisnama, uma única vez, em decorrência da análise dos documentos, projetos e estudos ambientais apresentados, quando couber, podendo haver a reiteração da mesma solicitação caso os esclarecimentos e complementações não tenham sido satisfatórios.

V – Audiência pública, quando couber, de acordo com a regulamentação pertinente.

VI – Solicitação de esclarecimentos e complementações pelo órgão ambiental competente, decorrentes de audiências públicas, quando couber, podendo haver reiteração da solicitação quando os esclarecimentos e complementações não tenham sido satisfatórios.

VII – Emissão de parecer técnico conclusivo e, quando couber, parecer jurídico.

VIII – Deferimento ou indeferimento do pedido de licença, dando-se a devida publicidade.

Os **estudos necessários ao processo de licenciamento** deverão ser realizados por profissionais legalmente habilitados, às expensas do empreendedor. E o empreendedor e os profissionais que subscrevem esses estudos serão responsáveis pelas informações apresentadas, sujeitando-se às sanções administrativas, civis e penais. Quanto à responsabilidade, deve-se atentar para os crimes tipificados nos arts. 66 e 69-A, ambos da Lei nº 9.605/1998.

4.4.4.3 Competência para o licenciamento ambiental

No tocante à competência para o licenciamento ambiental, os três entes federativos (União, Estados e Municípios) têm competência material comum para a tutela do meio ambiente, conforme o art. 23, III, VI e VII, da CF. Para evitar a sobreposição de competências, o parágrafo único do art. 23 da CF previu a edição de lei complementar a respeito. Apenas em 2011, foi aprovada a LC nº 140/2011, a qual apresentou, de forma definitiva, critérios para a competência, no licenciamento ambiental, que até então estavam dispostos na Resolução Conama nº 237/1997.

O art. 13 da LC nº 140/2011 manteve a disposição do art. 7º da Resolução Conama nº 237/1997 no sentido de que os empreendimentos e atividades são licenciados ambientalmente por apenas um único ente federativo. Vale dizer: existe um único nível de competência. Isso não impede, contudo, que os demais entes federativos interessados não possam manifestar-se ao órgão responsável pela licença ou autorização, de maneira *não vinculante*, respeitados os prazos e procedimentos do licenciamento ambiental. Como regra geral, estabeleceu-se que a supressão de vegetação decorrente de licenciamentos ambientais é autorizada pelo ente federativo licenciador.

Segundo o art. 7º, XIV, da LC nº 140/2011, é **competência da União**, por intermédio do Ibama, promover o licenciamento ambiental de empreendimentos e atividades:

a) Localizados ou desenvolvidos conjuntamente **no Brasil e em país limítrofe**.

b) Localizados ou desenvolvidos no mar territorial (segundo o art. 1º da Lei nº 8.617/1993: "O mar territorial brasileiro compreende uma faixa de doze milhas marítimas de largura, medidas a partir da linha de baixa-mar do litoral continental e insular, tal como indicada nas cartas náuticas de grande escala, reconhecidas oficialmente no Brasil"), na plataforma continental (segundo o art. 11 da Lei nº 8.617/1993: "A plataforma continental do Brasil compreende o leito e o subsolo das áreas submarinas que se estendem além do seu mar territorial, em toda a extensão do prolongamento natural de seu território terrestre, até o bordo exterior da margem continental, ou até uma distância de duzentas milhas marítimas das linhas de base, a partir das quais se mede a largura do mar territorial, nos casos em que o bordo exterior da margem continental não atinja essa distância") ou na zona econômica exclusiva (segundo o art. 6° da Lei n° 8.617/1993): "A zona econômica exclusiva brasileira compreende uma faixa que se estende das doze às duzentas milhas marítimas, contadas a partir das linhas de base que servem para medir a largura do mar territorial").

c) Localizados ou desenvolvidos em **terras indígenas**.

d) Localizados ou desenvolvidos em **unidades de conservação instituídas pela União, exceto em Áreas de Proteção Ambiental**.

e) Localizados ou desenvolvidos **em dois ou mais Estados**.

f) De **caráter militar**, excetuando-se do licenciamento ambiental, nos termos de ato do Poder Executivo, aqueles previstos no preparo e emprego das Forças Armadas, conforme disposto na LC n° 97/1999.

g) Destinados a pesquisar, lavrar, produzir, beneficiar, transportar, armazenar e dispor **material radioativo**, em qualquer estágio, ou que utilizem energia nuclear em qualquer de suas formas e aplicações, mediante parecer da Comissão Nacional de Energia Nuclear.

h) Que atendam à **tipologia estabelecida por ato do Poder Executivo**, a partir de proposição da Comissão Tripartite Nacional, assegurada a participação de um membro do Conselho Nacional do Meio Ambiente (Conama), e considerados os critérios de porte, potencial poluidor e natureza da atividade ou empreendimento.

Reitera-se o já visto nos comentários sobre o Ibama e sobre o ICMBio nesta obra: o ICMBio não tem competência para licenciar; mesmo nas unidades de conservação federais, cuja administração toca ao ICMBio, a competência para o licenciamento é do Ibama, exceto em Área de Proteção Ambiental.

Conforme o art. 8º, XIV e XV, da LC nº 140/2011, é **competência dos Estados**:

> XIV – promover o licenciamento ambiental de atividades ou empreendimentos utilizadores de recursos ambientais, efetiva ou potencialmente poluidores ou capazes, sob qualquer forma, de causar degradação ambiental, ressalvado o disposto nos arts. 7º [competência da União] e 9º [competência dos Municípios] [da LC nº 140/2011]; e
>
> XV – promover o licenciamento ambiental de atividades ou empreendimentos localizados ou desenvolvidos em unidades de conservação instituídas pelo Estado, **exceto em Áreas de Proteção Ambiental (APAs).** (grifo nosso)

Consoante o art. 9º, XIV, da LC nº 140/2011, é **competência dos Municípios** promover o licenciamento ambiental das atividades ou dos empreendimentos:

a) que causem ou possam causar impacto ambiental de âmbito local, conforme tipologia definida pelos respectivos Conselhos Estaduais de Meio Ambiente, considerados os critérios de porte, potencial poluidor e natureza da atividade; ou

b) localizados em unidades de conservação instituídas pelo Município, *exceto em Áreas de Proteção Ambiental (APAs)*.

De acordo com o art. 10 da LC nº 140/2010, ao **Distrito Federal** incumbem as competências reservadas aos Estados e aos Municípios.

Sintetizando essas competências para o licenciamento ambiental, verifica-se que, como regra, foi mantido o critério da extensão do impacto ambiental: se local, cabe aos municípios;

se excede mais de um município dentro do mesmo Estado, cabe a este; se ultrapassa as fronteiras do Estado ou do país, cabe ao órgão federal. Além disso, adotou-se o critério da dominialidade do bem público em relação aos bens da União, a exemplo da plataforma continental e da zona econômica exclusiva (art. 20, V, da CF). Para os Estados, utilizou-se o critério da competência residual. E para todos os entes federativos, empregou-se também o critério do ente federativo constituir da unidade de conservação (o ente federado que constitui a unidade de conservação é responsável pelo licenciamento ambiental), com exceção das áreas de proteção ambiental (APA), que se submetem à regra especial do art. 12 da LC n° 140/2011.

A LC n° 140/2011, nos arts. 2°, 15 e 16, previu também as competências supletiva e subsidiária:

	Competência supletiva	Competência subsidiária
Definição	Ação do ente da Federação que se substitui ao ente federativo originariamente detentor das atribuições.	Ação do ente da Federação que visa a auxiliar no desempenho das atribuições decorrentes das competências comuns, quando solicitado pelo ente federativo originariamente detentor da atribuição. Referido auxílio dar-se-á por meio de apoio técnico, científico, administrativo ou financeiro, sem prejuízo de outras formas de cooperação.
Hipóteses	I Inexistindo órgão ambiental capacitado ou conselho de meio ambiente no Estado ou no Distrito Federal, a União deve desempenhar as ações administrativas estaduais ou distritais até a sua criação.	A ação subsidiária deve ser solicitada pelo ente originariamente detentor da atribuição nos termos desta lei complementar.

Hipóteses	II	Inexistindo órgão ambiental capacitado ou conselho de meio ambiente no Município, o Estado deve desempenhar as ações administrativas municipais até a sua criação.
	III	Inexistindo órgão ambiental capacitado ou conselho de meio ambiente no Estado e no Município, a União deve desempenhar as ações administrativas até a sua criação em um daqueles entes federativos.

Conforme o art. 5º da LC nº 140/2011, considera-se órgão ambiental capacitado aquele que possui técnicos próprios ou em consórcio, devidamente habilitados e em número compatível com a demanda das ações administrativas a serem delegadas. Nessas condições, inclusive, o ente federativo poderá delegar, mediante convênio, a execução de ações administrativas a ele atribuídas nesta lei complementar, desde que o ente destinatário da delegação seja capacitado.

Não se deve confundir a competência para o licenciamento ambiental com a competência para a autuação pela prática de infração ambiental. Nos termos do art. 17 da LC nº 140/2011, compete ao órgão licenciador, preferencialmente, lavrar auto de infração ambiental e instaurar processo administrativo para a apuração de infrações à legislação ambiental cometidas pelo empreendimento ou atividade licenciada ou autorizada. Nesse sentido, qualquer pessoa, ao constatar infração ambiental decorrente de empreendimento ou atividade utilizadores de recursos ambientais, efetiva ou potencialmente poluidores, pode dirigir representação ao órgão licenciador para efeito do exercício de seu poder de polícia. No entanto, essa competência preferencial não impede o exercício pelos entes federativos da atribuição comum de fiscalização da conformidade de empreendimentos e atividades efetiva ou potencialmente poluidores ou utilizadores de recursos naturais com a legislação ambiental em vigor.

Na hipótese de mais de um órgão ambiental lavrar auto de infração, prevalece aquele lavrado pelo órgão licenciador. Além disso, nos casos de iminência ou ocorrência de degradação da qualidade ambiental, qualquer ente federativo que tiver conhecimento do fato deverá determinar medidas para evitá-la, fazer cessá-la ou mitigá-la, comunicando imediatamente ao órgão competente para as providências cabíveis.

4.4.4.4 Dispensa do licenciamento ambiental

Apenas o Poder Legislativo pode dispensar o licenciamento ambiental. O Poder Executivo deve sempre promovê-lo, como já visto.

No âmbito federal, a LC n° 140/2011 dispensa o licenciamento ambiental na hipótese do seu art. 7°, XIV, f (art. 7° São ações administrativas da União: XIV – promover o licenciamento ambiental de empreendimentos e atividades: f) de caráter militar, excetuando-se do licenciamento ambiental, nos termos de ato do Poder Executivo, aqueles previstos no preparo e emprego das Forças Armadas, conforme disposto na Lei Complementar n° 97, de 9 de junho de 1999). Já a Lei n° 12.651/2012 dispensa o licenciamento ambiental nos seguintes casos:

a) art. 8°, § 3°: execução, em caráter de urgência, de atividades de segurança nacional e obras de interesse da defesa civil destinadas à prevenção e mitigação de acidentes em áreas urbanas;

b) art. 23: o manejo sustentável para exploração florestal eventual sem propósito comercial, para consumo no próprio imóvel, independe de autorização dos órgãos competentes, devendo apenas ser declarados previamente ao órgão ambiental a motivação da exploração e o volume explorado, limitada a exploração anual a 20 metros cúbicos; e

c) art. 35, § 1º: o plantio ou reflorestamento com espécies florestais nativas ou exóticas independem de autorização prévia, desde que observadas as limitações e condições previstas nesta lei, devendo ser informados ao órgão competente, no prazo de até um ano, para fins de controle de origem.

4.4.5 Incentivos a produção e instalação de equipamentos e a criação ou absorção de tecnologia, voltados para a melhoria da qualidade ambiental

Outro instrumento da PNMA são os incentivos a produção e instalação de equipamentos e a criação ou absorção de tecnologia voltados para a melhoria da qualidade ambiental. Decorrência principalmente do princípio do protetor-recebedor, esse instrumento objetiva incentivar a adoção de tecnologias mais limpas e apropriadas no processo produtivo, que previnam a poluição e a degradação ambiental, buscando, assim, o desenvolvimento sustentável.

Esses incentivos podem ser de qualquer natureza. É bastante comum o emprego da função extrafiscal dos tributos para incentivar o contribuinte a uma ação ou omissão. Nesse sentido, a Lei nº 12.305/2010, que cuida da Política Nacional de Resíduos Sólidos, prevê uma série de incentivos para os produtores e consumidores tratarem de forma mais racional os resíduos sólidos. Além disso, linhas de crédito facilitadas para empreendimentos que adotem energia limpa são outro exemplo.

Política Nacional do Meio Ambiente **67**

4.4.6 Criação de espaços territoriais especialmente protegidos pelo Poder Público federal, estadual e municipal, tais como áreas de proteção ambiental, de relevante interesse ecológico e reservas extrativistas

A criação de espaços territoriais especialmente protegidos é um mandamento constitucional (art. 225, § 1°, III, da CF) aos entes federativos. Espaço territorial especialmente protegido é conceito jurídico indeterminado que, basicamente, abrange qualquer modalidade de área (pública ou particular, terrestre ou aquática) sujeita a grau especial de proteção ambiental, diferente daquele aplicável à propriedade tradicional. São, por exemplo, as unidades de conservação da natureza (que serão estudas no Capítulo 6), a reserva legal e as áreas de preservação permanente (estudadas no Capítulo 5).

4.4.7 Sistema Nacional de Informações sobre o Meio Ambiente (Sinima)

O Sinima é um instrumento de PNMA que se ampara, principalmente, no princípio ambiental da informação. Rememora-se que a PNMA visa à divulgação de dados e informações ambientais e à formação de uma consciência pública sobre a necessidade de preservação da qualidade ambiental e do equilíbrio ecológico (art. 4°, V, da Lei n° 6.938/1981). Ademais, há plena compatibilidade entre o Sinima e o art. 37, *caput*, da CF, que prevê que a Administração Pública está submetida ao princípio da publicidade.

É ação administrativa da União, ou seja, é competência dela organizar e manter, com a colaboração dos órgãos e entidades da administração pública dos Estados, do Distrito Federal e dos Municípios, o Sinima (art. 7°, VIII, da LC n° 140/2011). Então, é a União que deve organizar e manter o Sinima, mas com a colaboração dos demais entes administrativos. Segundo o art. 11, II, do Decreto n° 99.274/1990, a Secretaria-Executiva do Ministério do Meio Ambiente deverá coordenar, por meio do Sinima, o intercâmbio de informações entre os órgãos integrantes do Sisnama.

Aqui, afigura-se pertinente o estudo da Lei n° 10.650/2003, que dispõe sobre o acesso público aos dados e informações existentes no Sisnama. Os órgãos e entidades da Administração Pública integrantes do Sisnama ficam obrigados a permitir o acesso público aos documentos, expedientes e processos administrativos que tratem de matéria ambiental e a fornecer todas as informações ambientais que estejam sob sua guarda, em meio escrito, visual, sonoro ou eletrônico, especialmente as relativas a: I – qualidade do meio ambiente; II – políticas, planos e programas potencialmente causadores de impacto ambiental; III – resultados de monitoramento e auditoria nos sistemas de controle de poluição e de atividades potencialmente poluidoras, bem como de planos e ações de recuperação de áreas degradadas; IV – acidentes, situações de risco ou de emergência ambientais; V – emissões de efluentes líquidos e gasosos, e produção de resíduos sólidos; VI – substâncias tóxicas e perigosas; VII – diversidade biológica; VIII – organismos geneticamente modificados.

A propósito, a Lei n° 11.284/2006 prevê, como princípio de gestão das florestas públicas, o acesso livre de qualquer indivíduo às informações referentes à gestão de florestas públicas, nos termos da Lei n° 10.650/2003.

Destaca-se que o acesso de qualquer indivíduo às informações independe da comprovação de interesse específico. Basta que a pessoa apresente requerimento escrito, no qual assumirá a obrigação de não utilizar as informações colhidas para fins comerciais, sob as penas da lei civil, penal, de direito autoral e de propriedade industrial. No entanto, se houver sigilo comercial, industrial, financeiro ou qualquer outro protegido por lei, ele deve ser preservado. A informação postulada deve ser apresentada no prazo de 30 dias, contados da data do pedido.

O indeferimento de pedido de informações ou consulta a processos administrativos deverá ser motivado, sujeitando-se a recurso hierárquico, no prazo de 15 dias, contado da ciência da decisão.

No mais, segundo o art. 4° da Lei n° 10.650/2003, devem ser publicadas em *Diário Oficial* e ficar disponíveis, no respectivo órgão, em local de fácil acesso ao público, listagens e relações contendo os dados referentes aos seguintes assuntos: I – pedidos de licenciamento, sua renovação e a respectiva concessão; II – pedidos e licenças para supressão de vegetação; III – autos de infrações e respectivas penalidades impostas pelos órgãos ambientais; IV – lavratura de termos de compromisso de ajustamento de conduta; V – reincidências em infrações ambientais; VI – recursos interpostos em processo administrativo ambiental e respectivas decisões; VII – registro de apresentação de estudos de impacto ambiental e sua aprovação ou rejeição.

No âmbito do Sinima, menciona-se o Cadastro Ambiental Rural (CAR), que foi instituído pela Lei n° 12.651/2012, estudado no item 5.5 desta obra.

4.4.8 Cadastro Técnico Federal de Atividades e Instrumento de Defesa Ambiental

Segundo o art. 17, I, da Lei n° 6.938/1981, o Cadastro Técnico Federal de Atividades e Instrumentos de Defesa Ambiental (CTF/AIDA) é o registro obrigatório de pessoas físicas ou jurídicas que se dedicam à consultoria técnica sobre problemas ecológicos e ambientais e à indústria e comércio de equipamentos, aparelhos e instrumentos destinados ao controle de atividades efetiva ou potencialmente poluidoras. É administrado pelo Ibama e normatizado pela Resolução Conama nº 1/1988 e pela Instrução Normativa Ibama nº 10/2013.

4.4.9 Penalidades disciplinares ou compensatórias ao não cumprimento das medidas necessárias à preservação ou correção da degradação ambiental

As penalidades disciplinares ou compensatórias constituem outro instrumento da PNMA. Elas decorrem do poder de polícia da Administração Pública para, mediante a limitação dos direitos individuais, visar à manutenção do meio ambiente equilibrado. Reporta-se aqui ao capítulo desta obra que estuda a responsabilidade ambiental administrativa.

4.4.10 Garantia da prestação de informações relativas ao meio ambiente

Nos termos do art. 9º, XI, da Lei nº 6.938/1981, é instrumento da PNMA "a garantia da prestação de informações relativas ao Meio Ambiente, obrigando-se o Poder Público a produzi-las, quando inexistentes". Escora-se no princípio ambiental da informação.

O presente instrumento tem íntima relação com o Sinima e com a Lei nº 10.650/2003, já estudados nesta obra.

4.4.11 Cadastro Técnico Federal de atividades potencialmente poluidoras e/ou utilizadoras dos recursos ambientais

O Cadastro Técnico Federal de Atividades Potencialmente Poluidoras ou Utilizadoras de Recursos Ambientais, para regis-

Política Nacional do Meio Ambiente   71

tro obrigatório de pessoas físicas ou jurídicas que se dedicam a atividades potencialmente poluidoras e/ou à extração, produção, transporte e comercialização de produtos potencialmente perigosos ao meio ambiente, assim como de produtos e subprodutos da fauna e flora, é outro instrumento de PNMA, previsto no art. 17, II, da Lei nº 6.938/1981. É administrado pelo Ibama e regulamentado pela Instrução Normativa Ibama nº 06/2013.

4.4.12 Instrumentos econômicos, como concessão florestal, servidão ambiental, seguro ambiental e outros

No art. 9º, XIII, da Lei nº 6.938/1981, há um rol exemplificativo de instrumentos econômicos cuja aplicação visa à preservação do meio ambiente e à garantia do desenvolvimento sustentável. Em sua maioria, são instrumentos econômicos que visam incentivar o destinatário à adoção de uma obrigação de fazer ou não fazer em nome da preservação do meio ambiente. Passa-se ao seu estudo individualizado.

4.4.12.1 Concessão florestal

A concessão florestal vem definida no art. 3º, VII, da Lei nº 11.284/2006, como a delegação onerosa, feita pelo poder concedente, do direito de praticar manejo florestal sustentável para exploração de produtos e serviços em uma unidade de manejo, mediante licitação, à pessoa jurídica, em consórcio ou não, que atenda às exigências do respectivo edital de licitação e demonstre capacidade para seu desempenho, por sua conta e risco e por prazo determinado.

A concessão florestal é objeto de estudo no item 5.8 da presente obra, para cuja leitura se remete o interessado.

72 Direito Ambiental

4.4.12.2 Servidão ambiental

Genericamente, a servidão é um direito real sobre coisa alheia (art. 1.225, III, do CC). Especificamente, a servidão ambiental está disciplinada nos arts. 9º-A a 9º-C da Lei nº 6.938/1981 e segue o regime geral das servidões, previsto no CC.

Pela servidão ambiental, o proprietário ou possuidor de imóvel rural pode limitar o uso de toda a sua propriedade ou de parte dela para preservar, conservar ou recuperar os recursos ambientais existentes. Vale dizer: o proprietário ou possuidor renuncia, em parte ou no todo, temporária ou perpetuamente e gratuita ou onerosamente, ao seu direito de explorar determinada área rural em nome da preservação dos recursos ambientais nela existentes.

A servidão ambiental pode ser instituída mediante instrumento público ou particular ou por termo administrativo firmado perante órgão integrante do Sisnama. Por se tratar de direito real, para ser oponível perante terceiros, o instrumento ou termo deve ser averbado na matrícula do imóvel.

O prazo da servidão é de, no mínimo, 15 anos, na hipótese de a servidão ser temporária, inexistindo prazo máximo (pode ser perpétua).

A servidão ambiental não pode ser instituída sobre as áreas de preservação permanente (APP) e de reserva legal (RL), pois elas já contam com um regime de proteção. Caso se permitisse a instituição da servidão administrativa, o instituidor seria duplamente beneficiado pelo mesmo fato.

Sobre a servidão ambiental, a restrição ao uso ou à exploração da vegetação da sua área deve ser, no mínimo, a mesma estabelecida para a reserva legal, ou seja, é admitida a exploração econômica sob o regime do manejo sustentável sem propósito comercial para consumo na propriedade e manejo sustentável para exploração florestal com propósito comercial.

Quando a servidão ambiental é alienada, cedida ou transferida, o respectivo contrato deve ser averbado na matrícula do imóvel a que faz referência. Essas operações são comuns na hipótese de compensação de reserva legal (art. 66, III, da Lei n° 12.651/2012), caso em que o contrato em questão deve ser averbado na matrícula de todos os imóveis envolvidos. Nessa forma de compensação, o proprietário de determinada área rural que não consegue manter o percentual mínimo da cobertura de vegetação nativa "adquire" a reserva legal para atingir esse nível mínimo.

Durante a vigência da servidão ambiental, é vedada a alteração da destinação da área, nos casos de transmissão do imóvel a qualquer título, de desmembramento ou de retificação dos limites do imóvel. Essa vedação apenas é possível porque, em se tratando de direito real, a servidão ambiental deve ser registrada na matrícula do imóvel para então ser oponível a terceiros.

Registra-se que as áreas que tenham sido instituídas na forma de servidão florestal, nos termos do art. 44-A da Lei n° 4.771/1965, passam a ser consideradas como de servidão ambiental.

Além disso, o detentor (instituidor) da servidão ambiental poderá aliená-la, cedê-la ou transferi-la, total ou parcialmente, por prazo determinado ou em caráter definitivo, em favor de outro proprietário ou de entidade pública ou privada que tenha a conservação ambiental como fim social.

4.4.12.3 Seguro ambiental

O seguro ambiental constitui uma modalidade de seguro (arts. 757 e ss. do CC) voltada à responsabilidade por danos ambientais. Mediante o pagamento do prêmio pelo tomador do seguro, a empresa seguradora assegura o pagamento de indenização por danos ambientais até o limite da apólice contratada.

Exemplificativamente, a Lei n° 12.305/2010 prevê, no seu art. 40, que, no licenciamento ambiental de empreendimentos ou atividades que operem com resíduos perigosos, o órgão licenciador do Sisnama pode exigir a contratação de seguro de responsabilidade civil por danos causados ao meio ambiente ou à saúde pública, observadas as regras sobre cobertura e os limites máximos de contratação fixados em regulamento.

5

Código Florestal e proteção da vegetação

5.1 Introdução

O novo Código Florestal (Lei n° 12.651/2012) revogou o Código Florestal previsto na Lei n° 4.771/1965. Apesar de prever alguns institutos de aplicação geral, ele não regulamentou, por completo, a tutela jurídica da vegetação, razão por que não constitui, tecnicamente, um código. Além disso, enquanto a Lei n° 4.771/1965 expressamente citava em sua epígrafe "Institui o Código Florestal", na Lei n° 12.651/2012 consta que esta "dispõe sobre a proteção da vegetação nativa".

Há diversas outras leis que protegem a vegetação e que devem ser observadas pelo Código Florestal, como, por exemplo: a Lei n° 7.661/1988 (que institui o Plano Nacional de Gerenciamento Costeiro), a Lei n° 9.985/2000 (que dispõe sobre o Sistema Nacional das Unidades de Conservação), a Lei n° 11.284/2006 (que dispõe sobre a gestão de florestas públicas para a produção sustentável), a Lei n° 11.428/2006 (que dispõe sobre a utilização e proteção da vegetação nativa do Bioma Mata Atlântica).

O Código Florestal não tem o condão de revogar a legislação anterior que, em regime de especialidade, tutela a vegetação, pois, no conflito aparente de normas, a lei geral posterior não revoga a lei especial anterior. Vale dizer: o critério da especialidade prevalece sobre o critério cronológico. Então, por exemplo, a Lei nº 11.428/2006, por ser especial, prevalece, no tocante à tutela da vegetação, sobre a Lei nº 12.651/2012.

A Lei nº 12.651/2012 foi alvo das Ações Diretas de Inconstitucionalidade (ADIs) nºs 4.901, 4.902, 4.903 e 4.937, e da Ação Direta de Constitucionalidade (ADC) nº 42. Após o julgamento final dessas ações, o Código Florestal teve sua constitucionalidade reconhecida, essencialmente. Alguns dos seus dispositivos foram objeto de interpretação conforme a Constituição Federal, e poucos tiveram trechos declarados inconstitucionais. Confira-se o seguinte quadro, a respeito:

Objeto (discutido nas ADIs nºs 4.901, 4.902, 4.903, 4.937, e na ADC nº 42)	Dispositivos da Lei nº 12.651/2012 analisados	Síntese do resultado do julgamento pelo STF
Hipóteses de utilidade pública e interesse social para intervenção em área de preservação permanente (APP)	Art. 3º, VIII e IX	■ Declarada a inconstitucionalidade das expressões "gestão de resíduos" e "instalações necessárias à realização de competições esportivas estaduais, nacionais ou internacionais". ■ Interpretação conforme para exigir comprovação de inexistência de alternativa técnica/locacional para intervenção em APP.
Extinção de APP	Art. 3º, XVII Art. 4º, III, IV, §§ 1º e 4º Art. 62	■ Interpretação conforme para considerar os olhos d'água e as nascentes intermitentes como APPs.

Código Florestal e proteção da vegetação **77**

Extinção de APP	Art. 3°, XVII Art. 4°, III, IV, §§ 1°, 4° Art. 62	■ Constitucionalidade da extinção da APP para os entornos de reservatórios artificiais que não decorram de barramento ou represamento de cursos d'água naturais, assim como dos reservatórios naturais com superfície inferior a um hectare.
Redução da faixa de APP	Art. 3°, XIX Art. 5°	■ Constitucionalidade da redução da faixa de APP em razão da medição a partir do leito regular dos cursos d'água. ■ Constitucionalidade da redução da faixa de APP em reservatórios artificiais para abastecimento e geração de energia elétrica.
Cômputo da APP na reserva legal	Art. 15	■ Constitucionalidade do cômputo, no cálculo da reserva legal, da APP.
Consolidação de atividades em APP e em reserva legall	Art. 61-A Art. 61-B Art. 61-C Art. 11	■ Constitucionalidade da recomposição apenas parcial das faixas de APP com intervenção até 22.07.2008, segundo o tamanho da propriedade. ■ Constitucionalidade da consolidação das atividades agrossilvopastoris já existentes até 22.07.2008, em APP de encostas com declividade entre 25° e 45°.
Consolidação de atividades em reserva legal	Art. 17, § 3° Art. 67 Art. 68	■ Constitucionalidade da exigência apenas da suspensão de atividades em reserva legal se o desmatamento irregular foi efetuado após 22.07.2008.

Consolidação de atividades em reserva legal	Art. 17, § 3º Art. 67 Art. 68	■ Constitucionalidade da consolidação de atividades em reserva legal desmatada até 22.07.2008 para imóveis de até quatro módulos fiscais. ■ Constitucionalidade da dispensa da recomposição ambiental em imóveis que respeitaram os percentuais de reserva legal previstos na legislação em vigor na época do desmatamento.
Suspensão/ anistia de multas, da punibilidade e da prescrição	Art. 59, §§ 4º e 5º Art. 60	■ Constitucionalidade da suspensão das multas e do impedimento da autuação quanto a desmatamentos de APP e reserva legal efetuados em época anterior a 22.07.2008, desde que haja adesão ao Programa de Regularização Ambiental (PRA) e assinatura de termo de compromisso de recuperação ambiental. ■ Interpretação conforme para não incidir prescrição em relação aos desmatamentos efetuados até 22.07.2008 no decurso do cumprimento dos termos de compromisso de recuperação ambiental. ■ Constitucionalidade da suspensão da punibilidade dos crimes previstos nos arts. 38, 39 e 48 durante o cumprimento do termo de compromisso para regularização ambiental do imóvel.

Objeto (discutido nas ADIs nºs 4.901, 4.902, 4.903, 4.937, e na ADC nº 42)	Dispositivos da Lei nº 12.651/2012 analisados	Síntese do resultado do julgamento pelo STF
Compensação da reserva legal	Art. 48, § 2° Art. 66, §§ 5° e 6°	■ Constitucionalidade da compensação por meio de doação de área no interior de unidade de conservação de proteção integral, ou por meio do cadastramento de outra área equivalente situada no mesmo bioma. ■ Interpretação conforme para compensar a reserva legal por meio da Cota de Reserva Ambiental (CRA) apenas com a utilização de áreas com identidade ecológica.
Aplicação do tratamento diferenciado da pequena propriedade ou posse rural familiar (art. 3°, V) às terras indígenas e terras de povos tradicionais	Art. 3°, parágrafo único	■ Inconstitucionalidade das expressões "demarcadas" e "tituladas", de forma que essas áreas poderão receber o tratamento diferenciado mesmo sem demarcação e titulação.

O Código Florestal, sob o objetivo de atingir o desenvolvimento sustentável, tem seus **princípios** elencados no art. 1°-A, nos quais procura conciliar a importância da atividade agropecuária e do papel das florestas e demais formas de vegetação nativa para o desenvolvimento sustentável.

O meio ambiente ecologicamente equilibrado constitui um bem de uso comum do povo, segundo o art. 225, *caput*, da

CF. Densificando esta previsão, o art. 2º da Lei nº 12.651/2012 dispõe que as florestas e as demais formas de vegetação nativa são **bens de interesse comum** a todos os habitantes do país, exercendo-se os direitos de propriedade com as limitações que a legislação estabelece. Essas limitações também decorrem da própria CF, que, no seu art. 170, VI, estabelece a defesa do meio ambiente como princípio da ordem econômica e, no seu art. 186, II, prevê que a propriedade rural cumpre sua função social quando, entre outras exigências, preserva o meio ambiente.

As obrigações previstas na Lei nº 12.651/2012 têm **natureza real**, ou seja, aderem à coisa. Por isso, são transmitidas ao sucessor, de qualquer natureza, no caso de transferência de domínio ou posse do imóvel rural.

A Lei nº 12.651/2012 traz conceitos importantes, alguns dos quais estão sintetizados abaixo:

Conceitos utilizados, mas não definidos, pela Lei nº 12.651/2012	
Título	**Conceito**
Área rural	O art. 4º, I, da Lei nº 4.504/1964 (Estatuto da Terra) define "imóvel rural" como o prédio rústico, de área contínua qualquer que seja a sua localização que se destina à exploração extrativa agrícola, pecuária ou agroindustrial. Por sua vez, o art. 32 do Código Tributário Nacional (CTN) define área rural por exclusão, ou seja, aquela área que não se enquadra em zona urbana. Zona urbana é caracterizada pela existência de, no mínimo, dois melhoramentos, construídos ou mantidos pelo Poder Público, entre os quais: I – meio-fio ou calçamento, com canalização de águas pluviais; II – abastecimento de água; III – sistema de esgotos sanitários; IV – rede de iluminação pública, com ou sem posteamento para distribuição domiciliar; e V – escola primária ou posto de saúde a uma distância máxima de três quilômetros do imóvel considerado. Indiretamente, a Lei nº 12.651/2012, no seu art. 19, resolve o possível conflito entre o Estatuto da Terra e o CTN, quanto à **definição de área rural**:

Código Florestal e proteção da vegetação **81**

Área rural	"A inserção do imóvel rural em perímetro urbano definido mediante lei municipal não desobriga o proprietário ou posseiro da manutenção da área de reserva legal, que só será extinta concomitantemente ao registro do parcelamento do solo para fins urbanos aprovado segundo a legislação específica e consoante as diretrizes do plano diretor de que trata o § 1° do art. 182 da Constituição Federal".
Bioma	Conjunto de vida (vegetal e animal) definido pelo agrupamento de tipos de vegetação contíguos e identificáveis em escala regional, com condições geoclimáticas similares e história compartilhada de mudanças, resultando em uma diversidade biológica própria.
Floresta	Conjunto de sinúsias dominado por fanerófitos de alto porte, e apresentando quatro estratos bem definidos: herbáceo, arbustivo, arvoreta e arbóreo. Deve ser também levada em consideração a altura, para diferenciá-la das outras formações lenhosas campestres.
Vegetação nativa	Vegetação autóctone (originária) do Brasil.

Conceitos definidos pela Lei n° 12.651/2012	
Amazônia Legal	Os Estados do Acre, do Pará, do Amazonas, de Roraima, de Rondônia, do Amapá e do Mato Grosso e as regiões situadas ao norte do paralelo 13° S, dos Estados de Tocantins e Goiás, e a oeste do meridiano de 44° W, do Estado do Maranhão.
Área de preservação permanente (APP)	Área *protegida, coberta ou não por vegetação nativa*, com a função ambiental de preservar os recursos hídricos, a paisagem, a estabilidade geológica e a biodiversidade; facilitar o fluxo gênico de fauna e flora, proteger o solo e assegurar o bem-estar das populações humanas.
Reserva legal	Área localizada no interior de uma propriedade ou posse rural, delimitada nos termos do art. 12, com a função de assegurar o uso econômico de modo sustentável dos recursos naturais do imóvel rural, auxiliar a conservação e a reabilitação dos processos ecológicos e promover a conservação da biodiversidade, bem como o abrigo e a proteção de fauna silvestre e da flora nativa.

82   Direito Ambiental

Conceitos definidos pela Lei nº 12.651/2012	
Área rural consolidada	Área de imóvel rural com ocupação antrópica [relativa à ação do homem] preexistente a 22 de julho de 2008, com edificações, benfeitorias ou atividades agrossilvopastoris [florestas com agricultura e pecuária], admitida, neste último caso, a adoção do regime de pousio [prática de interrupção temporária de atividades ou usos agrícolas, pecuários ou silviculturais, por no máximo cinco anos, para possibilitar a recuperação da capacidade de uso ou da estrutura física do solo].
Pequena propriedade ou posse rural familiar	Aquela explorada mediante o trabalho pessoal do agricultor familiar e empreendedor familiar rural, incluindo os assentamentos e projetos de reforma agrária, e que atenda ao disposto no art. 3º da Lei nº 11.326/2006.
Uso alternativo do solo	Substituição de vegetação nativa e formações sucessoras por outras coberturas do solo, como atividades agropecuárias, industriais, de geração e transmissão de energia, de mineração e de transporte, assentamentos urbanos ou outras formas de ocupação humana.
Manejo sustentável	Administração da vegetação natural para a obtenção de benefícios econômicos, sociais e ambientais, respeitando-se os mecanismos de sustentação do ecossistema objeto do manejo e considerando-se, cumulativa ou alternativamente, a utilização de múltiplas espécies madeireiras ou não, de múltiplos produtos e subprodutos da flora, bem como a utilização de outros bens e serviços.
Utilidade pública	a) As atividades de segurança nacional e proteção sanitária. b) As obras de infraestrutura destinadas às concessões e aos serviços públicos de transporte, sistema viário, inclusive aquele necessário aos parcelamentos de solo urbano aprovados pelos Municípios, saneamento, energia, telecomunicações, radiodifusão, bem como mineração, exceto, neste último caso, a extração de areia, argila, saibro e cascalho.[1]

---

[1]   O STF declarou a inconstitucionalidade das expressões "gestão de resíduos" e "instalações necessárias à realização de competições esportivas estaduais, nacionais ou internacionais", contidas no art. 3º, VIII, *b*, da Lei nº 12.651/2012 (ADC nº 42)

Utilidade pública	c) Atividades e obras de defesa civil. d) Atividades que comprovadamente proporcionem melhorias na proteção das funções ambientais nas APPs. e) Outras atividades similares devidamente caracterizadas e motivadas em procedimento administrativo próprio, quando inexistir alternativa técnica e locacional ao empreendimento proposto, definidas em ato do Chefe do Poder Executivo federal.
Interesse social	a) As atividades imprescindíveis à proteção da integridade da vegetação nativa, tais como prevenção, combate e controle do fogo, controle da erosão, erradicação de invasoras e proteção de plantios com espécies nativas. b) A exploração agroflorestal sustentável praticada na pequena propriedade ou posse rural familiar ou por povos e comunidades tradicionais, desde que não descaracterize a cobertura vegetal existente e não prejudique a função ambiental da área. c) A implantação de infraestrutura pública destinada a esportes, lazer e atividades educacionais e culturais ao ar livre em áreas urbanas e rurais consolidadas, observadas as condições estabelecidas nesta lei. d) A regularização fundiária de assentamentos humanos ocupados predominantemente por população de baixa renda em áreas urbanas consolidadas, observadas as condições estabelecidas na Lei nº 11.977/2009. Implantação de instalações necessárias à captação e condução de água e de efluentes tratados para projetos cujos recursos hídricos são partes integrantes e essenciais da atividade. e) As atividades de pesquisa e extração de areia, argila, saibro e cascalho, outorgadas pela autoridade competente. f) Outras atividades similares devidamente caracterizadas e motivadas em procedimento administrativo próprio, quando inexistir alternativa técnica e locacional à atividade proposta, definidas em ato do Chefe do Poder Executivo federal.
Atividades eventuais ou de baixo impacto ambiental	a) Abertura de pequenas vias de acesso interno e suas pontes e pontilhões, quando necessárias à travessia de um curso d'água, ao acesso de pessoas e animais para a obtenção de água ou à retirada de produtos oriundos das atividades de manejo agroflorestal sustentável.

Atividades eventuais ou de baixo impacto ambiental	b) Implantação de instalações necessárias à captação e condução de água e efluentes tratados, desde que comprovada a outorga do direito de uso da água, quando couber. c) Implantação de trilhas para o desenvolvimento do ecoturismo. d) Construção de rampa de lançamento de barcos e pequeno ancoradouro. e) Construção de moradia de agricultores familiares, remanescentes de comunidades quilombolas e outras populações extrativistas e tradicionais em áreas rurais, onde o abastecimento de água se dê pelo esforço próprio dos moradores. f) Construção e manutenção de cercas na propriedade. g) Pesquisa científica relativa a recursos ambientais, respeitados outros requisitos previstos na legislação aplicável. h) Coleta de produtos não madeireiros para fins de subsistência e produção de mudas, como sementes, castanhas e frutos, respeitada a legislação específica de acesso a recursos genéticos. i) Plantio de espécies nativas produtoras de frutos, sementes, castanhas e outros produtos vegetais, desde que não implique supressão da vegetação existente nem prejudique a função ambiental da área. j) Exploração agroflorestal e manejo florestal sustentável, comunitário e familiar, incluindo a extração de produtos florestais não madeireiros, desde que não descaracterizem a cobertura vegetal nativa existente nem prejudiquem a função ambiental da área. k) Outras ações ou atividades similares, reconhecidas como eventuais e de baixo impacto ambiental em ato do Conama ou dos Conselhos Estaduais de Meio Ambiente.
Área verde urbana	Espaços públicos ou privados com predomínio de vegetação, preferencialmente nativa, natural ou recuperada, previstos no Plano Diretor, nas Leis de Zoneamento Urbano e Uso do Solo do Município, indisponíveis para construção de moradias, destinados aos propósitos de recreação, lazer, melhoria da qualidade ambiental urbana, proteção dos recursos hídricos, manutenção ou melhoria paisagística, proteção de bens e manifestações culturais.

Conceitos definidos pela Lei n° 12.651/2012	
Crédito de carbono	Título de direito sobre bem intangível e incorpóreo transacionável.

5.2 As áreas de preservação permanente

A APP constitui um tipo de espaço territorial especialmente protegido (STF, ADI n° 3.540 MC; STJ, REsp n° 1.768.207) que pode ser constituído em área urbana ou em área rural, diferentemente da reserva legal, que pode existir apenas em área rural. A APP pode decorrer diretamente da lei ou pode ser constituída mediante ato do chefe do Poder Executivo.

5.2.1 APP *ex lege*

Para fins da tutela das florestas e demais formas de vegetação, o art. 4° da Lei n° 12.651/2012 prevê, em zonas rurais ou urbanas, APPs *ex lege*. Assim, a simples previsão, na Lei n° 12.651/2012, das seguintes áreas – *cobertas ou não por vegetação nativa* – já as torna APP, independentemente de qualquer formalidade ou registro:

■ As faixas marginais de qualquer curso d'água natural perene e intermitente, excluídos os efêmeros, desde a borda da calha do leito regular, em largura mínima de: a) 30 metros, para os cursos d'água de menos de 10 metros de largura; b) 50 metros, para os cursos d'água que tenham de 10 a 50 metros de largura; c) 100 metros, para os cursos d'água que tenham de 50 a 200 metros de largura; d) 200 metros, para os cursos d'água que tenham de 200 a 600 metros de largura; e) 500 metros, para os cursos d'água que tenham largura superior a 600 metros.

■ As áreas no entorno dos lagos e lagoas naturais, em faixa com largura mínima de: a) 100 metros, em zonas rurais, exceto para o corpo d'água com até 20 hectares de superfície, cuja faixa marginal será de 50 metros; b) 30 metros, em zonas urbanas.

■ As áreas no entorno dos reservatórios d'água artificiais, decorrentes de barramento ou represamento de cursos d'água naturais, na faixa definida *na licença ambiental do empreendimento*. Em contrapartida, não será exigida APP no entorno de reservatórios artificiais de água que não decorram de barramento ou represamento de cursos d'água naturais, conforme o art. 4°, § 1°, da Lei n° 12.651/2012. Há ainda outra exceção: nas hipóteses desses incisos II e III, em se tratando de cumulações naturais ou artificiais de água com superfície inferior a um hectare, fica dispensada a reserva da APP, vedada nova supressão de áreas de vegetação nativa, salvo autorização do órgão ambiental competente do Sisnama, segundo o art. 4°, § 4°, da Lei n° 12.651/2012. Observe-se também que, excepcionalmente, a APP sob estudo necessita de licença ambiental para os seus limites serem definidos. Trata-se, portanto, de uma exceção à característica *ex lege* já mencionada quanto ao art. 4° da Lei n° 12.651/2012.

■ As áreas no entorno das nascentes e dos olhos d'água perenes, qualquer que seja sua situação topográfica, em um raio mínimo de 50 metros.

■ As encostas ou partes destas com declividade superior a 45°, equivalente a 100% na linha de maior declive.

■ As restingas, como fixadoras de dunas ou estabilizadoras de mangues.

Código Florestal e proteção da vegetação   87

- Os manguezais, em toda a sua extensão.
- As bordas dos tabuleiros ou chapadas, até a linha de ruptura do relevo, em faixa nunca inferior a 100 metros em projeções horizontais.
- No topo de morros, montes, montanhas e serras, com altura mínima de 100 metros e inclinação média maior que 25°; as áreas delimitadas a partir da curva de nível correspondente a 2/3 da altura mínima da elevação sempre em relação à base, sendo esta definida pelo plano horizontal determinado por planície ou espelho d'água adjacente ou, nos relevos ondulados, pela cota do ponto de sela mais próximo da elevação.
- As áreas em altitude superior a 1.800 metros, qualquer que seja a vegetação.
- Em veredas, a faixa marginal, em projeção horizontal, com largura mínima de 50 metros, a partir do espaço permanentemente brejoso e encharcado.

A APP constitui simples **limitação administrativa**, não implicando, portanto, **desapropriação indireta**. Dessa forma, não há que se falar em indenização ao proprietário, possuidor ou ocupante da área sobre a qual recai a APP.

> O apossamento administrativo de propriedade privada, ainda que não acompanhado de ocupação física, se restringirem os poderes inerentes ao domínio, justifica o direito à indenização, salvo quando se tratar de área de preservação permanente (APP) ou de reserva legal (RL), exceto quanto a esta se o proprietário contar com plano de manejo devidamente aprovado pela autoridade competente (STJ, REsp nº 905.410).

Isso porque, segundo a jurisprudência do STJ, "não há desapropriação indireta sem que haja o efetivo apossamento da propriedade pelo Poder Público. Desse modo, as restrições ao direito de propriedade, impostas por normas ambientais, ainda que esvaziem o conteúdo econômico, não se constituem desapropriação indireta" (STJ, AgInt no AREsp nº 1.395.509).

O art. 5º da Lei nº 12.651/2012 também prevê outra hipótese de APP, que necessita, igualmente como ocorre quanto à APP do art. 4º, III, da Lei nº 12.651/2012, de licenciamento ambiental:

> Na implantação de reservatório d'água artificial destinado a geração de energia ou abastecimento público, é obrigatória a aquisição, desapropriação ou instituição de servidão administrativa pelo empreendedor das Áreas de Preservação Permanente criadas em seu entorno, conforme estabelecido no licenciamento ambiental, observando-se a faixa mínima de 30 (trinta) metros e máxima de 100 (cem) metros em área rural, e a faixa mínima de 15 (quinze) metros e máxima de 30 (trinta) metros em área urbana.

5.2.2 APP constituída ou administrativa

O art. 6º da Lei nº 12.651/2012 considera de preservação permanente, desde que declaradas de interesse social por ato do chefe do Poder Executivo, as áreas – *necessariamente cobertas com florestas ou outras formas de vegetação* – destinadas a uma das finalidades ali descritas.

Atente-se para as seguintes diferenças:

APP *ex lege*	APP constituída ou administrativa
Basta previsão em lei para sua existência, sem necessidade de declaração do Poder Executivo.	Necessita de declaração do Poder Executivo para ser criada.
Não necessita ter cobertura vegetal.	Necessita ter cobertura vegetal.

Tendo em vista a competência comum dos três entes federados na tutela do meio ambiente (art. 23, VI, da CF), tanto a União como os Estados (incluindo o Distrito Federal) e os Municípios podem constituir APPs ex lege e APPs administrativas.

5.2.3 Regime de proteção da APP

A Lei nº 12.651/2012, nos seus arts. 7º ao 9º, dispõe sobre o regime de proteção da APP. Destaca-se a obrigação propter rem do proprietário da área, possuidor ou ocupante a qualquer título, de manter a vegetação situada na APP; em caso de supressão da vegetação, esses sujeitos têm a obrigação de promover sua recomposição. Em função da natureza *propter rem* dessa obrigação, ela é transmitida ao sucessor no caso de transferência de domínio ou posse do imóvel.

A **intervenção ou a supressão de vegetação** nativa em APP pode ocorrer somente nas hipóteses de utilidade pública, de interesse social ou de baixo impacto ambiental. Especificamente, a supressão de vegetação nativa protetora de nascentes, dunas e restingas somente pode ser autorizada em caso de utilidade pública.

Já a intervenção ou a supressão de vegetação nativa em restingas e manguezais, enquanto APP, pode ser autorizada, excepcionalmente, em locais onde a função ecológica do

90 Direito Ambiental

manguezal esteja comprometida, para execução de obras habitacionais e de urbanização, inseridas em projetos de regularização fundiária de interesse social, em áreas urbanas consolidadas ocupadas por população de baixa renda.

Dispensa-se a autorização do órgão ambiental competente para a execução, em caráter de urgência, de atividades de segurança nacional e obras de interesse da defesa civil destinadas a prevenção e mitigação de acidentes em áreas urbanas.

Permite-se também o acesso de pessoas e animais a APP para obtenção de água e para realização de atividades de baixo impacto ambiental.

5.2.4 Áreas consolidadas em APP

A despeito das limitações administrativas decorrentes do seu regime de proteção, a Lei nº 12.651/2012 permite, nas APPs, a continuidade das atividades agrossilvopastoris, de ecoturismo e de turismo rural em áreas rurais consolidadas até 22 de julho de 2008, data em que foi publicado o Decreto nº 6.514/2008. Vale dizer: em áreas rurais, se essas atividades já eram praticadas antes de 22.07.2008, é possível sua continuidade, desde que seja assegurada a recomposição das faixas marginais segundo o tamanho do imóvel rural (medido em módulo fiscal, previsto pela Lei nº 6.746/1979):

Imóvel rural ao longo de cursos d'água naturais	
Tamanho do imóvel	Faixa marginal a ser recuperada
Até 1 módulo fiscal	5 metros
Acima de 1 e até 2 módulos fiscais	8 metros
Acima de 2 até 4 módulos fiscais	15 metros
Acima de 4 módulos fiscais	Entre 20 metros e 100 metros

Código Florestal e proteção da vegetação **91**

Imóvel rural no entorno de nascentes e olhos d'água perenes	
Tamanho do imóvel	Raio mínimo a ser recuperado
Qualquer tamanho	15 metros

Imóvel rural no entorno de lagos e lagoas naturais	
Tamanho do imóvel	Faixa marginal a ser recuperada
Até 1 módulo fiscal	5 metros
Acima de 1 e até 2 módulos fiscais	8 metros
Acima de 2 até 4 módulos fiscais	15 metros
Acima de 4 módulos fiscais	30 metros

Imóvel rural em veredas	
Tamanho do imóvel	Faixa marginal a ser recuperada
Até 4 módulos fiscais	30 metros
Acima de 4 módulos fiscais	50 metros

Já nas encostas ou partes destas com declividade superior a 45°, equivalente a 100% na linha de maior declive; nas bordas dos tabuleiros ou chapadas, até a linha de ruptura do relevo, em faixa nunca inferior a 100 metros em projeções horizontais; no topo de morros, montes, montanhas e serras, com altura mínima de 100 (cem) metros e inclinação média maior que 25°, as áreas delimitadas a partir da curva de nível correspondente a 2/3 (dois terços) da altura mínima da elevação sempre em relação à base, sendo esta definida pelo plano horizontal determinado por planície ou espelho d'água adjacente ou, nos relevos ondulados, pela cota do ponto de sela mais próximo da elevação; e nas áreas em altitude superior a 1.800 (mil e oitocentos) metros, qualquer que seja a vegetação (art. 4°, V, VIII, IX e X, da Lei n° 12.651/2012), admite-se, nas respectivas áreas rurais consolidadas, a manutenção de atividades florestais, culturas de espécies lenhosas, perenes ou de ciclo longo, bem como da infraestrutura física associada ao desenvolvimento de atividades agrossilvopastoris, vedada a conversão de novas áreas para uso alternativo do solo.

Segundo o art. 61-A, § 11, da Lei nº 12.651/2012, é exigência que a continuidade das atividades agrossilvopastoris, de ecoturismo e de turismo rural em áreas rurais consolidadas até 22 de julho de 2008 seja informada no Cadastro Ambiental Rural (art. 29 da Lei nº 12.651/2012). Além disso, a realização dessas atividades observará critérios técnicos de conservação do solo e da água indicados no Programa de Regularização Ambiental a que o art. 59 da Lei nº 12.651/2012 faz referência.

Admite-se a manutenção de residências e da infraestrutura associada às atividades agrossilvopastoris, de ecoturismo e de turismo rural, inclusive o acesso a essas atividades, independentemente da recomposição anteriormente estudada, desde que não estejam em área que ofereça risco à vida ou à integridade física das pessoas.

A recomposição da APP para permitir a continuidade das atividades agrossilvopastoris, de ecoturismo e de turismo rural em áreas rurais consolidadas até 22 de julho de 2008 observará os seguintes métodos: I) condução de regeneração natural de espécies nativas; II) plantio de espécies nativas, podendo ser conjugado com a condução da regeneração natural de espécies nativas; III) plantio intercalado de espécies lenhosas, perenes ou de ciclo longo, exóticas com nativas de ocorrência regional, em até 50% da área total a ser recomposta, no caso de pequena propriedade e de posse rural familiar.

Não obstante a previsão legal, se o Poder Público verificar a existência de risco de agravamento de processos erosivos

Código Florestal e proteção da vegetação   93

ou inundações, poderá determinar a adoção de medidas miti-gadoras que garantam a estabilidade das margens e a qualida-de da água, após deliberação do Conselho Estadual de Meio Ambiente ou de órgão colegiado estadual equivalente.

A Lei n° 12.651/2012, no art. 61-A, § 15, previu também que, a partir da sua publicação, 28.05.2012, e até o término do prazo de adesão ao Programa de Regularização Ambiental, é autorizada a continuidade das atividades agrossilvopastoris, de ecoturismo e de turismo rural em áreas rurais consolidadas até 22 de julho de 2008, as quais deverão ser informadas no CAR para fins de monitoramento, sendo exigida a adoção de medi-das de conservação do solo e da água.

O art. 61-A, § 16, da Lei n° 12.651/2012, traz uma exce-ção, prevendo a impossibilidade da continuidade das atividades agrossilvopastoris, de ecoturismo e de turismo rural em áreas rurais: as APPs localizadas em imóveis inseridos nos limites de Unidades de Conservação de Proteção Integral (art. 8° da Lei n° 9.985/2000) criadas por ato do Poder Público até a data de publicação da Lei n° 12.651/2012 não são passíveis de ter quaisquer atividades consideradas como consolidadas, ressal-vado o que dispuser o Plano de Manejo (art. 2°, XVII, da Lei n° 9.985/2000) elaborado e aprovado de acordo com as orienta-ções emitidas pelo órgão competente do Sisnama, nos termos do que dispuser regulamento do Chefe do Poder Executivo, de-vendo o proprietário, possuidor rural ou ocupante a qualquer título adotar todas as medidas indicadas.

Informa-se que os arts. 61-B a 65 da Lei n° 12.651/2012 trazem regras diferenciadas para a consolidação em APPs, cuja leitura integral é recomendada.

5.2.5 Indenização de APP em desapropriação direta

Pelo atual posicionamento do STJ, a "área de preservação permanente em desapropriação direta é indenizável desde que excluídos valores considerados a título de sua exploração comercial ou cobertura vegetal" (STJ, REsp nº 1583705). Afinal, se a exploração é vedada, não há por que indenizar uma atividade ilegal.

O STF também entende que a área de APP, na desapropriação, gera o direito de indenização ao seu proprietário: "À luz da jurisprudência do Supremo Tribunal Federal, as matas preservadas têm valor econômico que deve ser considerado na indenização relativa à desapropriação" (STF, AI nº 295.072-AgR). Esse entendimento foi mantido, em 2015: "CONSTITUCIONAL. DESAPROPRIAÇÃO. ÁREA DE PRESERVAÇÃO PERMANENTE. INDENIZAÇÃO DA COBERTURA VEGETAL DEVIDA" (STF, RE nº 248.052 AgR).

5.2.6. APP em área urbana consolidada

A Lei nº 14.285/2021 alterou as Leis nºs 12.651/2012 e 6.766/1979 (parcelamento do solo urbano) para tratar sobre as faixas marginais de curso d'água em área urbana consolidada e para consolidar as obras já finalizadas nessas áreas.

Pelas regras específicas acrescentadas na Lei nº 12.651/2012, a APP em área urbana consolidada poderá ter faixas marginais (largura) ao curso d'água distintas daquelas estabelecidas no art. 4º, *caput*, I, a serem fixadas por lei municipal ou distrital, ouvidos previamente os conselhos estaduais, municipais ou distrital de meio ambiente (art. 4º, § 10).

Referidas leis municipais deverão conter regras que estabeleçam:

I – a não ocupação de áreas com risco de desastres;

II – a observância das diretrizes do plano de recursos hídricos, do plano de bacia, do plano de drenagem ou do plano de saneamento básico, se houver; e

III – a previsão de que as atividades ou os empreendimentos a serem instalados nas áreas de preservação permanente urbanas devem observar os casos de utilidade pública, de interesse social ou de baixo impacto ambiental fixados nesta lei.

Como requisito adicional, os limites das áreas de preservação permanente marginais de qualquer curso d'água natural em área urbana serão determinados nos planos diretores e nas leis municipais de uso do solo, ouvidos os conselhos estaduais e municipais de meio ambiente (art. 22, § 5°, da Lei n° 11.952/2009).

Vale lembrar que a área urbana consolidada é definida como sendo aquela que atende aos critérios cumulativos previstos no art. 3°, XXVI.

5.3 Reserva legal

5.3.1 Características gerais da reserva legal

A **reserva legal** constitui um tipo de espaço territorial especialmente protegido que deve ser constituído em imóvel rural, diferentemente da APP, que pode existir tanto em área urbana como em rural. Trata-se de um instituto voltado à proteção de uma cota mínima de cobertura de vegetação nativa na propriedade rural para assegurar o desenvolvimento sustentável.

Nos termos do art. 12 da Lei nº 12.651/2012, **todo imóvel rural** deve manter área com cobertura de vegetação nativa, a título de reserva legal, sem prejuízo da aplicação das normas sobre as APPs, observados os seguintes percentuais mínimos em relação à área do imóvel:

Localizado na Amazônia Legal		localizado nas demais regiões do país
Em área de florestas	80%	
Em área de cerrado	35%	20%
Em área de campos gerais	20%	

Em caso de **fracionamento do imóvel rural**, a qualquer título, inclusive para assentamentos pelo Programa de Reforma Agrária, será considerada, para fins do disposto no *caput* do art. 12 da Lei nº 12.651/2012, a área do imóvel antes do fracionamento.

Na hipótese de imóveis localizados em área de florestas, na **Amazônia Legal**, o **Poder Público poderá reduzir a reserva legal** para até 50%, para fins de recomposição, quando o Município tiver mais de 50% da área ocupada por unidades de conservação da natureza de domínio público e por terras indígenas homologadas. Em relação a esses mesmos imóveis, também o Poder Público estadual, ouvido o Conselho Estadual de Meio Ambiente, poderá reduzir a reserva legal para até 50%, quando o Estado tiver Zoneamento Ecológico-Econômico (tipo de zoneamento ambiental, que cuida de um instrumento da PNMA, previsto no art. 9º, II, da Lei nº 6.938/1981; no âmbito federal, está regulamentado pelo Decreto nº 4.297/2002) aprovado e mais de 65% do seu território ocupado por unidades de conservação da natureza de domínio público, devidamente regularizadas, e por terras indígenas homologadas.

Há **casos em que a reserva legal não é exigida** (art. 12, §§ 6° a 8°, da Lei n° 12.651/2012):

a) empreendimentos de abastecimento público de água e tratamento de esgoto;

b) áreas adquiridas ou desapropriadas por detentor de concessão, permissão ou autorização para exploração de potencial de energia hidráulica, nas quais funcionem empreendimentos de geração de energia elétrica, subestações ou sejam instaladas linhas de transmissão e de distribuição de energia elétrica; e

c) áreas adquiridas ou desapropriadas com o objetivo de implantação e ampliação de capacidade de rodovias e ferrovias.

O Zoneamento Ecológico-Econômico *estadual* permite ao Poder Público federal reduzir, exclusivamente para fins de regularização, mediante recomposição, regeneração ou compensação da reserva legal de imóveis com área rural consolidada, situados em área de floresta localizada na Amazônia Legal, para até 50% da propriedade, excluídas as áreas prioritárias para conservação da biodiversidade e dos recursos hídricos e os corredores ecológicos. Nesse caso, se o proprietário ou possuidor do imóvel rural mantiver reserva legal em área superior a 50%, poderá beneficiar-se ao instituir servidão ambiental (art. 9°-A da Lei n° 9.638/1981) e cota de reserva ambiental (art. 44 da Lei n° 12.651/2012) sobre a área excedente. Esses instrumentos materializam o princípio do protetor-recebedor.

Por outro lado, o Zoneamento Ecológico-Econômico *estadual* também permite ao Poder Público federal ampliar, em qualquer bioma brasileiro, as áreas de reserva legal em até 50% dos percentuais previstos na Lei n° 12.651/2012, para cumprimento de metas nacionais de proteção à biodiversidade ou de redução de emissão de gases de efeito estufa.

A despeito do seu caráter *ex lege*, tal como ocorre em relação às APPs previstas no art. 4º da Lei nº 12.651/2012, a reserva legal necessita da definição da sua localização de fato, no imóvel rural. Não é o proprietário ou possuidor do imóvel que escolhe o local da reserva legal. Com efeito, após a inclusão do imóvel rural no CAR, o órgão estadual integrante do Sisnama ou instituição por ele habilitada aprovará a **localização da reserva legal**, levando em consideração o seguinte (art. 14): I – o plano de bacia hidrográfica; II – o Zoneamento Ecológico-Econômico; III – a formação de corredores ecológicos com outra reserva legal, com APP, com unidade de conservação ou com outra área legalmente protegida; IV – as áreas de maior importância para a conservação da biodiversidade; e V – as áreas de maior fragilidade ambiental.

Esclarece-se que a demora da aprovação da reserva legal não pode ser imputada ao proprietário ou possuidor do imóvel. Tão logo seja protocolada a documentação exigida para a análise sobre a localização da área de reserva legal, o proprietário ou possuidor não pode sofrer sanções administrativas, tampouco restrição a direitos, em razão da não formalização da área de reserva legal.

Sob críticas da doutrina ao argumento de reduzir a proteção ao meio ambiente, o art. 15 da Lei nº 12.651/2012 inovou ao permitir o **cômputo das APPs no cálculo do percentual da reserva legal**. Assim, mesmo área que já constitui uma APP pode ser incluída na reserva legal, desde que:

a) Esse benefício não implique a conversão de novas áreas para o uso alternativo do solo. Dispensa-se essa exigência

quando a APP conservada ou em processo de recuperação, somadas às demais florestas e outras formas de vegetação nativa existentes em imóvel, ultrapassar 80% do
imóvel rural localizado em áreas de floresta na Amazônia
Legal.

b) A área a ser computada esteja conservada ou em processo
de recuperação, conforme comprovação do proprietário
ao órgão estadual integrante do Sisnama.

c) O proprietário ou possuidor tenha requerido inclusão do
imóvel no CAR. Mesmo que ocorra essa inclusão da APP
na reserva legal, o regime de proteção da APP não se
altera.

De forma geral, o art. 15, § 2°, da Lei n° 12.651/2012
prevê que o proprietário ou possuidor de imóvel com reserva
legal conservada e inscrita no CAR, cuja área ultrapasse o mínimo exigido pela lei, poderá utilizar a área excedente para fins
de constituição de servidão ambiental, cota de reserva ambiental e outros instrumentos congêneres. Novamente, percebe-se
aqui a materialização do princípio do protetor-recebedor.

O art. 16 da Lei n° 12.651/2012 estabelece a reserva
em regime de condomínio ou coletiva, desde que se respeite o
percentual previsto no art. 12 da lei.

Tal qual a APP, a reserva legal constitui simples **limitação administrativa** e não caracteriza desapropriação indireta.
Portanto, não gera direito de indenização ao proprietário do imóvel rural sobre o qual deve haver reserva legal. Confira-se:

> 5. Na linha de precedentes do STJ, a instituição de Reser-
> va Legal e de Áreas de Preservação Permanente decorre
> diretamente da função ecológica da propriedade, limite
> intrínseco ou interno ao próprio direito e, portanto, pres-

suposto inafastável para seu reconhecimento pela ordem jurídica, donde impróprio alegar desapropriação indireta, pois o legislador e o administrador, ao discipliná-las, nada retiram do dono do imóvel, na medida em que, à luz da Constituição de 1988, a ninguém se faculta arrogar-se senhor absoluto dos bens ambientais, com menor razão ainda se recursos planetários. Inexiste direito adquirido de destruir, desmatar e poluir o ambiente, ou reter benefícios, econômicos ou não, da degradação. 6. Caracteriza irracionalidade pretender indenização para cumprir obrigação legal exigida de todos (STJ, Resp nº 1.357.263).

5.3.2 Regime de proteção da reserva legal

A reserva legal implica a **obrigação real** (*propter rem*) de o proprietário, possuidor ou ocupante a qualquer título, conservar a cobertura de vegetação nativa.

A reserva legal deve ser **registrada no CAR** (art. 29 da Lei nº 12.651/2012), sendo vedada a alteração de sua destinação, nos casos de transmissão, a qualquer título, ou de desmembramento, excluindo as exceções previstas na Lei nº 12.651/2012. Esse registro, que é gratuito, dispensa a averbação da área de reserva legal no Cartório de Registro de Imóveis. Então, enquanto a área de reserva legal não for, gratuitamente, inscrita no CAR, é obrigatória a sua averbação onerosa no Registro de Imóveis.

Ainda na hipótese de transferência da simples posse do imóvel rural que contém reserva legal, o novo possuidor sub-roga-se nas obrigações assumidas pelo possuidor antigo perante o órgão ambiental.

Código Florestal e proteção da vegetação **101**

É tamanha a importância do CAR que o STJ já exigiu o registro da área de reserva legal, no referido Cadastro, para permitir a usucapião de imóvel rural: "Necessidade de prévio registro da reserva legal no CAR, como condição para o registro da sentença de usucapião no Cartório de Registro de Imóveis" (STJ, REsp n° 1.356.207/SP). Não obstante, o mero cadastro do imóvel rural no CAR não será considerado título para fins de reconhecimento do direito de propriedade ou posse, segundo o art. 29, § 2°, da Lei n° 12.651/2012.

A área de reserva legal, uma vez inscrita no Cadastro Ambiental Rural ou averbada no Registro de Imóveis, é **excluí-da da área tributável do Imposto Territorial Rural – ITR**, conforme o art. 10, II, *a*, da Lei n° 9.393/1996. Percebe-se aqui que essa providência tem nítida função extrafiscal: por intermédio da isenção do imposto, o Poder Público visa a que o contribuinte adote determinada conduta, no caso concreto, o registro da reserva legal.

A reserva legal admite a **exploração econômica median-te manejo sustentável**, desde que previamente aprovado pelo órgão do Sisnama, sob uma das seguintes modalidades: manejo sustentável sem propósito comercial para consumo na propriedade e manejo sustentável para exploração florestal com propósito comercial. Não obstante, é livre a coleta de produtos florestais não madeireiros, tais como frutos, cipós, folhas e sementes, devendo-se observar: I – os períodos de coleta e volumes fixados em regulamentos específicos, quando houver; II – a época de maturação dos frutos e sementes; III – técnicas que não coloquem em risco a sobrevivência de indivíduos e da espécie coletada.

O *manejo florestal sustentável com propósito comercial* depende de autorização do órgão competente e deverá atender às seguintes diretrizes e orientações: I – não descaracterizar a cobertura vegetal e não prejudicar a conservação da vegetação nativa da área; II – assegurar a manutenção da diversidade das espécies; III – conduzir o manejo de espécies exóticas com a adoção de medidas que favoreçam a regeneração de espécies nativas.

Por sua vez, o *manejo sustentável sem propósito comercial*, para consumo no próprio imóvel, independe de autorização dos órgãos competentes, devendo apenas ser declarados previamente ao órgão ambiental a motivação da exploração e o volume explorado, limitada a exploração anual a 20 metros cúbicos de madeira.

A propósito, apenas depois da implantação do CAR o órgão ambiental estadual do Sisnama poderá autorizar a supressão de novas áreas de florestas ou outras formas de vegetação nativa, nos termos do art. 12, § 3°, da Lei n° 12.651/2012.

Em caso de área de reserva legal desmatada irregularmente após 22.07.2008, é obrigatória a suspensão imediata das atividades de exploração. Nessas áreas, deverá ser iniciado o Programa de Regularização Ambiental previsto no art. 59 da Lei n° 12.651/2012.

5.3.3 Áreas consolidadas em reserva legal

O proprietário ou possuidor de imóvel rural que detinha, em 22.07.2008 – data da publicação do Decreto n° 6.514/2008 –, área de reserva legal em extensão inferior ao estabelecido no art. 12, poderá regularizar sua situação, independentemente da adesão ao Programa de Regularização Ambiental previsto no art. 59 da Lei n° 12.651/2012, adotando as seguintes alternativas, isolada ou conjuntamente (art. 66):

I – recompor a reserva legal; II – permitir a regeneração natural da vegetação na área de reserva legal; III – compensar a reserva legal. Essa obrigação de recuperação da reserva legal é real (*propter rem*), sendo transmitida ao sucessor no caso de transferência de domínio ou posse do imóvel rural.

A **recomposição** deve atender aos critérios estipulados pelo órgão competente do Sisnama e ser concluída em até 20 anos, abrangendo, a cada dois anos, no mínimo 1/10 da área total necessária à sua complementação. Essa recomposição envolve o reflorestamento da área de reserva legal, o qual pode ser realizado mediante o plantio intercalado de espécies nativas com exóticas ou frutíferas. Nesses moldes, a recomposição permite ao proprietário ou possuidor do imóvel o direito à sua exploração econômica, na forma da Lei nº 12.651/2012.

É possível, outrossim, que o proprietário ou possuidor se limite a **permitir a regeneração natural** da vegetação na área de reserva legal, desde que essa conduta omissiva seja suficiente. Trata-se de obrigação de não fazer, portanto. Atente-se que a Lei nº 9.605/1998 considera crime a conduta de impedir ou dificultar a regeneração natural de florestas e demais formas de vegetação (art. 48).

Caso não sejam viáveis a recomposição e a regeneração, é possível a **compensação** da reserva legal. Essa medida depende da prévia inscrição do imóvel rural no CAR e pode ser feita mediante: I – aquisição de CRA; II – arrendamento de área sob regime de servidão ambiental ou reserva legal; III – doação ao Poder Público de área localizada no interior de unidade de conservação de domínio público pendente de regularização fundiária; IV – cadastramento de outra área equivalente e excedente à reserva legal, em imóvel de mesma titularidade ou adquirida em imóvel de terceiro, com vegetação nativa estabelecida, em regeneração ou recomposição, desde que localizada no mesmo bioma.

Ademais, as áreas a serem utilizadas para compensação da reserva legal devem ser equivalentes, em extensão, à área da reserva legal a ser compensada e devem estar localizadas no mesmo bioma desta. Caso a área nova esteja fora do Estado, deverá estar localizada em áreas identificadas como prioritárias pela União ou pelos Estados.

Caso o imóvel rural com reserva legal inferior seja público, a compensação sob estudo poderá ser feita mediante concessão de direito real de uso (art. 1.225, XII, do CC) ou doação, por parte da pessoa jurídica de direito público proprietária, ao órgão público responsável pela unidade de conservação de área localizada no interior de unidade de conservação de domínio público, a ser criada ou pendente de regularização fundiária (art. 66, § 8º, da Lei nº 12.651/2012).

Em qualquer caso, as medidas de compensação sob estudo **não** poderão ser utilizadas como forma de viabilizar a **conversão de novas áreas para uso alternativo do solo**.

No seu art. 67, a Lei nº 12.651/2012 prevê uma hipótese de **desnecessidade da recomposição**. Nos imóveis rurais que detinham, em 22.07.2008, área de até quatro módulos fiscais e que possuam remanescente de vegetação nativa em percentual inferior, a reserva legal pode ser constituída com a área ocupada com a vegetação nativa existente até então existente, vedadas novas conversões para uso alternativo do solo.

Em respeito ao ato jurídico perfeito, que ostenta qualidade de direito fundamental (art. 5º, XXXVI, da CF) e está regulamentado no art. 6º, § 1º, da Lei nº 4.657/1942, os proprietários ou possuidores de imóveis rurais que realizaram supressão de vegetação nativa respeitando os percentuais de reserva legal previstos pela legislação em vigor à época em que ocorreu a supressão são dispensados de promover a recomposição, compensação ou regeneração para os percentuais exigidos pela Lei nº 12.651/2012.

5.3.4 Indenização de reserva legal em desapropriação

Pelo atual posicionamento do STJ, a "área de reserva legal em desapropriação direta é indenizável, devendo ser excluídos, caso inexista plano de manejo aprovado, valores considerados a título de sua exploração comercial ou cobertura vegetal" (STJ, REsp nº 1.583.705). Logo, para a indenização abranger o lucro com a exploração da reserva legal, é necessária a existência do plano de manejo aprovado.

5.4 Principais diferenças entre a área de preservação permanente e a reserva legal

Tópico	APP	Reserva legal
Localização	Área **URBANA OU RURAL**	Área **RURAL APENAS**
Exploração	Apenas em casos de utilidade pública, interesse social ou intervenção eventual de baixo impacto ambiental.	Apenas conforme o manejo florestal sustentável.
Existência	*Ex lege* ou por ato do Poder Executivo.	*Ex lege*, mas com a localização física definida pelo órgão ambiental.
Tamanho	Metragem definida no art. 4º da Lei nº 12.651/2012.	Percentual definido nos arts. 12 e 13 da Lei nº 12.651/2012.

5.5 Cadastro Ambiental Rural

O art. 29 da Lei nº 12.651/2012 prevê o CAR, no âmbito do Sinima. Ele cuida de um registro público eletrônico, com abrangência nacional, *obrigatório para todos os imóveis rurais*, com a finalidade de reunir as informações ambientais das propriedades e posses rurais, compondo base de dados para controle, monitoramento, planejamento ambiental e econômico, e combate ao desmatamento.

A inscrição no CAR é **obrigatória** e por prazo indeterminado para todas as **propriedades e posses rurais**. Além disso, os imóveis devem ser inscritos por seus proprietários e possuidores até o dia 31 de dezembro de 2020 para terem direito à adesão ao Programa de Regularização Ambiental (PRA), de que trata o art. 59 da Lei nº 12.651/2012. A adesão ao programa, por sua vez, deve ser requerida em dois anos (art. 59, § 2º c/c o art. 29, § 4º). Caso os Estados e o Distrito Federal não o implantem até 31.12.2020, o proprietário ou possuidor poderá aderir ao PRA implantado pela União, observado o já mencionado prazo de dois anos.

A inscrição do imóvel rural no CAR deverá ser feita, preferencialmente, no órgão ambiental municipal ou estadual, exigirá do proprietário ou possuidor rural documentação relativa à individualização do imóvel.

A inscrição no CAR não será considerada título para fins de reconhecimento do direito de propriedade ou posse.

Como visto anteriormente, é necessário o registro da APP e da reserva legal no CAR.

5.6 Cota de Reserva Ambiental

Nos arts. 44 a 50, a Lei n° 12.651/2012 dispõe sobre a CRA. Trata-se de um título nominativo representativo de área com vegetação nativa, existente ou em processo de recuperação: I – sob regime de servidão ambiental, instituída na forma do art. 9°-A da Lei n° 6.938/1981; II – correspondente à área de reserva legal instituída voluntariamente sobre a vegetação que exceder os percentuais exigidos no art. 12 da Lei n° 12.51/2012; III – protegida na forma de Reserva Particular do Patrimônio Natural, nos termos do art. 21 da Lei n° 9.985/2000; IV – existente em propriedade rural localizada no interior de unidade de conservação de domínio público que ainda não tenha sido desapropriada. A CRA é decorrência do princípio do provedor/protetor-recebedor, sendo uma das modalidades de pagamento por serviços ambientais (art. 3°, VI, da Lei n° 14.119/2021).

Após a inscrição da área no CAR e a demonstração do preenchimento dos requisitos constitutivos, é emitida a CRA.

Cada CRA corresponde a um hectare de área com vegetação nativa primária ou com vegetação secundária em qualquer estágio de regeneração ou recomposição; ou um hectare de áreas de recomposição mediante reflorestamento com espécies nativas.

A CRA pode ser usada como **instrumento econômico**. É obrigatório o registro da CRA pelo órgão emitente, no prazo de 30 dias, contado da data da sua emissão, em bolsas de mercadorias de âmbito nacional ou em sistemas de registro e de liquidação financeira de ativos autorizados pelo Banco Central do Brasil. Além disso, a CRA pode ser transferida, onerosa ou gratuitamente, a pessoa física ou a pessoa jurídica de direito público ou privado.

A CRA também pode ser utilizada para fins de **compensação da reserva legal** de imóvel (art. 66, § 5°, I, da Lei n° 12.651/2012), desde que situado no mesmo bioma da área à qual o título está vinculado.

Cabe ao proprietário do imóvel rural em que se situa a área vinculada à CRA a responsabilidade plena pela manutenção das condições de conservação da vegetação nativa da área que deu origem ao título. Como essa obrigação é real, ou seja, *propter rem*, a transmissão *inter vivos* ou *causa mortis* do imóvel não elimina nem altera o vínculo de área contido no imóvel à CRA.

O **cancelamento da CRA**, que deve ser informado no CAR e averbado na matrícula do imóvel respectivo, pode ocorrer nos seguintes casos (art. 50 da Lei n° 12.651/2012): I – por solicitação do proprietário rural, em caso de desistência de manter áreas nas condições que justificam a CRA; II – automaticamente, em razão de término do prazo da servidão ambiental; III – por decisão do órgão competente do Sisnama, no caso de degradação da vegetação nativa da área vinculada à CRA cujos custos e prazo de recuperação ambiental inviabilizem a continuidade do vínculo entre a área e o título.

Destaca-se, no entanto, que o cancelamento da CRA utilizada para fins de compensação de reserva legal só pode ser efetivado se assegurada reserva legal para o imóvel no qual a compensação foi aplicada.

5.7 Mata Atlântica

Embora sujeita à Lei n° 12.651/2012, a Mata Atlântica tem um regime especial de tutela previsto na Lei n° 11.428/2006, que é regulamentada pelo Decreto n° 6.660/2008. Pelo crité-

Código Florestal e proteção da vegetação **109**

rio da especialidade, reitera-se, a Lei n° 11.428/2006 prefere à Lei n° 12.651/2012.

Adianta-se que somente os remanescentes de vegetação nativa no estágio primário e nos estágios secundário inicial, médio e avançado de regeneração na área Mata Atlântica têm seu uso e conservação regulados pela Lei n° 11.428/2006. Para os outros casos, observa-se a Lei n° 12.651/2012.

A Lei n° 11.428/2006 traz alguns conceitos cuja sistematização é pertinente:

Conceitos definidos pela Lei n° 11.428/2006	
População tradicional	População vivendo em estreita relação com o ambiente natural, dependendo de seus recursos naturais para a sua reprodução sociocultural, por meio de atividades de baixo impacto ambiental.
Pousio	Prática que prevê a interrupção de atividades ou usos agrícolas, pecuários ou silviculturais do solo por até dez anos para possibilitar a recuperação de sua fertilidade. Na Lei n° 12.651/2012, o prazo é de cinco anos.
Prática preservacionista	Atividade técnica e cientificamente fundamentada, imprescindível à proteção da integridade da vegetação nativa, tal como controle de fogo, erosão, espécies exóticas e invasoras.
Exploração sustentável	Exploração do ambiente de maneira a garantir a perenidade dos recursos ambientais renováveis e dos processos ecológicos, mantendo a biodiversidade e os demais atributos ecológicos, de forma socialmente justa e economicamente viável.
Utilidade pública	a) Atividades de segurança nacional e proteção sanitária. b) As obras essenciais de infraestrutura de interesse nacional destinadas aos serviços públicos de transporte, saneamento e energia, declaradas pelo poder público federal ou dos Estados.

Conceitos definidos pela Lei n° 11.428/2006	
Interesse social	a) As atividades imprescindíveis à proteção da integridade da vegetação nativa, tais como: prevenção, combate e controle do fogo, controle da erosão, erradicação de invasores e proteção de plantios com espécies nativas, conforme resolução do Conama.
	b) As atividades de manejo agroflorestal sustentável praticadas na pequena propriedade ou posse rural familiar que não descaracterizam a cobertura vegetal e não prejudicam a função ambiental da área.
	c) Demais obras, planos, atividades ou projetos definidos em resolução do Conama.

A proteção e a utilização do Bioma Mata Atlântica têm por **objetivo geral** o desenvolvimento sustentável. Para tanto, serão observados os **princípios** da função socioambiental da propriedade, da equidade intergeracional, da prevenção, da precaução, do usuário-pagador, da transparência das informações e atos, da gestão democrática, da celeridade procedimental, da gratuidade dos serviços administrativos prestados ao pequeno produtor rural e às populações tradicionais e do respeito ao direito de propriedade.

Além disso, a proteção e a utilização do Bioma Mata Atlântica far-se-ão dentro de condições que assegurem: I – a manutenção e a recuperação da biodiversidade, vegetação, fauna e regime hídrico do Bioma Mata Atlântica para as presentes e futuras gerações; II – o estímulo à pesquisa, à difusão de tecnologias de manejo sustentável da vegetação e à formação de uma consciência pública sobre a necessidade de recuperação e manutenção dos ecossistemas; III – o fomento de atividades públicas e privadas compatíveis com a manutenção do equilíbrio ecológico; IV – o disciplinamento da ocupação rural e urbana, de forma a harmonizar o crescimento econômico com a manutenção do equilíbrio ecológico.

5.7.1 Vegetação primária e vegetação secundária

O art. 4° da Lei n° 11.428/2006 delegou ao Conama a definição da **vegetação primária e secundária**, as quais, nos limites do Bioma Mata Atlântica, estão sujeitas a essa lei.

Por intermédio da Resolução Conama n° 10/1993, essas formas de vegetação já haviam sido definidas assim (art. 2°):

a) Vegetação **primária**: vegetação de máxima expressão local, com grande diversidade biológica, sendo os efeitos das ações antrópicas mínimos, a ponto de não afetar significativamente suas características originais de estrutura e de espécies.

b) Vegetação **secundária ou em regeneração**: vegetação resultante dos processos naturais de sucessão, após supressão total ou parcial da vegetação primária por ações antrópicas ou causas naturais, podendo ocorrer árvores remanescentes da vegetação primária. Pode ser de três estágios: inicial, médio e avançado.

Esclarece-se que o Conama editou outras resoluções que detalham os parâmetros da vegetação primária e secundária em cada um dos Estados da Federação, em atenção às suas peculiaridades.

5.7.2 Exploração da Mata Atlântica

Uma das relevâncias da distinção do tipo e estágio da vegetação consiste na previsão de que o corte, a supressão e a exploração da vegetação do Bioma Mata Atlântica far-se-ão de maneira diferenciada, conforme se trate de vegetação primária ou secundária. Todavia, a **exploração eventual, sem propósito comercial** direto ou indireto, de espécies da flora nativa, para consumo nas propriedades ou posses das populações tradicionais ou de pequenos produtores rurais, independe de autorização dos órgãos competentes, nos termos do Decreto nº 6.660/2008.

Da mesma forma, no Bioma Mata Atlântica, é livre a **coleta de subprodutos florestais** tais como frutos, folhas ou sementes, bem como as **atividades de uso indireto**, desde que não coloquem em risco as espécies da fauna e da flora, observando-se as limitações legais específicas e em particular as relativas ao acesso ao patrimônio genético, à proteção e ao acesso ao conhecimento tradicional associado e de biossegurança.

Independentemente, segundo o art. 15 da Lei nº 11.428/2006, na hipótese de obra ou atividade potencialmente causadora de significativa degradação do meio ambiente, o órgão competente exigirá a **elaboração de Estudo Prévio de Impacto Ambiental**, ao qual se dará publicidade, assegurada a participação pública.

Sistematiza-se agora o regime de exploração da Mata Atlântica:

1. Proibição de exploração: segundo o art. 11 da Lei nº 11.428/2006, há vedação do corte e da supressão de *vegetação primária ou nos estágios avançado e médio de regeneração* quando a vegetação:

a) abrigar espécies da flora e da fauna silvestres ameaçadas de extinção, em território nacional ou em âmbito estadual, assim declaradas pela União ou pelos Estados, e a intervenção ou o parcelamento puserem em risco a sobrevivência dessas espécies;

b) exercer a função de proteção de mananciais ou de prevenção e controle de erosão;

Código Florestal e proteção da vegetação   113

c) formar corredores entre remanescentes de vegetação primária ou secundária em estágio avançado de regeneração;

d) proteger o entorno das unidades de conservação; ou

e) possuir excepcional valor paisagístico, reconhecido pelos órgãos executivos competentes do Sisnama. Também se verifica essa vedação se o proprietário ou posseiro não cumprir os dispositivos da legislação ambiental, em especial aqueles respeitantes às áreas de preservação permanente e à reserva legal.

2. **Permissão da exploração da *vegetação primária***: nos termos do art. 14, *caput*, c/c o art. 20, ambos da Lei nº 11.428/2006, há autorização da supressão de vegetação primária somente em caso de utilidade pública, para pesquisas científicas e para práticas preservacionistas.

3. **Permissão da exploração da *vegetação secundária em estado avançado* de regeneração**: nos termos do art. 14, *caput*, c/c o art. 21, ambos da Lei nº 11.428/2006, há autorização da supressão de vegetação secundária no estágio avançado de regeneração somente em caso de utilidade pública, para pesquisa científica e para práticas preservacionistas. Além disso, conforme o art. 31, § 1º, da Lei nº 11.428/2006, nos perímetros urbanos aprovados **até a data de início de vigência da lei**, a supressão de vegetação secundária em estágio médio de regeneração somente será admitida, para fins de loteamento ou edificação, no caso de empreendimentos que garantam a preservação de vegetação nativa em estágio médio de regeneração em no mínimo 30% da área total coberta por esta vegetação; já nos perímetros urbanos delimitados **após a data de início de vigência**, a supressão de vegetação secundária em estágio médio de regeneração fica condicionada à manutenção de vegetação em estágio médio de regeneração em no mínimo

50% da área total coberta por esta vegetação (§ 2°). O art. 32 da Lei n° 11.428/2006 permite a supressão de vegetação secundária em estágio avançado (e médio) de regeneração para fins de atividades minerárias, desde que:

a) haja licenciamento ambiental, no qual se demonstre a inexistência de alternativa técnica e locacional ao empreendimento proposto; e

b) seja adotada medida compensatória.

4. Permissão para exploração da *vegetação secundária em estado médio* de regeneração: nos termos do art. 23 da Lei n° 11.428/2006, o corte, a supressão e a exploração da vegetação secundária em estágio médio de regeneração do Bioma Mata Atlântica somente serão autorizados:

a) em caráter excepcional, em casos de utilidade pública ou de interesse social, para pesquisa científica e para práticas preservacionistas; e

b) quando necessários ao pequeno produtor rural e populações tradicionais para o exercício de atividades ou usos agrícolas, pecuários ou silviculturais imprescindíveis à sua subsistência e de sua família, ressalvadas as áreas de preservação permanente e de reserva legal.

O art. 23, IV, da Lei n° 11.428/2006, também permite a exploração de vegetação secundária em estado médio de regeneração nas hipóteses do art. 31, §§ 1° e 2°:

> Art. 31. Nas regiões metropolitanas e áreas urbanas, assim consideradas em lei, o parcelamento do solo para fins de loteamento ou qualquer edificação em área de vegetação secundária, em estágio médio de regeneração, do

Bioma Mata Atlântica, devem obedecer ao disposto no Plano Diretor do Município e demais normas aplicáveis, e dependerão de prévia autorização do órgão estadual competente, ressalvado o disposto nos arts. 11, 12 e 17 desta Lei.

§ 1º Nos perímetros urbanos aprovados até a data de início de vigência desta Lei, a supressão de vegetação secundária em estágio médio de regeneração somente será admitida, para fins de loteamento ou edificação, no caso de empreendimentos que garantam a preservação de vegetação nativa em estágio médio de regeneração em no mínimo 30% da área total coberta por esta vegetação.

§ 2º Nos perímetros urbanos delimitados após a data de início de vigência desta Lei, a supressão de vegetação secundária em estágio médio de regeneração fica condicionada à manutenção de vegetação em estágio médio de regeneração em no mínimo 50% da área total coberta por esta vegetação.

Reitera-se, como recém-visto anteriormente, que o art. 32 da Lei nº 11.428/2006 permite a supressão de vegetação secundária em estágio médio (e avançado) de regeneração para fins de atividades minerárias, desde que: a) haja licenciamento ambiental, no qual se demonstre a inexistência de alternativa técnica e locacional ao empreendimento proposto; e b) seja adotada medida compensatória.

5. Permissão para exploração da *vegetação secundária em estado inicial* de regeneração: segundo o art. 25 da Lei nº 11.428/2006, o corte, a supressão e a exploração da vegetação secundária em estágio inicial de regeneração do Bioma Mata Atlântica serão autorizados pelo órgão estadual competente.

Essa previsão genérica inclui, portanto, a possibilidade da exploração nos casos de utilidade pública, pesquisa científica e práticas preservacionistas (atente-se que essas três previsões são comuns a todas as permissões). Contudo, nos Estados em que a vegetação primária e secundária remanescente do Bioma Mata Atlântica for inferior a 5% da área original, a exploração em questão submete-se ao regime jurídico aplicável à vegetação secundária em estágio médio de regeneração, ressalvadas as áreas urbanas e regiões metropolitanas.

Nos termos do art. 17 da Lei nº 11.428/2006, quando autorizados, o corte ou a supressão de *vegetação primária ou secundária nos estágios médio ou avançado de regeneração* do Bioma Mata Atlântica ficam condicionados à **compensação ambiental**, na forma da destinação de área equivalente à extensão da área desmatada, com as mesmas características ecológicas, na mesma bacia hidrográfica, sempre que possível na mesma microbacia hidrográfica. Se for impossível a compensação ambiental, será exigida a **reposição florestal**, com espécies nativas, em área equivalente à desmatada, na mesma bacia hidrográfica, sempre que possível na mesma microbacia hidrográfica. Deve-se atentar, todavia, para a exceção prevista no art. 17, § 2º, da Lei nº 11.428/2006: "A compensação ambiental a que se refere este artigo não se aplica aos casos previstos no inciso III do art. 23 desta Lei ou de corte ou supressão ilegais".

Impõe-se também a observância da seguinte regra comum, prevista no art. 12 da Lei nº 11.428/2006: "Os novos empreendimentos que impliquem o corte ou a supressão de vegetação do Bioma Mata Atlântica deverão ser implantados preferencialmente em áreas já substancialmente alteradas ou degradadas".

Código Florestal e proteção da vegetação **117**

5.8 Gestão de florestas públicas

A **gestão das florestas públicas** é disciplinada pela Lei n° 11.284/2006, a qual também criou o Serviço Florestal Brasileiro, instituído na estrutura do MMA, e o Fundo Nacional de Desenvolvimento Florestal (FNDF). Já se destaca que essa lei não dispõe a respeito das florestas de domínio privado.

No art. 3° da Lei n° 11.284/2006, há alguns conceitos cuja sistematização é relevante:

Conceitos da Lei n° 11.284/2006	
Florestas públicas	Florestas, naturais ou plantadas, localizadas nos diversos biomas brasileiros, em bens sob o domínio da União, dos Estados, dos Municípios, do Distrito Federal ou das entidades da administração indireta.
Recursos florestais	Elementos ou características de determinada floresta, potencial ou efetivamente geradores de produtos ou serviços florestais.
Produtos florestais	Produtos madeireiros e não madeireiros gerados pelo manejo florestal sustentável.
Serviços florestais	Turismo e outras ações ou benefícios decorrentes do manejo e conservação da floresta, não caracterizados como produtos florestais.
Ciclo	Período decorrido entre dois momentos de colheita de produtos florestais numa mesma área.
Manejo florestal sustentável	Administração da floresta para a obtenção de benefícios econômicos, sociais e ambientais, respeitando-se os mecanismos de sustentação do ecossistema objeto do manejo e considerando-se, cumulativa ou alternativamente, a utilização de múltiplas espécies madeireiras, de múltiplos produtos e subprodutos não madeireiros, bem como a utilização de outros bens e serviços de natureza florestal.

Conceitos da Lei nº 11.284/2006	
Unidade de manejo	Perímetro definido a partir de critérios técnicos, socioculturais, econômicos e ambientais, localizado em florestas públicas, objeto de um Plano de Manejo Florestal Sustentável (PMFS), podendo conter áreas degradadas para fins de recuperação por meio de plantios florestais.
Concessão florestal	Delegação onerosa, feita pelo poder concedente, do direito de praticar manejo florestal sustentável para exploração de produtos e serviços numa unidade de manejo, mediante licitação, à pessoa jurídica, em consórcio ou não, que atenda às exigências do respectivo edital de licitação e demonstre capacidade para seu desempenho, por sua conta e risco e por prazo determinado.
Comunidades locais	Populações tradicionais e outros grupos humanos, organizados por gerações sucessivas, com estilo de vida relevante à conservação e à utilização sustentável da diversidade biológica.
Poder concedente	União, Estado, Distrito Federal ou Município.

Afigura-se essencial memorizar que a gestão de florestas públicas pode compreender:

- A criação de florestas nacionais, estaduais e municipais, nos termos do art. 17 da Lei nº 9.985/2000, e sua gestão direta.

- A destinação, não onerosa e por ato administrativo próprio, de florestas públicas às comunidades locais, mediante:

   a) criação de reservas extrativistas e reservas de desenvolvimento sustentável, observados os requisitos previstos da Lei nº 9.985/2000;

   b) concessão de uso, por meio de projetos de assentamento florestal, de desenvolvimento sustentável, agroextrativistas ou outros similares, nos termos do art. 189 da CF e das diretrizes do Programa Nacional de Reforma Agrária; e

c) outras formas previstas em lei. Além disso, o Poder Público poderá regularizar posses de comunidades locais sobre as áreas por elas tradicionalmente ocupadas ou utilizadas, que sejam imprescindíveis à conservação dos recursos ambientais essenciais para sua reprodução física e cultural, por meio de concessão de direito real de uso ou outra forma admitida em lei, dispensada licitação.

■ A concessão florestal das florestas públicas.

5.8.1 Concessão florestal

A concessão florestal é autorizada em ato do poder concedente e formalizada mediante contrato, que deve observar o disposto na Lei nº 11.284/2006, no edital de licitação e na Lei nº 8.666/1993 (lembrando-se que, em abril de 2023, a Lei nº 8.666/1993 fica substituída pela Lei nº 14.133/2021, nos termos do art. 193, II, desta). Exigem-se os estudos ambientais pertinentes e o licenciamento ambiental, na forma do art. 18 da Lei nº 11.284/2006.

A publicação do edital de licitação de cada lote de concessão florestal deverá ser precedida de audiência pública.

Estão sujeitas à concessão florestal as unidades de manejo previstas no Plano Anual de Outorga Florestal, estabelecido nos arts. 10 e 11 da Lei nº 11.284/2006. Este art. 11, todavia, exclui da concessão florestal as unidades de conservação de proteção integral (art. 8º da Lei nº 9.985/2000) e as reservas de desenvolvimento sustentável, as reservas extrativistas, as reservas de fauna e as áreas de relevante interesse ecológico (que são unidades de conservação de uso sustentável previstas no art. 14 da Lei nº 9.985/2000), salvo quanto a atividades expressamente admitidas no plano de manejo da unidade de conservação.

Importante não confundir:

Unidades de conservação em que não se admite concessão florestal	Unidades de conservação em que se admite concessão florestal
APA e Reserva Particular do Patrimônio Natural – RPPN (em ambas a dominialidade é privada). Unidade de conservação de proteção integral (Estação Ecológica, Reserva Biológica, Parque Nacional, Monumento Natural e Refúgio de Vida Silvestre).	Floresta Nacional. Área de Relevante Interesse Ecológico, Reserva Extrativista, Reserva de Fauna e Reserva de Desenvolvimento Sustentável, desde que expressamente admitidas no plano de manejo da unidade de conservação.

O **objeto da concessão florestal** consiste na exploração de produtos e serviços florestais, contratualmente especificados, em unidade de manejo de floresta pública, com perímetro georreferenciado, registrada no respectivo cadastro de florestas públicas e incluída no lote de concessão florestal.

Por essa razão, não se deve confundir o disposto no art. 49 da CF, que exige autorização do Congresso Nacional para aprovar, previamente, a "concessão de terras públicas" com área superior a 2.500 hectares, com a concessão florestal. O STF (STA nº 235), analisando a questão, esclareceu que **"concessão de terras" e "concessão florestal" são institutos diferentes,** e a autorização do Congresso Nacional é apenas para concessão dominial de terras públicas, e não concessão florestal, já que nesta não se altera a propriedade nem a posse, havendo apenas a outorga de direito de praticar manejo florestal.

A concessão florestal confere ao concessionário somente os direitos expressamente previstos no contrato de concessão. Todavia, é expressamente **vedada** a outorga dos direitos elencados no art. 16, § 1°, da Lei n° 11.284/2006.

Também é vedada a exploração da **reserva absoluta**, que consiste na área geograficamente delimitada, representativa dos ecossistemas florestais manejados, equivalente a, no mínimo, 5% do total da área concedida, não computadas as áreas de preservação permanente, que não poderá ser objeto de qualquer tipo de exploração econômica e terá finalidade de conservação da biodiversidade, avaliação e monitoramento dos impactos do manejo florestal (art. 32 da Lei n° 11.284/2006).

O **prazo da concessão florestal** será estabelecido de acordo com o ciclo de colheita ou exploração, considerando o produto ou grupo de produtos com ciclo mais longo incluído no objeto da concessão, podendo ser fixado prazo equivalente a, no mínimo, um ciclo e, no máximo, 40 anos. Já o prazo dos contratos de concessão exclusivos para exploração de serviços florestais será de, no mínimo, 5 e, no máximo, 20 anos.

Só poderão participar do certame licitatório pessoas jurídicas constituídas sob as leis brasileiras e que tenham sede e administração no país (art. 19, § 1°) ou comunidades locais, por meio de associações comunitárias, cooperativas ou outras pessoas jurídicas admitidas em lei (art. 6°, § 1°).

O **procedimento** da licitação será o da modalidade concorrência, com as regras especiais da Lei n° 11.284/2006, aplicando-se supletivamente as Leis n°s 8.987/1995 e 8.666/1993.

No **julgamento da licitação**, a melhor proposta será considerada em razão da combinação dos seguintes critérios:

■ Maior preço ofertado como pagamento ao poder concedente pela outorga da concessão florestal.

- Melhor técnica, considerando: a) o menor impacto ambiental; b) os maiores benefícios sociais diretos; c) a maior eficiência; e d) a maior agregação de valor ao produto ou serviço florestal na região da concessão.

Ainda sobre as licitações para concessão florestal, observa-se que é **vedada a declaração de inexigibilidade** prevista no art. 25 da Lei nº 8.666/1993.

As **hipóteses de extinção da concessão florestal** estão previstas no art. 44 da Lei nº 11.284/2006. Independentemente do motivo, uma vez extinta a concessão, retornam ao ente público titular da floresta pública todos os bens reversíveis, direitos e privilégios transferidos ao concessionário.

5.8.2 Fundo Nacional de Desenvolvimento Florestal

O FNDF tem natureza contábil e é gerido pelo órgão gestor federal. Ele se destina a fomentar o desenvolvimento de atividades sustentáveis de base florestal no Brasil e a promover a inovação tecnológica do setor. Para tanto, os seus recursos serão prioritariamente em projetos nas áreas indicadas no art. 41 da Lei nº 11.284/2006.

5.8.3 Serviço Florestal Brasileiro (SFB)

O SFB é um órgão criado na estrutura básica do MMA, que atua, exclusivamente, na **gestão das florestas públicas**. Sua competência está especificada no art. 55 da Lei nº 11.284/2006.

O Poder Executivo federal poderá assegurar ao SFB **autonomia administrativa e financeira**, no grau conveniente ao exercício de suas atribuições, mediante a celebração de **contrato de gestão e de desempenho**, nos termos do art. 37, § 8º, da CF.

6

Sistema Nacional de Unidades de Conservação

6.1 Considerações gerais

A Constituição Federal, ao garantir o direito ao meio ambiente no art. 225, *caput*, previu que

> para assegurar a efetividade desse direito, incumbe ao Poder Público definir, em todas as unidades da Federação, espaços territoriais e seus componentes a serem especialmente protegidos, sendo a alteração e a supressão permitidas somente através de lei, vedada qualquer utilização que comprometa a integridade dos atributos que justifiquem sua proteção (art. 225, § 1º, III, da CF).

Ou seja, a Constituição Federal determina que, para assegurar a preservação do meio ambiente, o Poder Público deverá definir os **espaços territoriais especialmente protegidos**, conceito jurídico indeterminado que abrange **qualquer modalidade de área** (pública ou particular, terrestre ou aquática) **sujeita a grau especial de proteção ambiental, diferente daquele aplicável à propriedade tradicional.**

124 Direito Ambiental

As **unidades de conservação** são uma das modalidades de espaço territoriais especialmente protegidos. Seu regramento é previsto na Lei nº 9.985/2000, que prevê o Sistema Nacional de Unidades de Conservação da Natureza (SNUC), regulamentada pelo Decreto nº 4.340/2002.

Com a edição dessas normas, o legislador criou um **sistema**, isto é, um conjunto de elementos interdependentes de modo a formar um todo organizado, porque reuniu, sob um mesmo arcabouço jurídico, todas as unidades de conservação do país, administradas por todos os entes federados, de modo a obter mais eficiência na proteção ambiental, pois, como visto anteriormente, o meio ambiente vai muito além das linhas divisórias traçadas pelo ser humano. Deve, portanto, ser protegido por meio de medidas integradas.

Vale lembrar que o SNUC é um **sistema nacional, e não federal**, pois a Lei nº 9.985/2000 estabelece que este "é constituído pelo conjunto das unidades de conservação federais, estaduais e municipais" (art. 3º). Nesse sentido, é previsto serem órgãos executores, tendo a função de implementar o SNUC, os entes federais, estaduais e municipais, nas respectivas esferas de atuação (art. 6º).

O SNUC possui **conceitos específicos** traçados no art. 2º, e que necessitam ser assimilados, bem como os objetivos (art. 4º) e as **diretrizes** (art. 5º).

6.2 Órgãos gestores

Prevê o art. 6º da Lei nº 9.985/2000 que o SNUC será gerido pelos seguintes órgãos, com as respectivas atribuições:

Órgão consultivo e deliberativo	Conama, com as atribuições de acompanhar a implementação do sistema.
Órgão central	MMA, com a finalidade de coordenar o sistema.
Órgãos executores	ICMBio e Ibama (este em caráter supletivo) no plano federal, os órgãos estaduais e municipais, com a função de implementar o SNUC, subsidiar as propostas de criação e administrar as unidades de conservação federais, estaduais e municipais, nas respectivas esferas de atuação.

6.3 Grupos e categorias de unidades de conservação

As unidades de conservação do SNUC dividem-se em dois grandes grupos, com características específicas (art. 7º da Lei nº 9.985/2000): as Unidades de **Proteção Integral** e as Unidades de **Uso Sustentável**:

	Unidades de proteção integral	Unidades de uso sustentável
Objetivo	Preservar a natureza, sendo admitido apenas o uso indireto dos recursos naturais, com exceção dos casos previstos na lei (§ 1º). Uso indireto é aquele que não envolve consumo, coleta, dano ou destruição dos recursos naturais (art. 2º, IX).	Compatibilizar a conservação da natureza com o uso sustentável de parcela dos seus recursos naturais (§ 2º). Uso direto (ou sustentável) é aquele que envolve coleta e uso, comercial ou não, dos recursos naturais (art. 2º, X).

Atente-se para a diferença mais marcante: nas unidades de proteção integral, a regra é a preservação do ambiente, com o uso indireto dos recursos naturais; nas unidades de uso sustentável, admite-se o uso direto, desde que sustentável, de parcela dos recursos.

Esses dois grupos de unidades de conservação subdividem-se nas seguintes **categorias**, num total de 12:

Unidades de proteção integral (art. 8°)	Unidades de uso sustentável (art. 14)
	I – área de proteção ambiental;
I – estação ecológica;	II – área de relevante interesse ecológico;
II – reserva biológica;	III – floresta nacional;
III – parque nacional;	IV – reserva extrativista;
IV – monumento natural;	V – reserva de fauna;
V – refúgio de vida silvestre.	VI – reserva de desenvolvimento sustentável;
	VII – reserva particular do patrimônio natural.

Esse rol **só é taxativo para a União**, pois se admite, **excepcionalmente** e a critério do Conama, que integrem o SNUC unidades de conservação estaduais e municipais que, concebidas para atender a peculiaridades regionais ou locais, possuam objetivos de manejo que não possam ser satisfatoriamente atendidos por nenhuma das categorias citadas anteriormente, e cujas características permitam, em relação a estas, uma clara distinção (art. 6°, parágrafo único, da Lei n° 9.985/2000). Embora não mencionadas por falha do legislador, incluem-se aqui, logicamente, eventuais unidades do Distrito Federal.

Importante alertar que a **Reserva de Biosfera**, prevista no art. 41 da Lei n° 9.985/2000, **não é uma categoria de unidade de conservação**. Este peculiar tipo de espaço territorial especialmente protegido será estudado mais adiante.

Passa-se a analisar cada uma das 12 categorias de unidades, em forma esquematizada, começando pelas cinco Unidades de Conservação de **Proteção Integral**:

Sistema Nacional de Unidades de Conservação **127**

Unidades de conservação de proteção integral	
Estação Ecológica – ESEC (art. 9º)	**Objetivo: preservação da natureza** e realização de **pesquisas científicas**. **Posse e domínio: públicos** (as áreas particulares serão desapropriadas). **Visitação pública: proibida, exceto** quando com **objetivo educacional**, de acordo com o Plano de Manejo da unidade ou regulamento específico. **Pesquisa científica**: depende de autorização prévia do órgão responsável pela administração da unidade e está sujeita às condições e restrições por este estabelecidas, bem como àquelas previstas em regulamento. **Alterações dos ecossistemas**: só no caso de: I – restauração de ecossistemas modificados; II – manejo de espécies com o fim de preservar a diversidade biológica; III – coleta de componentes dos ecossistemas com finalidades científicas; e IV – pesquisas científicas cujo impacto sobre o ambiente seja maior do que aquele causado pela simples observação ou pela coleta controlada de componentes dos ecossistemas, em uma área correspondente a no máximo 3% da extensão total da unidade e até o limite de 1.500 hectares.
Reserva Biológica – RebioO (art. 10)	**Objetivo: preservação integral** da biota e demais atributos naturais existentes em seus limites, sem interferência humana direta ou modificações ambientais, exceto medidas de recuperação de seus ecossistemas alterados e as ações de manejo necessárias para recuperar e preservar o equilíbrio natural, a diversidade biológica e os processos ecológicos naturais. **Posse e domínio: públicos** (as áreas particulares serão desapropriadas). **Visitação pública: proibida**, exceto aquela com **objetivo educacional**, de acordo com regulamento específico. **Pesquisa científica**: depende de autorização prévia do órgão responsável pela administração da unidade e está sujeita às condições e restrições por este estabelecidas, bem como àquelas previstas em regulamento. **Alterações dos ecossistemas**: a lei é silente, de modo que **não se admite. ATENÇÃO**: esta é a diferença prática em relação à Estação Ecológica, **na qual** expressamente se permite a alteração (art. 9º, § 4º, IV).

Unidades de conservação de proteção integral	
Parque Nacional (art. 11)	**Objetivo**: preservação de ecossistemas naturais de grande relevância ecológica e beleza cênica, possibilitando a realização de **pesquisas científicas** e o desenvolvimento de atividades de **educação** e **interpretação** ambiental, de **recreação** em contato com a natureza e de turismo ecológico.
	Posse e domínio: públicos (áreas particulares serão desapropriadas).
	Visitação pública: está sujeita às normas e restrições estabelecidas no Plano de Manejo da unidade, às normas estabelecidas pelo órgão responsável por sua administração e àquelas previstas em regulamento.
	Pesquisa científica: depende de autorização prévia do órgão responsável pela administração da unidade e está sujeita às condições e restrições por este estabelecidas, bem como àquelas previstas em regulamento.
	Nos demais entes federados: serão denominadas Parque Estadual e Parque Natural Municipal.
Monumento Natural (art. 12)	**Objetivo: preservar sítios naturais raros, singulares** ou de **grande beleza cênica.**
	Posse e domínio: pode ser em áreas particulares, desde que compatíveis os objetivos da unidade com a utilização dos recursos naturais pelos proprietários. Havendo incompatibilidade ou não havendo aquiescência do proprietário às condições propostas pelo órgão responsável, a área deve ser desapropriada.
	Visitação pública: sujeita às condições e restrições estabelecidas no Plano de Manejo da unidade, às normas estabelecidas pelo órgão responsável por sua administração e àquelas previstas em regulamento.
Refúgio de Vida Silvestre (art. 13)	**Objetivo:** proteger ambientes naturais onde há condições para a existência ou reprodução de espécies ou comunidades da flora local e da fauna residente ou migratória.

Refúgio de Vida Silvestre (art. 13)	**Posse e domínio: pode ser em áreas particulares**, desde que compatíveis os objetivos da unidade com a utilização dos recursos naturais pelos proprietários. Havendo incompatibilidade ou não havendo aquiescência do proprietário às condições propostas pelo órgão responsável, a área deve ser desapropriada.
	Visitação pública: sujeita às normas e restrições estabelecidas no Plano de Manejo da unidade, às normas estabelecidas pelo órgão responsável e àquelas previstas em regulamento.
	Pesquisa científica: depende de autorização prévia do órgão responsável pela administração da unidade e está sujeita às condições e restrições por este estabelecidas, bem como àquelas previstas em regulamento.

Impende registrar que toda unidade de conservação de proteção integral disporá de um **Conselho Consultivo** (art. 29 da Lei nº 9.985/2000), presidido pelo órgão responsável por sua administração e constituído por representantes de órgãos públicos, de organizações da sociedade civil, por proprietários de terras localizadas em Refúgio de Vida Silvestre ou Monumento Natural, quando for o caso, e, ainda, de populações tradicionais, na hipótese de residirem em seus limites.

Analisam-se, a seguir, as sete categorias de Unidades de Conservação de **Uso Sustentável**:

Unidades de conservação de uso sustentável	
APA (art. 15)	**Conceito**: é uma área em geral extensa, com um certo grau de **ocupação humana**, dotada de atributos abióticos, bióticos, estéticos ou culturais especialmente importantes para a qualidade de vida e o bem-estar das populações humanas.
	Objetivo: proteger a diversidade biológica, **disciplinar o processo de ocupação** e assegurar a sustentabilidade do uso dos recursos naturais.

130 Direito Ambiental

APA (art. 15)	**Posse e domínio**: terras **públicas ou privadas**. Respeitados os limites constitucionais, podem ser estabelecidas restrições para a utilização das propriedades privadas localizadas em uma APA. **Pesquisa científica e visitação pública nas áreas sob domínio público**: possível, na forma estabelecida pelo órgão gestor da unidade. **Pesquisa científica e visitação pública nas áreas sob domínio privado**: o proprietário estabelecerá as condições, observadas as exigências e restrições legais. **Conselho**: cada APA disporá de um Conselho (não se especifica de que tipo), que será presidido pelo órgão responsável por sua administração e constituído por representantes dos órgãos públicos, de organizações da sociedade civil e da população residente
Área de Relevante Interesse Ecológico – ARIE (art. 16)	**Conceito**: é uma área **em geral de pequena extensão**, com **pouca ou nenhuma ocupação humana**, com **características naturais extraordinárias** ou que abriga exemplares raros da biota regional, e tem como objetivo manter os ecossistemas naturais de importância regional ou local e regular o uso admissível dessas áreas, de modo a compatibilizá-lo com os objetivos de conservação da natureza. **Posse e domínio**: terras **públicas ou privadas**. Respeitados os limites constitucionais, podem ser estabelecidas normas e restrições para a utilização da propriedade privada no interior da ARIE **Conselho**: não há previsão.
Floresta Nacional – Flona (art. 17)	**Conceito**: é uma área com **cobertura florestal de espécies predominantemente nativas**. **Objetivo**: o uso múltiplo sustentável dos recursos florestais e a pesquisa científica, com **ênfase na exploração sustentável de florestas nativas**. **Posse e domínio: públicos** (as áreas particulares em seus limites devem ser desapropriadas). **Populações tradicionais**: sua **permanência é admitida**, desde que já a habitassem quando da criação e em conformidade com o disposto em regulamento e no Plano de Manejo da unidade.

Floresta Nacional – Flona (art. 17)	**Visitação pública**: permitida, mas condicionada às normas estabelecidas para o manejo da unidade pelo órgão responsável. **Pesquisa científica**: é permitida e **incentivada**, sujeitando-se à prévia autorização do órgão responsável e àquelas previstas em regulamento. **Conselho Consultivo**: cada Floresta Nacional (Flona) possuirá um Conselho Consultivo, presidido pelo órgão responsável por sua administração e constituído por representantes de órgãos públicos, de organizações da sociedade civil e, quando for o caso, das populações tradicionais residentes. **Entes federados**: quando criada pelo Estado ou Município, será denominada, respectivamente, Floresta Estadual e Floresta Municipal. **ATENÇÃO**: o art. 17 do SNUC foi regulamentado pela Lei nº 11.284/2006, que dispõe sobre a gestão das florestas públicas para a produção sustentável.
Reserva Extrativista – RESEX (art. 18)	**Conceito**: é uma área utilizada por populações extrativistas tradicionais, cuja subsistência se baseia no extrativismo e, complementarmente, na agricultura de subsistência e na criação de animais de pequeno porte, e tem como objetivos básicos proteger os meios de vida e a cultura dessas populações, e assegurar o uso sustentável dos recursos naturais da unidade. **Posse e domínio**: **público**, com uso **concedido às populações extrativistas tradicionais** conforme o disposto no art. 23, e em regulamentação específica (as áreas particulares incluídas em seus limites devem ser desapropriadas). **Conselho Deliberativo**: cada RESEX terá o seu Conselho Deliberativo, presidido pelo órgão responsável por sua administração e constituído por representantes de órgãos públicos, de organizações da sociedade civil e das populações tradicionais residentes na área. **Visitação pública**: permitida, desde que compatível com os interesses locais e de acordo com o disposto no Plano de Manejo da unidade.

132 Direito Ambiental

Reserva Extrativista – RESEX (art. 18)	**Pesquisa científica**: permitida e **incentivada**, sujeitando-se à prévia autorização do órgão responsável pela administração, às condições e restrições por este estabelecidas e às normas previstas em regulamento. **Plano de Manejo**: será aprovado pelo Conselho Deliberativo. **Exploração de recursos minerais e caça** (amadorística ou profissional): **proibidas**. **Exploração comercial de recursos madeireiros**: só será admitida em **bases sustentáveis** e em **situações especiais e complementares às demais atividades**, conforme regulamento e Plano de Manejo da unidade. **Dever das populações tradicionais locais**: ficam obrigadas a participar da preservação, recuperação, defesa e manutenção da unidade de conservação (art. 23, § 1º).
Reserva de Fauna (art. 19)	**Conceito**: é uma área natural com populações animais de espécies nativas, terrestres ou aquáticas, residentes ou migratórias, adequadas para estudos técnico-científicos sobre o manejo econômico sustentável de recursos faunísticos. **Domínio público**: (áreas particulares em seus limites devem ser desapropriadas). **Visitação pública**: pode ser permitida, desde que compatível com o manejo da unidade e de acordo com as normas estabelecidas pelo órgão responsável por sua administração. **Caça** (amadorística ou profissional): **proibida**. **Comercialização dos produtos e subprodutos resultantes das pesquisas**: obedecerá ao disposto nas leis sobre fauna e regulamentos. **Conselho**: não há previsão de Conselho.
Reserva de Desenvolvimento Sustentável – RDS (art. 20)	**Conceito**: é uma área natural que abriga populações tradicionais, cuja existência se baseia em sistemas sustentáveis de exploração dos recursos naturais, desenvolvidos ao longo de gerações e adaptados às condições ecológicas locais, e que desempenham um papel fundamental na proteção da natureza e na manutenção da diversidade biológica.

Sistema Nacional de Unidades de Conservação **133**

Reserva de Desenvolvimento Sustentável – RDS (art. 20)	**Objetivo**: preservar a natureza e, ao mesmo tempo, assegurar as condições para a **reprodução e a melhoria dos modos e da qualidade de vida e exploração dos recursos naturais das populações tradicionais**, bem como valorizar, conservar e aperfeiçoar o conhecimento e as técnicas de manejo do ambiente desenvolvidos por essas populações. **Domínio**: terras públicas ou privadas ("as áreas particulares incluídas em seus limites devem ser, **quando necessário**, desapropriadas"). **Uso das áreas ocupadas pelas populações tradicionais**: será regulado de acordo com o disposto no art. 23 e em regulamentação específica. **Conselho Deliberativo**: presidido pelo órgão responsável por sua administração e constituído por representantes de órgãos públicos, de organizações da sociedade civil e das populações tradicionais residentes na área, conforme regulamento e ato de criação da unidade. **Visitação pública**: permitida e incentivada, desde que compatível com os interesses locais e de acordo com o disposto no Plano de Manejo. **Pesquisa científica**: permitida, incentivada e voltada à conservação da natureza, à melhor relação das populações residentes com seu meio e à educação ambiental, sujeitando-se à prévia autorização do órgão responsável pela administração da unidade, às condições e restrições por este estabelecidas e às normas previstas em regulamento **ATENÇÃO**: 1. deve ser sempre considerado o **equilíbrio dinâmico entre o tamanho da população e a conservação da natureza**; 2. a exploração dos recursos naturais é admitida em regime de manejo sustentável. **Substituição da cobertura vegetal por espécies cultiváveis**: admitida, desde que sujeitas ao zoneamento, às limitações legais e ao Plano de Manejo da área. **Zoneamento da RDS**: o Plano de Manejo definirá as zonas de proteção integral, de uso sustentável e de amortecimento e corredores ecológicos, e será aprovado pelo Conselho Deliberativo. **Dever das populações tradicionais locais**: ficam obrigadas a participar da preservação, recuperação, defesa e manutenção da unidade de conservação (art. 23, § 1º).

Unidades de conservação de uso sustentável	
Reserva Particular do Patrimônio Natural – RPPN (art. 21)	**Conceito**: é uma área **privada, gravada com perpetuidade**, com o objetivo de conservar a diversidade biológica. O gravame constará de termo de compromisso assinado perante o órgão ambiental, que verificará a existência de interesse público, e será averbado à margem da inscrição no Registro Público de Imóveis. **Uso permitido**: somente pesquisa científica e visitação com objetivos turísticos, recreativos e educacionais. **Apoio público ao proprietário**: os órgãos do SNUC, quando possível e oportuno, prestarão orientação técnica e científica para a elaboração de Plano de Manejo ou de Proteção e de Gestão da unidade. **Isenção de ITR**: a Lei nº 9.393/1996 isenta de imposto territorial rural os imóveis que constituem as RPPN. **ATENÇÃO**: embora inserida no rol das unidades de conservação de uso sustentável, na RPPN só é permitido o uso indireto de seus recursos naturais (pesquisa científica e visitação); não se admite a exploração direta de seus recursos naturais. **Conselho**: não há previsão de Conselho.

É importante alertar que a **Reserva de Biosfera** não é uma unidade de conservação, tanto que nem consta do rol legal das categorias. É, nos termos do art. 41 da Lei nº 9.985/2000,

> um modelo, adotado internacionalmente, de gestão integrada, participativa e sustentável dos recursos naturais, com os objetivos básicos de preservação da diversidade biológica, o desenvolvimento de atividades de pesquisa, o monitoramento ambiental, a educação ambiental, o desenvolvimento sustentável e a melhoria da qualidade de vida das populações.

Tal gestão integrada pode ser compreendida como um zoneamento, no qual uma grande área, composta de terras pú-

Sistema Nacional de Unidades de Conservação **135**

blicas ou privadas (art. 41, § 2°, da Lei n° 9.985/2000), podendo conter unidades de conservação (§ 3°), terá três graus de proteção:

1. uma ou várias áreas-núcleo, destinadas à proteção integral da natureza;

2. uma ou várias zonas de amortecimento, onde só são admitidas atividades que não resultem em dano para as áreas--núcleo; e

3. uma ou várias zonas de transição, sem limites rígidos, onde o processo de ocupação e o manejo dos recursos naturais são planejados e conduzidos de modo participativo e em bases sustentáveis.

A Reserva da Biosfera é gerida por um Conselho Deliberativo, formado por representantes de instituições públicas, de organizações da sociedade civil e da população residente, conforme se dispuser em regulamento e no seu ato de constituição (art. 41, § 4°, da Lei n° 9.985/2000).

6.4 Criação, alteração e extinção de unidades de conservação

A Constituição Federal previu que incumbe ao Poder Público definir os espaços territoriais especialmente protegidos, sendo "a alteração e a supressão permitidas somente através de lei" (art. 225, § 1°, III, da CF).

Como se vê, o texto constitucional previu um modo para a criação (**"ato do Poder Público"**) e outro para a extinção ("somente através de lei") dos espaços territoriais especialmente protegidos.

Em harmonia com essas balizas, a Lei n° 9.985/2000 estabelece que as unidades de conservação são criadas por **ato**

do Poder Público (art. 22, *caput*), conceito aberto que engloba tanto lei como decreto do chefe do Poder Executivo ou portaria do chefe do órgão ambiental competente.

Para a **criação** da unidade de conservação, exigem-se **estudos técnicos** e **consulta pública** prévios que permitam identificar a localização, a dimensão e os limites mais adequados para a unidade, conforme se dispuser em regulamento. A consulta também é necessária para o caso de a unidade de conservação mudar de uso sustentável para proteção integral, e para o caso de ampliação de seus limites territoriais.

Com relação ao processo de consulta, o Poder Público é obrigado a fornecer informações adequadas e inteligíveis à população local e a outras partes interessadas. Contudo, na criação de Estação Ecológica e Reserva Biológica, pode-se dispensar a consulta pública (art. 22, § 4°, da Lei n° 9.985/2000); preponderam, nesse caso particular, razões de ordem técnica e científica sobre a regra de participação popular.

As unidades de conservação do grupo de Uso Sustentável podem ser transformadas total ou parcialmente em unidades do grupo de Proteção Integral, por instrumento normativo do mesmo nível hierárquico do que criou a unidade (art. 22, § 5°, da Lei n° 9.985/2000). Isso ocorre porque se aumenta o grau de proteção.

Da mesma forma, a **ampliação dos limites** de uma unidade de conservação, sem modificação dos seus limites originais, exceto pelo acréscimo proposto, pode ser feita por instrumento normativo do mesmo nível hierárquico do que criou a unidade.

Por fim, para a **desafetação (extinção)** ou **redução dos limites** de uma unidade de conservação, exige-se **lei específica**, não se admitindo medida provisória para tal finalidade, conforme entendimento da doutrina e do STF (ADI n° 4.717).

Em resumo:

Objetivo	Ato normativo exigido	Consulta
Criação de unidade de conservação	Ato do Poder Público em sentido amplo	Sim
Ampliação do grau de proteção ambiental (transformação de categoria ou aumento da área)	Mesmo ato que criou	Sim
Diminuição do grau de proteção ambiental (desafetação ou redução)	Lei específica (lei em sentido estrito: não se admite medida provisória)	Não

É de vital importância ressaltar que **toda essa sistemática não se aplica para a criação de RPPN**, já que esta categoria de unidade possui regramento ímpar: é criada por iniciativa do próprio particular, que grava de perpetuidade seu imóvel, celebrando, depois, termo de compromisso com o órgão ambiental.

6.5 Limitações administrativas provisórias

Trata-se de ato administrativo de caráter acautelatório, por meio do qual o Poder Público, diante da existência de risco de dano grave aos recursos naturais em uma área passível de se tornar unidade de conservação, limita a atividade pública ou particular potencialmente causadores de degradação ambiental, para que possam ser realizados estudos relativos à criação (art. 22-A da Lei n° 9.985/2000).

Excluem-se da limitação as atividades agropecuárias e outras atividades econômicas em andamento e obras públicas licenciadas. Observada essa ressalva, não serão permitidas atividades que importem em exploração a corte raso da floresta e demais formas de vegetação nativa.

O prazo máximo de duração da medida é de sete meses, improrrogáveis, findo o qual fica extinta a limitação administrativa.

6.6 Zona de amortecimento

Para dotar de mais eficiência a proteção no interior da área das unidades de conservação, a Lei nº 9.985/2000 (art. 25) previu que estas, com exceção da APA e da RPPN, devem possuir uma zona de amortecimento e, quando conveniente, corredores ecológicos.

Os limites da zona de amortecimento e dos corredores ecológicos e as respectivas normas de utilização poderão ser definidos no ato de criação da unidade ou posteriormente.

A zona de amortecimento é uma faixa no entorno de uma unidade de conservação, onde as atividades humanas estão sujeitas a normas e restrições específicas, com o propósito de minimizar os impactos negativos sobre a unidade (art. 2º, XVIII, da Lei nº 9.985/2000).

Importante: não se trata de área da unidade de conservação, podendo assim ser constituída por imóveis públicos ou privados, que estarão sujeitos a restrições em seu uso.

Enquanto não estabelecido um raio de zona de amortecimento de modo específico para cada unidade de conservação, a Resolução Conama nº 428/2010 (art. 1º, § 2º) determina que este será um raio de três quilômetros no entorno da unidade.

Outro aspecto relevante diz respeito à zona de amortecimento das unidades de conservação de Proteção Integral:

Sistema Nacional de Unidades de Conservação **139**

tais áreas são consideradas zona rural, para os efeitos legais, não podendo ser transformadas em zona urbana (art. 49, parágrafo único, da Lei n° 9.985/2000).

Já os corredores ecológicos são porções de ecossistemas naturais ou seminaturais, ligando unidades de conservação, que possibilitam entre elas o fluxo de genes e o movimento da biota, facilitando a dispersão de espécies e a recolonização de áreas degradadas, bem como a manutenção de populações que demandam para sua sobrevivência áreas com extensão maior do que aquela das unidades individuais (art. 2°, XVIII, da Lei n° 9.985/2000). Sua principal função é integrar os espaços de proteção ambiental, evitando que se tornem "ilhas" isoladas, o que causa prejuízos à circulação de espécimes da natureza.

6.7 Mosaico de unidades de conservação

Visando à integração das unidades de conservação sob o ponto de vista da eficiência administrativa na gestão, o art. 26 da Lei n° 9.985/2000 prevê o instituto do mosaico de unidades, quando existir um conjunto destas, justapostas ou sobrepostas, e outras áreas protegidas públicas ou privadas. Nesta hipótese, a gestão do conjunto deverá ser feita de forma integrada e participativa, considerando-se os seus distintos objetivos de conservação, de forma a compatibilizar a presença da biodiversidade, a valorização da sociodiversidade e o desenvolvimento sustentável no contexto regional.

Regulamentando o disposto anteriormente, o Decreto n° 4.340/2002 prevê que o mosaico de unidades de conservação será reconhecido em ato do MMA, a pedido dos órgãos gestores das unidades de conservação. Deverá dispor de um conselho específico, com caráter consultivo e a função de atuar como instância de gestão integrada das unidades de conservação que o compõem.

6.8 Compensação ambiental em favor de unidades de conservação

Prevê o art. 36, *caput*, da Lei nº 9.985/2000, que, nos casos de licenciamento ambiental de empreendimentos de significativo impacto ambiental, assim considerado pelo órgão ambiental competente, com fundamento em estudo de impacto ambiental e respectivo relatório – EIA/Rima, o empreendedor é obrigado a apoiar a implantação e manutenção de unidade de conservação do grupo de proteção integral.

Nesse ponto, embora a regra seja a destinação dos valores da compensação para unidades de conservação de proteção integral, a própria Lei nº 9.985/2000 prevê exceções, ou seja, casos em que os recursos poderão ter como destino unidade do grupo de uso sustentável:

a) quando a própria unidade de conservação afetada pelo empreendimento for de uso sustentável; ou

b) diante de interesse público reconhecido pelo órgão ambiental, ser destinada a unidade de conservação **de posse e domínio públicos**, especialmente (isto é, não exclusivamente) se localizadas na Amazônia Legal.

Dessa forma, os recursos de compensação não poderiam ter como destino Refúgio da Vida Silvestre, Monumento Natural, RDS, APA e RPPN, se compostas tais unidades por terras privadas.

No que diz respeito ao valor da compensação, apesar de o § 1º do art. 36 da Lei nº 9.985/2000 estabelecer que não possa ser inferior a 0,5% do custo total para a implantação do empreendimento, o STF decidiu pela inconstitucionalidade parcial da expressão "não pode ser inferior a meio por cento dos custos totais previstos para a implantação do empreendimento", **devendo o valor da compensação ser fixado proporcionalmente ao impacto ambiental**, após estudo em que se assegurem o contraditório e a ampla defesa (ADI nº 3.378-6).

Após esse julgamento, o Decreto nº 4.340/2002 foi alterado, passando a dispor que o órgão ambiental (Ibama) "considerará, exclusivamente, os impactos ambientais negativos sobre o meio ambiente" (art. 31), que tal avalição ocorrerá uma única vez (art. 31, § 1º) e que o grau de impacto nos ecossistemas poderá atingir valores de 0% a 0,5% do empreendimento (art. 31-A). Desse modo, será possível, na avaliação do impacto, ser este considerado zero para fim de compensação ambiental.

Com a finalidade de dar efetividade ao instituto da compensação ambiental, foi editada a Lei nº 13.668/2018, que dispôs sobre a destinação e a aplicação dos recursos obtidos. O referido diploma alterou a Lei nº 11.516/2007 (Lei do ICMBio), acrescentando os arts. 14-A, 14-B e 14-C. A principal alteração é a autorização para o ICMBio selecionar instituição financeira oficial, dispensada a licitação, para criar e administrar fundo privado a ser integralizado com recursos oriundos da compensação ambiental, ficando responsável pela execução, direta ou indireta, e pela gestão centralizada dos recursos, e autorizada a promover as desapropriações dos imóveis privados indicados pelo ICMBio.

142   Direito Ambiental

6.9 Desapropriação de áreas em unidades de conservação

Quando a unidade de conservação é criada ou ampliada sobre terras particulares, em regra, é necessária a desapropriação, por motivo de utilidade pública, conforme o art. 5°, *k*, do Decreto-lei n° 3.365/1941. A exceção a esta regra se dá nos casos de unidades que podem ser compostas de terras particulares, como já visto (item 6.5).

De forma específica, a Lei do SNUC (art. 45) expressamente exclui da indenização referente à desapropriação:

a) as espécies arbóreas declaradas imunes de corte pelo Poder Público;

b) as expectativas de ganhos e o lucro cessante;

c) o resultado de cálculo efetuado mediante a operação de juros compostos; e

d) as áreas que não tenham prova de domínio inequívoco e anterior à criação da unidade.

Por fim, é importante registrar ser possível a desapropriação de áreas públicas para criação ou ampliação de unidades de conservação, bastando que isso seja efetuado pelo ente federado de maior abrangência em relação a ente de menor abrangência, aplicando-se o disposto no art. 2°, § 2°, do Decreto-lei n° 3.365/1941, devendo o ato ser precedido de autorização legislativa.

6.10 Reassentamento das populações tradicionais

Prevê a Lei n° 9.985/2000 que as populações tradicionais residentes em unidades de conservação nas quais sua permanência não seja permitida serão indenizadas ou compensadas pelas benfeitorias existentes e devidamente realocadas pelo Poder Público, em local e condições acordados entre as partes (art. 42). O Decreto nº 4.340/2002 esclarece que apenas as populações tradicionais residentes na unidade no momento da sua criação terão direito ao reassentamento (art. 36).

Enquanto não forem reassentadas, as condições de permanência das populações tradicionais em unidade de conservação de proteção integral (modalidade que não admite populações humanas residentes em seu interior) serão reguladas por termo de compromisso, negociado entre o órgão executor e as populações, ouvido o conselho da unidade de conservação (art. 39 do Decreto nº 4.340/2002).

7

Recursos hídricos

7.1 Dominialidade

Como já visto, a Constituição Federal estabeleceu que o meio ambiente é bem de uso comum do povo (art. 225, *caput*), ou seja, bem difuso, que pertence à coletividade presente e às futuras gerações, e que é essencial à sadia qualidade de vida. A água integra o meio ambiente (art. 3°, V, da Lei n° 6.938/1981), sendo essencial à vida, de modo que o acesso a ela constitui um direito fundamental. Diante da escassez, fruto da poluição, desperdício e esgotamento de nascentes pelo aquecimento global, é necessária à sua utilização racional, tanto que a Lei n° 11.445/2007 (Política Nacional de Saneamento Básico), prevê a adoção de medidas de fomento à moderação do consumo de água (art. 2°, XIII).

Para isso, o legislador normatizou a dominialidade pública dos recursos hídricos, não com a intenção de definir a propriedade, mas, sim, com a finalidade de fixar o ente titular para efetuar a sua adequada gestão e proteção. Assim, dizer que a água é bem de domínio público significa estabelecer um poder-dever de guarda e gestão, isto é, o poder de polícia estatal sobre este bem.

Nesse sentido, o texto constitucional prevê que os recursos hídricos podem ser de domínio da União ou dos Estados e do Distrito Federal. Os Municípios não possuem a titularidade de recursos hídricos, e não há que se falar em águas particulares no ordenamento brasileiro. Isso porque, segundo o art. 20, III, da CF, são bens da União "os lagos, rios e quaisquer correntes de água em terrenos de seu domínio, ou que banhem mais de um Estado, sirvam de limites com outros países, ou se estendam a território estrangeiro ou dele provenham, bem como os terrenos marginais e as praias fluviais". Com relação aos Estados, a Constituição Federal previu serem seus bens "as águas superficiais ou subterrâneas, fluentes, emergentes e em depósito, ressalvadas, neste caso, na forma da lei, as decorrentes de obras da União" (art. 26, I, da CF), o mesmo se aplicando ao Distrito Federal.

Embora as águas subterrâneas sejam bens dos Estados, o STJ faz uma interpretação restritiva, entendendo que "o Estado possui domínio das águas subterrâneas nos precisos termos do art. 20, III, da CF/1988, desde que não se trate de águas subterrâneas federais, isto é, sob terrenos de domínio da União, que banhem mais de um Estado ou sejam compartilhadas com outros países" (STJ, REsp nº 1.306.093).

7.2 Competências

A **competência legislativa** sobre águas é **privativa** da União (art. 22, IV, da CF), e a **competência material** (competência administrativa ou de implementação) é **comum** da União, dos Estados, do Distrito Federal e dos Municípios para acompanhar e fiscalizar as concessões de direitos de pesquisa e exploração de recursos hídricos em seus territórios (art. 23, XI, da CF). Lembre-se, ainda, ser também competência material de todos os entes proteger o meio ambiente e combater a poluição em qualquer de suas formas (art. 23, VI, da CF).

Há, todavia, uma competência material **exclusiva** da União: instituir o sistema nacional de gerenciamento de recursos hídricos e definir critérios de outorga de direitos de seu uso (art. 21, XIX, da CF).

7.3 Política Nacional de Recursos Hídricos (PNRH)

Cumprindo determinação constitucional, foi editada a Lei nº 9.433/1997, que institui a PNRH e cria o Sistema Nacional de Gerenciamento de Recursos Hídricos (SNGRH).

Nos termos do art. 1º da lei, a PNRH baseia-se nos seguintes **fundamentos**:

I – a água é um **bem de domínio público**;

II – a água é um recurso natural **limitado**, dotado de **valor econômico**;

III – em situações de escassez, o **uso prioritário** dos recursos hídricos é o consumo humano e a dessedentação de animais;

IV – a gestão dos recursos hídricos deve sempre proporcionar o **uso múltiplo das águas** [industrial, rural, residencial, transporte etc.];

V – a **bacia hidrográfica** é a unidade territorial para implementação da Política Nacional de Recursos Hídricos e atuação do Sistema Nacional de Gerenciamento de Recursos Hídricos;

VI – a gestão dos recursos hídricos deve ser descentralizada e contar com a participação do Poder Público, dos usuários e das comunidades [princípio da participação].

(grifos nossos)

Nos termos do art. 2°, são **objetivos** da PNRH:

I – assegurar à atual e às futuras gerações a necessária disponibilidade de água, em **padrões de qualidade** adequados aos respectivos usos [princípio da solidariedade intergeracional];

II – a **utilização racional e integrada** dos recursos hídricos, incluindo o transporte aquaviário, com vistas ao desenvolvimento sustentável;

III – a **prevenção** e a defesa contra eventos hidrológicos críticos de origem natural ou decorrentes do uso inadequado dos recursos naturais;

IV – incentivar e promover a captação, a preservação e o aproveitamento de águas pluviais. (grifos nossos)

As águas pluviais, aquelas que decorrem das chuvas, não estão sujeitas à outorga e à cobrança. A disciplina sobre elas é dada pelo CC (arts. 1.288 a 1.296), que permite a utilização pelo proprietário do prédio que as receba.

É importante destacar os instrumentos da PNRH, conforme o art. 5° da Lei n° 9.433/1997:

- ▣ Os Planos de Recursos Hídricos (arts. 6° a 8°).
- ▣ O enquadramento dos corpos de água em classes, segundo os usos preponderantes da água (arts. 9° e 10), o que foi feito pela Resolução Conama n° 357/2005.
- ▣ A outorga dos direitos de uso de recursos hídricos (arts. 11 a 18).
- ▣ A cobrança pelo uso de recursos hídricos (arts. 19 a 22).
- ▣ A compensação a municípios foi vetada (art. 24).
- ▣ O Sistema de Informações sobre Recursos Hídricos (arts. 25 a 27).

7.4 Outorga

Outorga é o ato administrativo ambiental que autoriza o uso da água de um corpo hídrico em local determinado, com vazão, volume e períodos definidos, assim como as finalidades de sua utilização. Tem como objetivos assegurar o controle quantitativo e qualitativo dos usos da água e o efetivo exercício dos direitos de acesso à água. Conforme o art. 18 da Lei nº 9.433/1997, a outorga não implica a alienação parcial das águas, que são inalienáveis, mas o simples direito de seu uso.

Estão sujeitos a outorga os direitos dos usos de recursos hídricos indicados no art. 12 da Lei nº 9.433/1997. No entanto, independem de outorga (art. 12, § 1º):

a) O uso para a satisfação das necessidades de **pequenos núcleos populacionais, no meio rural**.

b) As derivações, captações, lançamentos e acumulações de volumes de água considerados **insignificantes**.

A competência para outorgar é da União, dos Estados ou do Distrito Federal (art. 14, *caput*, da Lei nº 9.433/1997), conforme o domínio do corpo hídrico. Todavia, o Poder Executivo Federal poderá delegar aos demais a competência para conceder outorga de direito de uso de recurso hídrico de domínio da União. Nos rios federais, a Agência Nacional de Águas (ANA) é a entidade com competência para emitir a outorga, além de órgão de coordenação do SNGRH, conforme a Lei nº 9.984/2000. Nos rios estaduais e distritais, cabe à legislação local estabelecer o órgão competente.

Já a competência para estabelecer critérios gerais para outorga é do Conselho Nacional de Recursos Hídricos (art. 35, X, da Lei nº 9.433/1997).

O **prazo máximo da outorga** é de 35 anos, **renovável.**

As outorgas de direito de uso de recursos hídricos para concessionárias e autorizadas de serviços públicos e geração de energia hidrelétrica vigorarão por prazos coincidentes com os dos correspondentes contratos de concessão ou atos administrativos de autorização (art. 5º, § 4º, da Lei nº 9.984/2000).

Poderá ocorrer a suspensão da outorga, parcial ou totalmente, em definitivo ou por prazo determinado, diante de (art. 15 da Lei nº 9.433/1997):

> I – não cumprimento pelo outorgado dos termos da outorga;
>
> II – ausência de uso por três anos consecutivos;
>
> III – necessidade premente de água para atender a situações de calamidade, inclusive as decorrentes de condições climáticas adversas;
>
> IV – necessidade de se prevenir ou reverter grave degradação ambiental;
>
> V – necessidade de se atender a usos prioritários, de interesse coletivo, para os quais não se disponha de fontes alternativas;
>
> VI – necessidade de ser mantida a navegabilidade do corpo de água.

Por ser a água um recurso dotado de valor econômico e que precisa ter seu uso racionalizado, a **outorga é condicionada à cobrança** pelo uso do recurso hídrico, que se constitui instrumento econômico de gestão (art. 19 da Lei nº 9.433/1997), exemplo palpitante do já estudado princípio do usuário-pagador. Os valores arrecadados com a cobrança serão aplicados, prioritariamente, na bacia hidrográfica em que foram gerados.

Recursos hídricos   151

No caso de inadimplência do usuário no pagamento do serviço de fornecimento de água, o STJ admite sua interrupção, desde que condicionada ao prévio aviso (STJ, REsp n° 596.320). Por outro lado, com relação à cobrança de débitos relativos ao consumo de água de usuário anterior, o STJ entende que a responsabilidade por débito relativo ao consumo de água e serviço de esgoto é de quem efetivamente obteve a prestação do serviço, porque se trata de obrigação de natureza pessoal, não se caracterizando como obrigação propter rem, não cabendo assim responsabilizar o atual usuário por débito pretérito (STJ, AgRg no REsp n° 1.327.162).

Ainda com relação ao serviço de fornecimento de água, há que se destacar a obrigatoriedade de conexão do usuário urbano com a rede pública, caso esta exista, conforme o art. 45 da Lei n° 11.445/2007 (Política Nacional de Saneamento Básico). Interpretando esta lei, o STJ julgou válidas normas estaduais que disponham sobre tal obrigatoriedade, bem como sobre a vedação ao abastecimento por poço artesiano, ressalvada a hipótese de inexistência de rede pública de saneamento (STJ, REsp n° 1.306.093).

No que diz respeito ao valor pago pelo fornecimento da água, a Lei n° 11.445/2007 (art. 46) dispõe que, em situação crítica de escassez ou contaminação de recursos hídricos que obrigue ao racionamento, declarada pela autoridade gestora de recursos hídricos, o ente regulador poderá adotar mecanismos tarifários de contingência, com o objetivo de cobrir custos adicionais decorrentes, garantindo o equilíbrio financeiro da prestação do serviço e a gestão da demanda.

A Lei n° 9.984/2000 institui a figura da outorga preventiva de uso de recursos hídricos, que não confere direito de uso de recursos hídricos e se destina a reservar a vazão passível de outorga, possibilitando aos investidores o planejamento de empreendimentos que necessitem desses recursos (art. 6º, § 1º). Seu prazo de validade será fixado levando-se em conta a complexidade do planejamento do empreendimento, limitan-do-se ao máximo de três anos, findo o qual será observado o prazo de até dois anos para início da implantação do empreendimento objeto da outorga ou de até seis anos para conclusão da implantação deste (art. 6º, § 2º, c/c o art. 5º, I e II, ambos da Lei nº 9.984/2000).

A extinção da outorga, regulamentada pelo art. 25 da Resolução CNRH nº 16/2001 (Conselho Nacional de Recursos Hídricos) não confere qualquer direito de indenização ao usuário, e se dará nos casos de:

- Morte do usuário pessoa física, caso os herdeiros não requeiram a continuidade.
- Liquidação judicial ou extrajudicial do usuário pessoa jurídica.
- Término do prazo de validade da outorga sem pedido tempestivo de renovação.

7.5 Sistema de Informações sobre Recursos Hídricos

O Sistema de Informações sobre Recursos Hídricos é um sistema de coleta, tratamento, armazenamento e recuperação de informações sobre recursos hídricos e fatores intervenientes em sua gestão (art. 25 da Lei nº 9.433/1997). Os dados gerados pelos órgãos integrantes do SNGRH serão incorporados ao Sistema Nacional de Informações sobre Recursos Hídricos. Possui **princípios** básicos para o funcionamento do sistema (art. 26) e **objetivos** (art. 27).

Recursos hídricos **153**

7.6 Sistema Nacional de Gerenciamento de Recursos Hídricos

O SNGRH tem seus objetivos indicados no art. 32 da Lei n° 9.433/1997, destacando-se coordenar a gestão integrada das águas, implementar a PNRH e promover a cobrança pelo uso de recursos hídricos. O sistema é composto por (art. 33 da Lei n° 9.433/1997):

- CNRH.
- ANA (Lei n° 9.984/2000).
- Conselhos de Recursos Hídricos dos Estados e do Distrito Federal.
- Comitês de Bacia Hidrográfica.
- Órgãos dos Poderes Públicos federal, estaduais, do Distrito Federal e municipais cujas competências se relacionem com a gestão de recursos hídricos.
- Agências de Água.

7.7 Comitês de Bacia Hidrográfica

A bacia hidrográfica é a unidade territorial básica para a gestão dos recursos hídricos. Os Comitês de Bacia Hidrográfica são órgãos de caráter normativo, deliberativo e consultivo. Podem ser federais, estaduais ou distritais. A instituição de Comitê em rios de domínio da União será efetivada por ato do Presidente da República.

As funções dos Comitês de Bacia Hidrográfica são fixadas no art. 38 da Lei n° 9.433/1997, e sua composição, no art. 39.

7.8 Agências de água

As agências de água são órgãos de caráter executivo, tendo por atribuição implementar as deliberações dos respectivos Comitês de Bacia Hidrográfica, sendo parte integrante do Sistema Nacional de Gerenciamento dos Recursos Hídricos (SINGREH). Suas competências são elencadas no art. 44 da Lei n° 9.433/1997.

A ANA é uma autarquia sob regime especial, com autonomia administrativa e financeira, vinculada ao MMA, com a finalidade de implementar, em sua esfera de atribuições, a PNRH, integrando o SNGRH, tendo seu regime jurídico traçado pela Lei n° 9.984/2000.

A criação das agências de água é condicionada a dois requisitos (art. 43 da Lei n° 9.433/1997): 1°) prévia existência do respectivo ou respectivos Comitês de Bacia Hidrográfica; 2°) viabilidade financeira assegurada pela cobrança do uso dos recursos hídricos em sua área de atuação.

8

Patrimônio cultural

8.1 Introdução

O patrimônio cultural brasileiro é constituído por bens de **natureza material e imaterial**, tomados individualmente ou em conjunto, portadores de referência à identidade, à ação, à memória dos diferentes grupos formadores da sociedade brasileira. São bens que representam a cultura de um povo e que garantem sua sensação de pertencimento. Conforme a **enumeração exemplificativa** do art. 216 da CF, incluem-se nesses bens:

I – as formas de expressão;

II – os modos de criar, fazer e viver;

III – as criações científicas, artísticas e tecnológicas;

IV – as obras, objetos, documentos, edificações e demais espaços destinados às manifestações artístico-culturais;

V – os conjuntos urbanos e sítios de valor histórico, paisagístico, artístico, arqueológico, paleontológico, ecológico e científico.

A **cultura** abarca tudo o que é criado pelo homem. Envolve também entidades que, embora não decorram de criação humana, são consideradas pelo homem bens culturais, a exemplo de uma paisagem natural.

156 Direito Ambiental

A cultura integra o meio ambiente porque este envolve a interação de elementos naturais e artificiais que propiciam o desenvolvimento equilibrado da vida em todas as suas formas. Como a cultura é essencial para a qualidade de vida, ela constitui o meio ambiente. Em consequência, o mesmo regime de proteção ao meio ambiente natural é aplicado para a proteção do patrimônio cultural (meio ambiente cultural). Essa é uma das razões para o art. 6º, I, *c*, da Resolução Conama nº 1/1986, determinar que o estudo de impacto ambiental considere o meio socioeconômico no seu aspecto histórico-cultural.

Quanto à proteção do patrimônio cultural, é necessário **diferenciar a competência administrativa/material comum da competência legislativa concorrente**:

	Competência material comum	Competência legislativa concorrente
Dispositivo	Art. 23, III e IV, da CF + Art. 30, IX, da CF	Art. 24, VII, da CF + Art. 30, II, da CF
Entes	União, Estados, Distrito Federal e Municípios. As normas para a cooperação entre esses entes foram fixadas pela LC nº 140/2011.	União (apenas para normas gerais), Estados e Distrito Federal. Aos Municípios compete suplementar a legislação federal e a estadual no que couber.
Atos	Proteger os documentos, as obras e outros bens de valor histórico, artístico e cultural, os monumentos, as paisagens naturais notáveis e os sítios arqueológicos. Impedir a evasão, a destruição e a descaracterização de obras de arte e de outros bens de valor histórico, artístico ou cultural.	Proteção ao patrimônio histórico, cultural, artístico, turístico e paisagístico.

Na esfera federal, é relevante destacar o Instituto do Patrimônio Histórico e Artístico Nacional (IPHAN), autarquia criada em 1937, atualmente vinculada ao Ministério da Cidadania, e responsável pela preservação e divulgação do patrimônio material e imaterial do país. Sua normatização encontra-se na Lei n° 8.029/1990, regulamentada pelo Decreto n° 6.844/2009.

8.2 Princípios específicos da proteção do patrimônio cultural

Na medida em que a cultura também constitui o meio ambiente, toda base principiológica deste protege aquela. Além disso, há princípios específicos para a tutela do patrimônio cultural.

8.2.1 Princípio da proteção

Significa que a proteção ao patrimônio cultural é verdadeira obrigação imposta pelos arts. 23, III e IV, e 216, §§ 1° e 4°, ambos da CF, às pessoas públicas e privadas.

8.2.2 Princípio da intervenção estatal obrigatória

O Estado deve intervir na tutela do patrimônio cultural. Ademais, assegura-se a proibição da proteção insuficiente em relação ao meio ambiente cultural, de forma que, se o Poder Público atuar aquém do mínimo, sua conduta será inconstitucional.

8.2.3 Princípio da cooperação

Entre os entes federativos, deve existir cooperação para os fins da tutela do patrimônio cultural. Nesse tema, observa-se que a competência material/administrativa comum prevista no art. 23, III e IV, da CF, teve os seus critérios de cooperação estabelecidos pela LC n° 140/2011.

8.2.4 Princípio da função sociocultural da propriedade

Os proprietários de bens culturais não podem exercer o seu direito de propriedade de maneira ilimitada, de forma a causar danos aos referidos bens, uma vez que estes, submetidos a um regime jurídico próprio, são considerados bens de interesse público. Logo, os proprietários de bens culturais devem exercer o direito sobre eles não unicamente em seu próprio e exclusivo interesse, mas também em benefício da coletividade. Aliás, o cumprimento da função social legitima o exercício do direito de propriedade pelo titular.

8.2.5 Princípio da fruição coletiva

Nos termos do art. 215, *caput*, da CF, o Estado deve garantir a todos o pleno exercício dos direitos culturais e acesso às fontes da cultura nacional, bem como deve apoiar e incentivar a valorização e a difusão das manifestações culturais. Na medida em que os bens culturais são fontes de cultura, o acesso sobre eles deve ser assegurado à coletividade.

8.2.6 Princípio da prevenção de danos

Previsto especialmente no art. 216, § 4°, da CF ("Os danos e ameaças ao patrimônio cultural serão punidos, na forma da lei"), o princípio da prevenção ensina que, em primeiro lugar, se deve evitar o risco de dano; em segundo lugar, busca-se a reparação; apenas em terceiro lugar persegue-se a indenização. O art. 216, § 4°, da CF, que ordena ao legislador a punição

Patrimônio cultural   **159**

da mera ameaça de dano, constitui verdadeiro mandado (ou mandamento) constitucional de criminalização (objeto de estudo no capítulo desta obra que trata sobre a responsabilidade ambiental penal).

8.2.7 Princípio da responsabilização

Deve ser perseguida, sempre, a responsabilidade civil, administrativa e penal daquele que atenta contra o patrimônio cultural. Esse princípio tem esteio no art. 225, § 3°, da CF.

8.2.8 Princípio do equilíbrio

Visa ao desenvolvimento sustentável mediante a integração de políticas públicas de desenvolvimento econômico e social e de conservação do patrimônio cultural.

8.2.9 Princípio da participação popular

Para a tutela do meio ambiente cultural, afigura-se essencial a cooperação entre o Poder Público e a sociedade, por intermédio da participação dos diferentes grupos sociais na formulação e na execução da política de preservação dos bens culturais. O princípio sob estudo também justifica a realização de audiências públicas sobre o patrimônio cultural.

8.2.10 Princípio da funcionalidade compatível

Além do aspecto físico do patrimônio cultural material, deve ser assegurada uma função compatível a ele. Por exemplo, não há sentido na restauração de um prédio histórico se ele for utilizado para uma finalidade completamente divorciada da preservação do patrimônio cultural.

8.2.11 Princípio pró-monumento

Segundo este princípio, não se exige prévio tombamento ou registro do bem (que são meramente declaratórios) para ações de preservação de bens integrantes do patrimônio cultural. Esse princípio está expresso na Convenção da Unesco para a Proteção do Patrimônio Mundial, Cultural e Natural, assinada em Paris em 1972, e incorporada ao direito pátrio por força do Decreto nº 80.978/1977. Reza o art. 12 da Convenção: "O fato de que um bem do patrimônio cultural ou natural não haja sido incluído em uma ou outra das duas listas mencionadas nos §§ 2º e 4º do art. 11 não significará, em absoluto, que ele não tenha valor universal excepcional para fins distintos dos que resultam da inclusão nessas listas".

8.2.12 Princípio da preservação do sítio e proteção do entorno

Esse princípio consta da Carta de Veneza, fruto do II Congresso Internacional de Arquitetos e de Técnicos de Monumentos Históricos (1964), a qual prevê que o monumento é inseparável da história de que é testemunho e do meio em que se situa. Por isso, o deslocamento de todo o monumento ou de parte dele não pode ser tolerado, exceto quando a salvaguarda do monumento o exigir ou quando o justificarem razões de grande interesse nacional ou internacional (art. 7º). Além disso, os elementos de escultura, pintura ou decoração que são parte integrante do monumento não lhes podem ser retirados, a não ser que essa medida seja a única capaz de assegurar sua conservação (art. 8º).

A inserção do bem cultural e de todos os elementos que o integram, em seu contexto, sempre que possível, é decorrência de um de seus elementos: a função de testemunho, a capacidade que ele tem de se comunicar, silenciosamente, por sua simples presença em determinado contexto espacial. Não sem razão, a legislação brasileira protege o entorno do bem tombado (art. 18 do Decreto-lei nº 25/1937), obstruindo construções que lhe impeçam ou reduzam a visibilidade.

A **zona de entorno ou envoltória está intimamente relacionada à importância e qualidade do patrimônio cultural edificado** e, como um diafragma, cumpre uma função amortizadora e de complemento. Essa proteção ao entorno também restou contemplada pela Lei nº 6.513/1977, regulamentada pelo Decreto nº 86.176/1981, a qual disciplina as áreas especiais de interesse turístico, instituindo a possibilidade de definição de zonas de entorno que podem ser de duas espécies:

a) entorno de proteção: "espaço físico necessário ao acesso do público ao Local de Interesse Turístico e à sua conservação, manutenção e valorização"; e

b) entorno de ambientação: "o espaço físico necessário à harmonização do Local de Interesse Turístico com a paisagem em que se situa". O desrespeito a essas restrições poderá implicar a imposição de sanções previamente definidas no art. 24, inciso V, do mesmo diploma legal.

8.2.13 Princípio da valorização sustentável

A gestão cultural deve contemplar um marco temporal de longo prazo, não perdendo de vista a essencialidade do bem ou dos bens culturais (a função de testemunho para as presentes e futuras gerações) nem os moradores de sua área envoltória. Recomenda-se que o bem seja valorizado por meio de um processo que não venha a afrontar a essencialidade que lhe é própria. O interesse econômico de valorização não deve sobrepujar a preservação do bem.

8.2.14 Princípio da cidadania cultural

É o direito fundamental previsto no art. 215 da CF segundo o qual o Estado garantirá a todos o pleno exercício dos direitos culturais e o acesso às fontes da cultura nacional, e apoiará e incentivará a valorização e a difusão das manifestações culturais.

8.3 Plano Nacional de Cultura

O art. 215, § 3°, da CF (alterado pela EC n° 48/2005), prevê que lei estabelecerá o Plano Nacional de Cultura, o qual deve visar ao desenvolvimento cultural do país e à integração das ações do poder público para a defesa e valorização do patrimônio cultural brasileiro.

A Lei n° 12.343/2010 aprovou o Plano Nacional de Cultura, com **duração de 10 anos** e sujeito à **revisão periódica**. O art. 1° dessa lei enumera os **princípios do Plano Nacional de Cultura**, enquanto o art. 2° da Lei n° 12.343/2010 estabelece os **objetivos do Plano Nacional de Cultura**.

8.4 Sistema Nacional de Cultura

Segundo o art. 216-A da CF (alterado pela EC n° 71/2012), o Sistema Nacional de Cultura é organizado em regime de colaboração, de forma descentralizada e participativa. Ele institui um processo de gestão e promoção conjunta de políticas públicas de cultura, democráticas e permanentes, pactuadas entre os entes da Federação e a sociedade, tendo por objetivo promover o desenvolvimento humano, social e econômico com pleno exercício dos direitos culturais. Os princípios do sistema são enumerados no § 1° do art. 216, destacando-se a diversidade das expressões culturais.

A relação entre o Sistema Nacional de Cultura e o Plano Nacional de Cultura é íntima: aquele fundamenta-se na política nacional de cultura e nas suas diretrizes estabelecidas no Plano Nacional de Cultura.

Enquanto a lei federal deve dispor sobre a regulamentação do Sistema Nacional de Cultura, bem como de sua articulação com os demais sistemas nacionais ou políticas setoriais de governo, os Estados, o Distrito Federal e os Municípios organizarão seus respectivos sistemas de cultura em leis próprias.

8.5 Tipos de bens culturais

8.5.1 Bens culturais materiais e imateriais

Os bens culturais podem ser de natureza material (tangível) ou imaterial (intangível). São bens culturais imateriais as "formas de expressão" e os "modos de criar, fazer e viver", previstos no art. 216, I e II, da CF, respectivamente.

Um exemplo de bem cultural imaterial é o "Modo Artesanal de Fazer Queijo de Minas, nas Regiões do Serro e das Serras da Canastra e do Salitre", objeto de registro no Livro dos Saberes.

O art. 216, III, IV e V, da CF apresenta bens culturais materiais, ou seja, que são tangíveis: as "criações científicas, artísticas e tecnológicas"; as "obras, objetos, documentos, edificações e demais espaços destinados às manifestações artístico-culturais"; e os "conjuntos urbanos e sítios de valor histórico, paisagístico, artístico, arqueológico, paleontológico, ecológico e científico".

164 Direito Ambiental

Um exemplo de bem cultural material é o conjunto arquitetônico e urbanístico de Ouro Preto/MG, objeto de tombamento.

8.5.2 Patrimônio arqueológico ou pré-histórico

Não obstante os sítios arqueológicos ou pré-históricos sejam **bens da União** (art. 20, X, da CF), é **competência comum** da União, dos Estados, do Distrito Federal e dos Municípios protegê-los (art. 23, III, da CF).

Nos termos do art. 2º da Lei nº 3.924/1961, consideram-se **monumentos arqueológicos ou pré-históricos**:

a) as jazidas de qualquer natureza, origem ou finalidade que representem testemunhos de cultura dos paleoameríndios do Brasil;

b) os sítios nos quais se encontram vestígios positivos de ocupação pelos paleoameríndios;

c) os sítios identificados como cemitérios, sepulturas ou locais de pouso prolongado ou de aldeamento, "estações" e "cerâmicos", nos quais se encontram vestígios humanos de interesse arqueológico ou paleoetnográfico;

d) as inscrições rupestres ou locais como sulcos de polimentos de utensílios e outros vestígios de atividade de paleoameríndios.

Já conforme o art. 3º da Lei nº 3.924/1961, são proibidos, em todo o território nacional, o aproveitamento econômico, a destruição ou mutilação, para qualquer fim, das jazidas arqueológicas ou pré-históricas, antes de serem devidamente pesquisadas, respeitadas as concessões anteriores e não caducas.

A proteção aos bens arqueológicos é instituída automaticamente pela própria lei (*ex lege*), sendo desnecessária a utilização de outro instrumento, a exemplo do tombamento.

8.5.3 Patrimônio paleontológico

A paleontologia é o ramo da ciência que estuda os fósseis. Sítio paleontológico é o local onde se encontram fósseis. Por sua vez, fóssil é definido como "resto, vestígio ou resultado da atividade de organismo que tenha mais de 11 mil anos ou, no caso de organismo extinto, sem limite de idade, preservados em sistemas naturais, tais como rochas, sedimentos, solos, cavidades, âmbar, gelo e outros, e que sejam destinados a Museus, Estabelecimentos de Ensino e outros fins científicos", conforme o art. 297, I, da Portaria DNPM n° 155/2016.

Como o fóssil diz respeito a um registro de vida que se preservou graças a um processo de mineralização, os sítios fossilíferos (paleontológicos) podem ser enquadrados no art. 20, IX, da CF. São, portanto, **bens da União**, tais quais os sítios arqueológicos. Aliás, os depósitos fossilíferos são considerados bens da União, pelo art. 1° do Decreto-lei n° 4.146/1942.

A tutela do patrimônio paleontológico compete à Agência Nacional de Mineração, que foi criada pela Lei n° 13.575/2017 em substituição ao extinto Departamento Nacional de Produção Mineral. Compete à Agência Nacional de Mineração "normatizar, orientar e fiscalizar a extração e coleta de *espécimes fósseis* a que se refere o inciso III do *caput* do art. 10 do Decreto-lei n° 227, de 28 de fevereiro de 1967 (Código de Mineração), e o Decreto-lei n° 4.146, de 4 de março de 1942, e adotar medidas para promoção de sua preservação", conforme o art. 2°, XIII, da Lei n° 13.575/2017.

166 Direito Ambiental

Essa competência deu origem à Portaria DPNM nº 155/2016, que estabelece procedimentos para a extração de fóssil ("coleta de qualquer fóssil encontrado na superfície, no subsolo, nas cavidades naturais ou nos meios aquáticos, com uso ou não de ferramenta, para fins científicos ou didáticos, sem finalidade econômica") e para o salvamento paleontológico ("coleta exaustiva de fóssil do local de ocorrência de modo a mitigar o risco iminente de destruição ou dano irreversível, incluindo, também, as medidas que se fizerem necessárias para sua curadoria científica").

Nota-se, assim, que o IPHAN não intervém na tutela do patrimônio paleontológico, porque sua exploração depende de autorização da Agência Nacional de Mineração.

Sendo os fósseis considerados bens da União, sua exploração e comércio ilegais tipificam o **crime previsto no art. 2º da Lei nº 8.176/1991**.

8.5.4 Patrimônio espeleológico

A espeleologia envolve o estudo da formação e constituição de grutas e cavernas naturais, **bens da União** (art. 20, X, da CF).

Conforme o art. 1º, parágrafo único, do Decreto nº 99.556/1990, que disciplina a matéria, entende-se por cavidade natural subterrânea todo e qualquer espaço subterrâneo acessível pelo ser humano, com ou sem abertura identificada, popularmente conhecido como caverna, gruta, lapa, toca, abismo, furna ou buraco, incluindo seu ambiente, conteúdo mineral e hídrico, a fauna e a flora ali encontrados e o corpo rochoso onde os mesmos se inserem, desde que tenham sido formados por processos naturais, independentemente de suas dimensões ou tipo de rocha encaixante.

A cavidade natural subterrânea será classificada de acordo com seu grau de relevância em máximo, alto, médio ou baixo, determinado pela análise de atributos ecológicos, biológicos, geológicos, hidrológicos, paleontológicos, cênicos, histórico-culturais e socioeconômicos, avaliados sob enfoque regional e local. O nível de tutela depende do grau da cavidade natural subterrânea, conforme as normas previstas no Decreto n° 99.556/1990.

Cabe à União, por intermédio do **Ibama** e do **ICMBio**, aos Estados, ao Distrito Federal e aos Municípios, no exercício da competência comum a que se refere o art. 23 da CF, preservar, conservar, fiscalizar e controlar o uso do patrimônio espeleológico brasileiro, bem como fomentar levantamentos, estudos e pesquisas que possibilitem ampliar o conhecimento sobre as cavidades naturais subterrâneas existentes no território nacional.

A proteção do patrimônio espeleológico também é disciplinada pela Resolução Conama n° 374/2004, que exige licenciamento ambiental para localização, construção, instalação, ampliação, modificação e operação de empreendimentos e atividades, considerados efetiva ou potencialmente poluidores ou degradadores do patrimônio espeleológico ou de sua área de influência. Tratando-se de cavidade natural subterrânea (art. 2°, II, da Resolução Conama n° 374/2004) ou de sua área de influência, o processo de licenciamento ambiental depende de anuência prévia do Ibama.

8.6 Formas específicas de tutela do patrimônio cultural

A proteção do patrimônio cultural sucede nas esferas civil, penal e administrativa.

Na **esfera civil**, a proteção dos bens culturais costuma ocorrer mediante a ação civil pública, regulamentada pela Lei n° 7.347/1985, especialmente com base no art. 1° dessa lei. Também, a tutela do patrimônio cultural pode se dar mediante ação popular, disciplinada na Lei n° 4.717/1965.

Na **esfera penal**, a proteção dos bens culturais ocorre mediante a tipificação de crimes. Sobre essa questão, remete-se o leitor à seção desta obra que trata da responsabilidade ambiental penal.

Na **esfera administrativa**, inexiste consenso doutrinário sobre a aplicabilidade das sanções administrativas previstas nos arts. 70 e 72, ambos da Lei n° 9.605/1998, às violações ao patrimônio cultural. Parte da doutrina sustenta esse cabimento, porque os bens culturais integram o meio ambiente. Além disso, esses autores arrimam-se no Decreto n° 6.514/2008, que prevê, nos seus arts. 72 a 75, infrações contra o ordenamento urbano e o *patrimônio cultural*. Para o estudo sobre as infrações administrativas, remete-se o leitor ao capítulo desta obra que trata da responsabilidade ambiental administrativa.

Ainda quanto à tutela dos bens culturais, o Poder Público, segundo o art. 216, § 1°, da CF, promoverá e protegerá o patrimônio cultural brasileiro, por meio de inventários, registros, vigilância, tombamento e desapropriação, e de outras formas de acautelamento e preservação. Trata-se de **enumeração exemplificativa**, porque *outras formas* são admitidas. Mencionam-se como exemplos dessas outras formas a "chancela da paisagem natura", prevista pela Portaria IPHAN n° 127/2009, e a "Lista do Patrimônio Cultural Ferroviário", estabelecido pela Portaria IPHAN n° 407/2010, que regulamentou o art. 9° da Lei n° 11.483/2007. Uma outra forma de tutela consiste na área de proteção ambiental cultural ("APA Cultural"), prevista no art. 15, *caput*, da Lei n° 9.985/2000

("A Área de Proteção Ambiental é uma área em geral extensa, com um certo grau de ocupação humana, dotada de atributos abióticos, bióticos, *estéticos ou culturais* especialmente importantes para a qualidade de vida e o bem-estar das populações humanas, e tem como objetivos básicos proteger a diversidade biológica, disciplinar o processo de ocupação e assegurar a sustentabilidade do uso dos recursos naturais").

Passa-se ao estudo específico dos institutos mencionados no art. 216, § 1º, da CF.

8.6.1 Inventário

O inventário consiste no instrumento de tutela pelo qual os **bens culturais materiais e imateriais** são identificados, classificados e listados. Ao final, a lista decorrente do inventário dispõe sobre os bens culturais, segundo sua identificação e classificação.

O inventário ainda não foi regulamentado na esfera federal. Não obstante, o IPHAN já o utiliza. Menciona-se, de exemplo, o inventário de bens móveis e integrados do Palácio do Itamaraty, em Brasília, que concluiu que ele abriga um acervo de 87 pinturas, 92 gravuras, 7 desenhos, 18 esculturas, 2 bustos, 65 tapetes orientais, 12 peças de arte sacra e 34 peças de prata históricas, além de 670 peças de mobiliário moderno e histórico.

Faz-se referência também ao Inventário Nacional de Referência Cultural (INRC), feito pelo IPHAN e regulamentado pela Instrução Normativa nº 1/2009. Ele se dedica a abordagem e valorização dos bens como portadores de referência cultural, contemplando com esse enfoque tanto os bens de natureza imaterial como material.

A inclusão de determinado bem no inventário pode vir com a recomendação para que ele seja objeto de registro, tombamento e até mesmo desapropriação.

A doutrina apresenta a seguinte **classificação do inventário**:

a) inventários de identificação: para um primeiro conhecimento dos bens culturais, devendo coletar dados básicos como a localização, o proprietário, a época de construção e fotografar os bens;

b) inventários de proteção: devem reunir os dados necessários à tomada de decisões sobre a proteção dos bens; e

c) inventários científicos: para levantar e produzir informações necessárias a um conhecimento profundo para a identificação dos valores a serem preservados, visando orientar obras de conservação e restauração.

Quando o bem inventariado tem proprietário determinado, o inventário não afeta a propriedade do bem, porque o proprietário mantém hígido o seu poder de disposição sobre ele.

8.6.2 Registro

O registro, regulamentado pelo Decreto nº 3.551/2000 e pela Resolução IPHAN nº 1/2006, consiste no instrumento de tutela pelo qual os **bens imateriais** são inscritos em um dos quatro seguintes livros, sem prejuízo da possibilidade da abertura de outros livros que se façam necessários:

■ Livro de Registro dos Saberes, onde serão inscritos conhecimentos e modos de fazer enraizados no cotidiano das comunidades.

- Livro de Registro das Celebrações, onde serão inscritos rituais e festas que marcam a vivência coletiva do trabalho, da religiosidade, do entretenimento e de outras práticas da vida social.
- Livro de Registro das Formas de Expressão, onde serão inscritas manifestações literárias, musicais, plásticas, cênicas e lúdicas.
- Livro de Registro dos Lugares, onde serão inscritos mercados, feiras, santuários, praças e demais espaços onde se concentram e reproduzem práticas culturais coletivas.

A inscrição em um dos livros de registro terá sempre como referência a continuidade histórica do bem e sua relevância nacional para a memória, a identidade e a formação da sociedade brasileira. É o ato de registrar que evidencia o valor cultural do bem imaterial.

Menciona-se, como exemplo, o modo de fazer rede irlandesa, em Sergipe, que foi registrado no Livro dos Saberes.

Têm **legitimidade** para provocar a instauração do processo de registro: o Ministro de Estado da Cultura; as instituições vinculadas ao Ministério da Cultura; as Secretarias de Estado, de Município e do Distrito Federal; e as sociedades ou associações civis.

Os pedidos de registro, acompanhados da sua documentação, são dirigidos ao IPHAN. Se a decisão deste for positiva quanto ao registro, o bem será inscrito no livro correspondente e receberá o título de "Patrimônio Cultural do Brasil".

Ao bem registrado, o Ministério da Cultura deve assegurar, além da ampla divulgação e promoção, documentação por todos os meios técnicos admitidos, cabendo ao IPHAN manter banco de dados com o material produzido durante a instrução do processo.

O registro está submetido à cláusula *rebus sic stantibus*. Logo, ele tem natureza precária, pois depende de **reavaliação** para ser mantido. Pelo art. 7° do Decreto n° 3.551/2000, o IPHAN fará a reavaliação dos bens culturais registrados, pelo menos a cada dez anos, e a encaminhará ao Conselho Consultivo do Patrimônio Cultural para decidir sobre a revalidação do título de "Patrimônio Cultural do Brasil". Se for negada a revalidação, será mantido apenas o registro, como referência cultural de seu tempo. O procedimento de reavaliação é disciplinado pela Resolução IPHAN n° 5/2019.

O registro não limita eventual direito de propriedade sobre o bem imaterial inscrito em um dos quatro livros já mencionados.

8.6.3 Vigilância

A vigilância designa o cuidado com o bem protegido, ínsito ao poder de polícia estatal. Decorre do princípio específico da intervenção estatal obrigatório, já estudado anteriormente.

Quanto aos bens tomados, o instituto da vigilância tem previsão expressa no art. 20 do Decreto-lei n° 25/1937:

> As coisas tombadas ficam sujeitas à vigilância permanente do Serviço do Patrimônio Histórico e Artístico Nacional [atualmente, o IPHAN], que poderá inspecioná-los sempre que for julgado conveniente, não podendo os respectivos proprietários ou responsáveis criar obstáculos à inspeção, sob pena de multa de cem mil réis, elevada ao dobro em caso de reincidência.

A vigilância não limita o direito de propriedade sobre o bem vigiado.

Patrimônio cultural **173**

8.6.4 Tombamento

8.6.4.1 Definição

O tombamento consiste na intervenção estatal sobre a propriedade de determinado **bem material** que limita, mas não elimina, o poder de uso, gozo e disposição que o proprietário exerce em relação à coisa. "Tombar significa preservar, acautelar, preservar [sic], sem que importe o ato em transferência da propriedade, como ocorre na desapropriação" (STJ, RMS n° 18.952).

Pelo tombamento, ocorre a afetação do bem a uma finalidade de interesse público, o que justifica a limitação do direito do proprietário. O tombamento tem **efeitos declaratórios**, já que ele apenas reconhece o valor cultural preexistente do bem. Parte da doutrina também entrevê, no tombamento, **efeitos constitutivos**, quando são criadas obrigações para o Poder Público, o proprietário e até vizinhos no sentido da conservação do bem tombado.

Regulamentado pelo Decreto-lei n° 25/1937, o tombamento sucede mediante a inscrição do bem em um dos seguintes livros:

- Livro do Tombo Arqueológico, Etnográfico e Paisagístico, para as coisas pertencentes às categorias de arte arqueológica, etnográfica, ameríndia e popular, e bem assim os monumentos naturais, os sítios e paisagens cuja conservação e proteção importem pela feição notável com que tenham sido dotados pela natureza ou agenciados pela indústria humana.
- Livro do Tombo Histórico, para as coisas de interesse histórico e as obras de arte históricas.

- Livro do Tombo das Belas Artes, para as coisas de arte erudita, nacional ou estrangeira.
- Livro do Tombo das Artes Aplicadas, para as obras que se incluírem na categoria das artes aplicadas, nacionais ou estrangeiras.

8.6.4.2 Competência

A **competência legislativa** para a tutela do patrimônio cultural é **concorrente**, na forma dos arts. 24, VII, e 30, I e II, ambos da CF.

A **competência administrativa/material** para instituir o tombamento é **comum**, na forma do art. 23, III e IV, da CF. "A Constituição Federal de 88 outorga a todas as pessoas jurídicas de Direito Público a competência para o tombamento de bens de valor histórico e artístico nacional" (STJ, RMS n° 18.952). Logo, a União, os Estados, o Distrito Federal e os Municípios podem tombar bens. Inclusive, observada a autonomia de cada ente federativo, o mesmo bem pode ser tombado por mais de um ente.

8.6.4.3 Natureza jurídica e indenizabilidade do tombamento

Há dissenso doutrinário sobre a natureza jurídica do tombamento. Para uns, trata-se de **limitação administrativa** sobre a propriedade, já que o tombamento é um ato concreto e individualizado que incide sobre um bem (ex.: sítio histórico da Praça da Alfândega, em Porto Alegre/RS) ou sobre uma coletividade determinada (ex.: conjunto urbanístico de Brasília/DF decorrente do Plano Piloto).

Para outros, trata-se de **servidão administrativa** que envolve o direito real de uso sobre a propriedade alheia. Restringe-se o uso da propriedade privada em nome do interesse público.

Como o tombamento, geralmente, não elimina o direito de propriedade sobre o bem tombado, ele não caracteriza **desapropriação indireta**, tampouco justifica o pagamento de indenização ao proprietário do bem tombado. Dependendo do caso concreto, no entanto, se as restrições decorrentes do tombamento foram muito intensas, o proprietário afetado pode ter direito à **indenização** (STJ, REsp nº 1.129.103).

8.6.4.4 Espécies de tombamento

O tombamento pode ser provisório ou definitivo. O **tombamento provisório** tem natureza de medida **cautelar administrativa** e, marcado pela sua precariedade, serve para, ao preservar o bem a ser tombado, garantir a eficácia e a utilidade do futuro tombamento. "O tombamento provisório consubstancia medida precária e acautelatória de preservação do bem até a conclusão dos pareces técnicos e da inscrição deste no livro de tombo" (STJ, REsp nº 1.584.614).

Segundo o art. 10, parágrafo único, do Decreto-lei nº 25/1937, o tombamento provisório equipara-se ao definitivo para todos os efeitos, à exceção da transcrição no livro a cargo dos oficiais do registro de imóveis e averbação ao lado da transcrição do domínio, providências que somente são realizadas no tombamento definitivo. Logo, todas as limitações e obrigações decorrentes do tombamento definitivo, que serão vistas mais abaixo, são aplicáveis ao tombamento provisório. Exemplificativamente, a partir do tombamento provisório, o proprietário não pode mais destruir, demolir ou mutilar o bem; se ele pudesse destruir o bem antes do tombamento definitivo, sucederia a perda do objeto deste. O STJ analisou bem a questão: "O valor cultural pertencente ao bem é anterior ao próprio tombamento. A diferença é que, não existindo qualquer ato do Poder Público formalizando a necessidade de protegê-lo, descaberia responsabilizar o particular pela não conservação do patrimônio. O tombamento provisório, portanto, serve justamente como um reconhecimento público da valoração inerente ao bem" (STJ, REsp nº 753.534).

O **tombamento definitivo** verifica-se quando ocorre a inscrição do bem em um dos livros do tombo.

Atente-se: enquanto o tombamento provisório nasce com a notificação do proprietário, o tombamento definitivo sucede com a inscrição do bem no livro do tombo.

Por outro lado, o tombamento pode ser voluntário ou compulsório, tendo em consideração a pessoa natural ou a pessoa jurídica de direito privado como proprietária do bem. No **tombamento voluntário**:

a) o proprietário do bem pede que a coisa seja tombada; ou

b) o proprietário anui, por escrito, à notificação, que se lhe fizer, para a inscrição da coisa em qualquer dos livros do tombo.

No **tombamento compulsório**, o proprietário recusa-se a anuir à inscrição da coisa em um dos livros do tombo. Nessa hipótese, segue-se o procedimento administrativo para a instituição do tombamento, garantindo-se o contraditório ao proprietário.

Também existe o **tombamento de ofício**, previsto no art. 5º do Decreto-lei nº 25/1937: "O tombamento dos bens pertencentes à União, aos Estados e aos Municípios se fará de ofício, por ordem do diretor do Serviço do Patrimônio Histórico e Artístico Nacional, mas deverá ser notificado à entidade a quem pertencer, ou sob cuja guarda estiver a coisa tombada, afim de produzir os necessários efeitos". Se o bem pertencer a ente diverso do que pretende o tombamento, deve ser instaurado um procedimento que assegure o contraditório ao ente que será afetado. Ademais, inexiste hierarquia entre os entes federativos, de modo que um Estado pode providenciar o tombamento de um bem pertencente à União. Por exemplo, o STF reconheceu a validade da Lei do Estado do Mato Grosso do Sul n° 1.526/1994, que promoveu o tombamento de um bem de propriedade do Exército brasileiro (STF, AGREG na ACO n° 1.208). Em outro exemplo, o STJ reconheceu a validade de decreto municipal que determinou o tombamento de bem pertencente ao Estado (STJ, ROMS n° 18.952).

Por outra classificação, o tombamento pode ser individual ou coletivo. No **tombamento individual**, um bem, isoladamente considerado, é inscrito em um dos livros do tombo. De exemplo, menciona-se o Palácio do Catetinho, em Brasília/DF, que foi tombado. No **tombamento coletivo**, vários bens, mesmo que não individualizados, são tombados, como ocorre em relação ao conjunto arquitetônico e urbanístico da cidade de Tiradentes/MG.

O tombamento provisório é constituído pela notificação do proprietário, e o tombamento definitivo, pela inscrição do bem no livro do tombo, conforme o art. 10 do Decreto-lei n° 25/1937. Não obstante, para os bens imóveis, é necessário o registro do tombamento no Registro de Imóveis; para os bens móveis, é necessário o registro do tombamento no Registro de Títulos e Documentos. Frisa-se que esse registro não é constitutivo do tombamento; ele é apenas exigível para fins de publicidade.

178 Direito Ambiental

8.6.4.5 Limitações decorrentes do tombamento

Desde o tombamento provisório ou definitivo, as coisas tombadas não poderão ser **destruídas**, demolidas ou mutiladas, nem, sem prévia autorização especial do IPHAN, ser **reparadas**, pintadas ou restauradas, sob pena de multa equivalente a 50% sobre o valor do dano causado.

Observada a necessidade de autorização do IPHAN, é obrigação do proprietário da coisa tombada proceder às obras que visem à sua **conservação** e **reparação**, às suas expensas. Caso o proprietário não disponha de recursos suficientes para tanto, ele deverá comunicar o IPHAN, sob pena de multa equivalente ao dobro do valor que for atribuído ao dano decorrente da sua omissão. Já o IPHAN, ao receber essa comunicação de insuficiência de recursos por parte do proprietário, tem duas alternativas:

a) mandar executar as obras que forem consideradas necessárias, as quais deverão ser iniciadas no prazo de seis meses; ou

b) providenciar para que seja feita a desapropriação da coisa tombada.

Se o IPHAN restar inerte e não adotar nenhuma dessas duas providências, o proprietário pode requerer que seja cancelado o tombamento da coisa, o que se denomina **destombamento**. Para o STJ:

> Inexistência da obrigação de a União realizar obras de conservação do imóvel tombado, salvo se esse for desapropriado. Consoante dispõe a Lei (Decreto-lei nº 25/1937), ocorrendo o tombamento, o bem a este submetido adquire regime jurídico *sui generis*, permanecendo o respectivo proprietário na condição de administrador, in-

cumbindo-lhe o ônus da conservação da coisa tombada, o Estado só assume esse encargo quando o proprietário, por ausência de meios, não possa efetivar a conservação. Não arcando a entidade de Direito Público com a execução das obras necessárias à conservação do bem, e não ocorrendo a desapropriação, cabe, ao proprietário, requerer que seja cancelado o tombamento da coisa (STJ, REsp nº 25.371).

O tombamento também repercute sobre os que não são proprietários. Nos termos do art. 18 do Decreto-lei nº 25/1937, sem prévia autorização do IPHAN, não se poderá, na **vizinhança da coisa tombada**, fazer construção que lhe impeça ou reduza a visibilidade, nem nela colocar anúncios ou cartazes, sob pena de ser mandado destruir a obra ou retirar o objeto, impondo-se multa de 50% sobre o valor do mesmo objeto.

Em se tratando de coisas tombadas de propriedade da União, dos Estados, do Distrito Federal e dos Municípios, elas são inalienáveis por natureza e somente poderão ser transferidas de um ente federativo a outro.

Quanto às coisas móveis objeto de tombamento, elas não poderão sair do país, senão por curto prazo, sem transferência de domínio e para fim de intercâmbio cultural, a juízo do IPHAN. Tentada a exportação da coisa tombada para fora do país, ela deve ser sequestrada pela União ou pelo Estado em que se encontrar, nos termos do art. 15 do Decreto-lei nº 25/1937.

8.6.4.6 Formas de instituição do tombamento

De regra, o tombamento é instituído mediante **ato administrativo** da União, dos Estados, do Distrito Federal e dos Municípios, na forma do Decreto-lei nº 25/1937 e das legislações estaduais e municipais eventualmente existentes. Segue-se, portanto, o processo administrativo para a sua instituição.

Admite-se também que o tombamento seja instituído por lei. Retoma-se aqui o julgado do STF, pelo qual ele reconheceu a validade da Lei do Estado do Mato Grosso do Sul nº 1.526/1994, que promoveu o tombamento de um bem de propriedade do Exército brasileiro (STF, AGREG na ACO nº 1.208). A título de outro exemplo, menciona-se o tombamento promovido pelo art. 1º da Lei nº 10.413/2002: "Os bens culturais móveis e imóveis, assim definidos no art. 1º do Decreto-lei nº 25, de 30 de novembro de 1937, serão tombados e desincorporados do patrimônio das empresas incluídas no Programa Nacional de Desestatização de que trata a Lei nº 9.491, de 9 de setembro de 1997, passando a integrar o acervo histórico e artístico da União".

O próprio poder constituinte originário, por intermédio do art. 216, § 5º, da CF, promoveu o tombamento de "todos os documentos e os sítios detentores de reminiscências históricas dos antigos quilombos".

Aceita-se, outrossim, o tombamento instituído pelo Poder Judiciário. Nesse caso, o tombamento costuma ser providência postulada em sede de ação civil pública ajuizada pelo Ministério Público, que pede a condenação da parte ré à instituição do tombamento e à adoção de medidas de conservação do bem.

8.6.5 Desapropriação

O art. 5º, XXIV, da CF dispõe que a lei estabelecerá o procedimento para desapropriação por necessidade ou utilidade pública, ou por interesse social, mediante justa e prévia indenização em dinheiro.

O Decreto-lei n° 3.365/1941 dispõe sobre a desapropriação por utilidade pública. O art. 5° desse decreto-lei prevê duas hipóteses de desapropriação por utilidade pública que se relacionam à tutela do patrimônio cultural: a) a preservação e conservação dos monumentos históricos e artísticos, isolados ou integrados em conjuntos urbanos ou rurais, bem como as medidas necessárias a manter-lhes e realçar-lhes os aspectos mais valiosos ou característicos e, ainda, a proteção de paisagens e locais particularmente dotados pela natureza; e b) a preservação e a conservação adequada de arquivos, documentos e outros bens móveis de valor histórico ou artístico. Por esses dois motivos, é possível que o Poder Público, inclusive por intermédio de concessionários de serviços públicos, de estabelecimento de caráter público e de estabelecimentos que exerçam funções delegadas, promova a desapropriação, mediante justa e prévia indenização em dinheiro.

Segundo o art. 2°, § 2°, do Decreto-lei n° 3.365/1941, há uma ordem hierárquica quando a desapropriação envolve bens públicos: "Os bens do domínio dos Estados, Municípios, Distrito Federal e Territórios poderão ser desapropriados pela União, e os dos Municípios pelos Estados, mas, em qualquer caso, ao ato deverá preceder autorização legislativa". A primazia conferida à União e, em relação aos Municípios, aos Estados, é criticada pela doutrina, sob o argumento da igualdade que deve imperar entre os entes federativos.

Conforme já visto, o art. 19, § 1°, do Decreto-lei n° 25/1937 admite que o bem tombado seja desapropriado se o seu proprietário não proporcionar a preservação e a conservação da coisa.

Os procedimentos administrativos da desapropriação estão previstos no Decreto-lei n° 3.365/1941, para o qual se remete o leitor.

8.6.6 Quadro comparativo

Inventário	Registro	Tombamento	Desapropriação
Bens materiais e imateriais	Bens imateriais	Bens materiais	Bens materiais
Não limita a propriedade	Não limita a propriedade	Pode limitar a propriedade	Extingue a propriedade

8.6.7 Terras de remanescentes de quilombos

A Constituição Federal de 1988 trouxe dois institutos que visam à proteção do meio ambiente cultural relacionado às populações descendentes dos antigos quilombos.

Em primeiro lugar, determinou o **tombamento** de "todos os documentos e os sítios detentores de reminiscências históricas dos antigos quilombos" (art. 216, § 5°). Assim, protege-se o patrimônio cultural brasileiro, visto que se trata de importante grupo participante do processo civilizatório nacional.

Em segundo lugar, garantiu a **propriedade coletiva das terras** às comunidades quilombolas, ao dispor que "Aos remanescentes das comunidades dos quilombos que estejam ocupando suas terras é reconhecida a propriedade definitiva, devendo o Estado emitir-lhes os títulos respectivos" (art. 68 do Ato das Disposições Constitucionais Transitórias – ADCT).

Esse reconhecimento da propriedade das terras consiste na declaração pelo Poder Público da propriedade **coletiva** da terra, emitindo-se título em nome da comunidade quilombola, a constar do registro de imóveis. O procedimento para identificação, reconhecimento, delimitação, demarcação e titulação das terras é regulamentado pelo Decreto n° 4.887/2003.

Para definição das terras quilombolas, o decreto considera remanescentes das comunidades dos quilombos os gru-

Patrimônio cultural   183

pos étnico-raciais, segundo critérios de **autoatribuição**, com trajetória histórica própria, dotados de relações territoriais específicas, com presunção de ancestralidade negra relacionada com a resistência à opressão histórica sofrida (art. 2°, *caput*) e suas terras aquelas "ocupadas por remanescentes das comunidades dos quilombos as utilizadas para a garantia de sua reprodução física, social, econômica e cultural" (art. 2°, § 2°).

O STF declarou a validade do Decreto n° 4.887/2003, ao julgar improcedente a ação direta de inconstitucionalidade (ADI n° 3.239). A ação alegava a existência de diversas inconstitucionalidades no decreto, em especial o critério de autoatribuição (autodefinição) nele fixado (art. 2°, *caput*, e § 1°) para identificar os remanescentes dos quilombos e a caracterização das terras a serem reconhecidas a essas comunidades (art. 2°, §§ 2° e 3°). O STF entendeu que o decreto não invadiu esfera reservada à lei, e que o objetivo da norma foi tão somente o de regular o comportamento do Estado na implementação do comando constitucional previsto no art. 68 do ADCT, havendo, destarte, mero exercício do poder regulamentar da Administração, nos limites estabelecidos pelo art. 84, VI, da Constituição.

Além disso, o STF não acolheu a tese de que somente poderiam ser consideradas terras de quilombolas aquelas que estivessem sendo ocupadas por essas comunidades na data da promulgação da Constituição da República (05.10.1988). Em outras palavras, mesmo que, na data da promulgação da CF, a terra não mais estivesse sendo ocupada pelas comunidades quilombolas, é possível, em tese, que seja garantido o direito previsto no art. 68 do ADCT. Rejeitou-se, dessa forma, no caso dos remanescentes de quilombos, a aplicação da teoria do **marco temporal**, acolhida pela nossa Suprema Corte (RMS nº 29.542) quando se trata do reconhecimento de terras indígenas.

Registre-se, por fim, que o Decreto nº 5.758/2006, que instituiu o Plano Nacional de Áreas Protegidas, expressamente inseriu as terras quilombolas na categoria denominada "áreas protegidas", fixando extenso rol de metas e políticas públicas sociais e ambientais para preservação do patrimônio cultural e do meio ambiente natural.

9

Responsabilidade ambiental

9.1 Introdução

Na condição de bem de uso comum do povo, e considerada a sua importância à geração atualmente existente e às futuras, o meio ambiente reclama uma proteção prioritariamente voltada à **prevenção** do dano, sem prejuízo do cabimento subsidiário da sua reparação ou da sua mera indenização. A prevenção prefere à reparação e à indenização porque a regeneração do meio ambiente, quando possível, costuma envolver alto custo econômico e pode levar décadas, enquanto a simples indenização não recompõe o bem ambiental.

Imbuída das finalidades preventiva e pedagógica, a CF, no seu art. 225, § 3º, determina a responsabilização administrativa, civil e penal do sujeito que viola o bem jurídico ambiental. No mesmo sentido, o art. 3º da Lei nº 9.605/1998 e o art. 2º, § 1º, da Lei nº 12.651/2012 preveem essas três formas de responsabilização para a violação do bem jurídico ambiental. Inexiste *bis in eadem* na cumulação dessas responsabilidades, porque elas se amparam em pretensões diversas: a responsabilidade ambiental administrativa relaciona-se à pretensão administrativa, amparada no poder de polícia (art. 78 do CTN) do Estado, de realizar o interesse público; a responsabilidade ambiental civil atrela-se à pretensão cível do Estado de, mediante intervenção do Poder Judiciário, sujeitar o réu a obrigações de fazer e de não fazer bem como ao pagamento de indenização; e a responsabilidade ambiental penal liga-se à pretensão do Estado de aplicar uma pena criminal ao violador do meio ambiente.

Embora as três esferas de responsabilização – civil, administrativa e penal – sejam autônomas, há certa **relação de interdependência** sobre elas, com preponderância do juízo penal. Considerando os arts. 65 e 66 do Código de Processo Penal (CPP) bem como o art. 935 do CC, a decisão do juízo penal que reconhece a inexistência do fato ou que o réu não foi o seu autor vincula o juízo cível e administrativo. Logo, se, da acusação da prática de determinado crime ambiental o réu for absolvido, com base no art. 386 ("O juiz absolverá o réu, mencionando a causa na parte dispositiva, desde que reconheça:"), I ("estar provada a inexistência do fato;") ou IV ("estar provado que o réu não concorreu para a infração penal;"), do CPP, ele não poderá ser responsabilizado civil e/ou administrativamente pelo mesmo fato. Por essa razão, é sempre fundamental identificar o motivo da absolvição do réu, já que as demais hipóteses absolutórias do art. 386 do CPP permitem, em princípio, a responsabilização nas esferas cível e administrativa do réu absolvido criminalmente.

Enquanto a **responsabilidade civil é objetiva**, as **responsabilidades penal e administrativa são subjetivas**.

Passa-se ao estudo dessas três formas de responsabilidade.

9.2 Responsabilidade ambiental civil

A responsabilidade ambiental civil designa a obrigação do causador de um dano ambiental de promover a devida reparação, se possível, ou a respectiva indenização. Ela também pode versar sobre a obrigação de fazer ou não fazer exigível do causador de um dano ambiental futuro para evitar a ocorrência deste. Aliás, a "jurisprudência do STJ está firmada no sentido da viabilidade, no âmbito da Lei n° 7.347/1985 e da Lei n° 6.938/1981, de cumulação de obrigações de fazer, de não fazer e de indenizar" (STJ, REsp n° 1.328.753). Neste sentido a Súmula n° 629 da Corte: "Quanto ao dano ambiental, é admitida a condenação do réu à obrigação de fazer ou à de não fazer cumulada com a de indenizar".

A fonte da responsabilidade ambiental civil é a própria CF, que, no seu art. 225, § 3°, determina a responsabilização civil, além da administrativa e da penal, do sujeito que viola o bem jurídico ambiental.

A Lei sobre a Política Nacional do Meio Ambiente, Lei n° 6.938/1981, que foi recepcionada pela CF, também fundamenta a responsabilidade ambiental civil, no seu art. 4°, VII, ao dispor sobre a "imposição, ao poluidor e ao predador, da obrigação de recuperar e/ou indenizar os danos causados e, ao usuário, da contribuição pela utilização de recursos ambientais com fins econômicos", bem como no seu art. 14, § 1°, ao dispor que "é o poluidor obrigado, independentemente da existência de culpa, a indenizar ou reparar os danos causados ao meio ambiente e a terceiros, afetados por sua atividade".

Desse modo, a lei dispõe que a responsabilidade ambiental civil é **objetiva**, isto é, **independe de culpa ou dolo**. A responsabilidade objetiva segue duas teorias:

Teoria do risco criado	Teoria do risco integral
A indenização é devida em razão do risco da atividade. Riscos externos não são de responsabilidade do titular da atividade. Admite excludentes de responsabilidade como caso fortuito e força maior. Ex.: art. 927, parágrafo único, do CC	A indenização é devida pela simples razão de existir a atividade pela qual adveio o prejuízo: o titular da atividade assume todos os riscos dela oriundos. Não admite excludentes de responsabilidade.

O STJ firmou entendimento de que a responsabilidade ambiental é objetiva na modalidade do **risco integral**:

> A responsabilidade por dano ambiental é objetiva, informada pela teoria do risco integral, sendo o nexo de causalidade o fator aglutinante que permite que o risco se integre na unidade do ato, sendo descabida a invocação, pela empresa responsável pelo dano ambiental, de excludentes de responsabilidade civil para afastar sua obrigação de indenizar (STJ, Temas/Repetitivos nºs 681 e 707).

No mesmo sentido:

> A alegação de culpa exclusiva de terceiro pelo acidente em causa, como excludente de responsabilidade, deve ser afastada, ante a incidência da teoria do risco integral e da responsabilidade objetiva ínsita ao dano ambiental (art. 225, § 3º, da CF e do art. 14, § 1º, da Lei nº 6.938/1981), responsabilizando o degradador em decorrência do princípio do poluidor-pagador (STJ, Tema/Repetitivo nº 438).

Na teoria do risco integral, para o poluidor ser responsabilizado, basta demonstrar que o dano tem relação com a atividade desenvolvida pelo agente. Por exemplo, em um rio com várias indústrias que lancem resíduos de suas atividades, eventual poluição poderá ser imputada a todas as indústrias, ainda que devidamente licenciadas, não se admitindo a ocorrência de excludentes ou atenuantes.

9.2.1 Aspectos materiais da responsabilidade ambiental civil

Sem que ocorra o dano ambiental, não há que se falar em responsabilidade ambiental civil.

O **dano ambiental** é uma forma de **poluição**. O art. 3°, III, da Lei n° 6.938/1981 conceitua poluição como

> a degradação da qualidade ambiental resultante de atividades que direta ou indiretamente: a) prejudiquem a saúde, a segurança e o bem-estar da população; b) criem condições adversas às atividades sociais e econômicas; c) afetem desfavoravelmente a biota; d) afetem as condições estéticas ou sanitárias do meio ambiente; e) lancem matérias ou energia em desacordo com os padrões ambientais estabelecidos.

Como a lei se refere a "atividades", entende-se que apenas condutas humanas podem provocar poluição. Logo, eventuais consequências negativas ao meio ambiente decorrentes de desastres naturais involuntários não caracterizam poluição, mas simples "degradação da qualidade ambiental", referida pelo art. 3°, II, da Lei n° 6.938/1981.

A poluição pode se originar de uma conduta comissiva, a exemplo de uma pessoa jurídica que determina o despejo irregular de resíduos em um rio. Também pode decorrer de conduta omissiva, a exemplo da omissão ilícita dos órgãos ambientais de fiscalização ou omissão do empreendedor na adoção de medidas de segurança para evitar poluição.

Daí decorrem as figuras do **poluidor direito** e do **poluidor indireto**. Segundo o art. 3°, IV, da Lei n° 6.938/1981, poluidor é "a pessoa física ou jurídica, de direito público ou privado, responsável, **direta ou indiretamente**, por atividade causadora de degradação ambiental". Poluidor direto é aquela pessoa que, ela própria, mediante ação ou omissão, causa um dano ambiental. Já o poluidor indireto é a pessoa física ou jurídica que, de alguma forma, ainda que por omissão, concorre para que um terceiro pratique o dano ambiental.

A Lei de Biossegurança (Lei n° 11.105/2005) apresenta, no seu art. 2°, § 4°, caso expresso de poluidor indireto: a entidade financiadora ou patrocinadora de projetos envolvendo organismos geneticamente modificados deve exigir o Certificado de Qualidade em Biossegurança, sob pena de se tornar corresponsável "pelos eventuais efeitos decorrentes do descumprimento desta Lei ou de sua regulamentação". A Lei n° 6.938/1981 também dispõe sobre a figura do poluidor indireto, quando prevê, no seu art. 12, que as entidades e órgãos de financiamento e incentivos governamentais exijam o prévio licenciamento ambiental para conceder benefícios. A omissão quanto a essa exigência torna a entidade solidariamente responsável pelo dano ambiental.

Entre os poluidores diretos e indiretos, há **solidariedade**, conforme a uníssona jurisprudência do STJ, de forma que o **litisconsórcio passivo é facultativo**:

> Na forma da jurisprudência do STJ, não há litisconsórcio passivo necessário com o cônjuge do agente poluidor, tendo em vista que a responsabilidade por danos ambientais é solidária entre o poluidor direto e o indireto, razão pela qual a ação pode ser ajuizada contra qualquer um deles, evidenciando o litisconsórcio facultativo (AgInt no AREsp n° 1.148.643).

A indivisibilidade do bem ambiental justifica essa solidariedade.

Para parte da doutrina, o litisconsórcio facultativo justifica a **teoria do bolso profundo** (*Deep Pocket Doctrine*), oriunda do direito estrangeiro, que atribui o dever de recuperar ou indenizar àquele que mais tiver condições financeiras para tanto, caso haja mais de um causador do dano. A teoria ainda não é pacificamente aceita por nossos tribunais.

Também pode haver solidariedade na hipótese de **obrigação ambiental** *propter rem*, ou seja, a obrigação "por causa da coisa". Esse tipo de obrigação tem natureza híbrida, com características de direito obrigacional e de direito real. Por exemplo: há responsabilidade solidária entre o sujeito que fez construção ilegal em área de preservação permanente e o adquirente dessa área, que manteve a construção (TJRS, AC n° 70081379190). Isso porque o "novo proprietário assume o ônus de manter a integridade do ecossistema protegido, tornando-se responsável pela recuperação, mesmo que não tenha contribuído para o desmatamento ou destruição" (STJ, REsp n° 1.241.630).

A solidariedade, na obrigação *propter rem*, foi sedimentada na Súmula n° 623 do STJ: "As obrigações ambientais possuem natureza *propter rem*, sendo admissível cobrá-las do proprietário ou possuidor atual e/ou dos anteriores, à escolha do credor". Há previsão expressa desse tipo de obrigação no art. 2°, § 1°, da Lei n° 12.651/2012.

Mesmo na hipótese de omissão, em que parte da doutrina sustenta que a responsabilidade civil do ente público é subjetiva, em se tratando de dano ambiental o

Superior Tribunal de Justiça firmou o entendimento de que o ente federado tem o dever de fiscalizar e preservar o meio ambiente e combater a poluição (Constituição Federal, art. 23, VI, e art. 3º da Lei nº 6.938/1981), podendo sua omissão ser interpretada como causa indireta do dano (poluidor indireto), o que enseja sua responsabilidade objetiva (STJ, REsp nº 1.666.027).

Contudo, na hipótese de omissão de dever de controle e fiscalização, a responsabilidade ambiental da Administração é solidária, porém de **execução subsidiária** (ou com ordem de preferência) (STJ, Súmula nº 652). Então, uma vez iniciada a fase de cumprimento da sentença, deve-se buscar, em primeiro lugar, que o poluidor direto cumpra as providências determinadas pela sentença condenatória; apenas no caso da impossibilidade do poluidor direto, deve-se direcionar o cumprimento da sentença contra o poluidor indireto (Administração Pública).

Tendo em vista a especialidade do bem jurídico ambiental, "não se admite a aplicação da **teoria do fato consumado** em tema de Direito Ambiental", conforme a Súmula nº 613 do STJ. Essa tese do fato consumado costuma ser alegada, porém termina rechaçada, nos casos de edificações antigas construídas ilegalmente em área de preservação permanente: "devidamente constatada a edificação, em área de preservação permanente, a concessão de licenciamento ambiental, por si só, não afasta a responsabilidade pela reparação do dano causado ao meio ambiente" (STJ, AgInt no REsp nº 1.572.257).

Acerca da possibilidade de a poluição socialmente tolerada, também conhecida como "poluição licenciada", gerar responsabilidade civil, remete-se aos comentários à responsabilidade ambiental penal desta obra.

O dano ao meio ambiente, cujo equilíbrio constitui um direito difuso, pode implicar a caracterização de um dano moral coletivo. Segundo o STJ, o

> dano ao meio ambiente, por ser bem público, gera repercussão geral, impondo conscientização coletiva à sua reparação, a fim de resguardar o direito das futuras gerações a um meio ambiente ecologicamente equilibrado. 4. O **dano moral coletivo ambiental** atinge direitos de personalidade do grupo massificado, sendo desnecessária a demonstração de que a coletividade sinta a dor, a repulsa, a indignação, tal qual fosse um indivíduo isolado (STJ, REsp nº 1.269.494). (grifo nosso)

Exemplificativamente, o derramamento de dejetos químicos no rio Sergipe, que causou a mortandade de toneladas de animais marinhos, caracterizou dano moral coletivo (STJ, REsp nº 1.355.574).

O dano ambiental pode envolver pretensão difusa (ou coletiva *lato sensu*) com eficácias preventiva, reparatória e/ou indenizatória. Essa pretensão difusa relacionada ao dano ambiental é marcada pela imprescritibilidade. Para o STJ, "não há que se falar de prescrição em ações de natureza ambiental decorrentes de dano permanente, ao menos enquanto se perpetuar o dano ambiental" (STJ, REsp nº 1.081.257). Além disso, "o direito ao pedido de reparação de danos ambientais, dentro da logicidade hermenêutica, também está protegido pelo manto da imprescritibilidade, por se tratar de direito inerente à vida, fundamental e essencial à afirmação dos povos, independentemente de não estar expresso em texto legal" (STJ, REsp nº 1.120.117).

Afigura-se essencial, no entanto, para fins da análise da (im)prescritibilidade ligada ao dano ambiental, diferenciar se a pretensão é individual, relacionada a um direito disponível, hipótese em que a prescrição flui normalmente; ou difusa, relacionada a um direito indisponível, caso em que ocorre a imprescritibilidade. Essa distinção também pode ser feita com base no bem jurídico tutelado pela pretensão apresentada em juízo:

> 7. Em matéria de prescrição cumpre distinguir qual o bem jurídico tutelado: se eminentemente privado seguem-se os prazos normais das ações indenizatórias; se o bem jurídico é indisponível, fundamental, antecedendo a todos os demais direitos, pois sem ele não há vida, nem saúde, nem trabalho, nem lazer, considera-se imprescritível o direito à reparação. 8. O dano ambiental inclui-se dentre os direitos indisponíveis e como tal está dentre os poucos acobertados pelo manto da imprescritibilidade a ação que visa reparar o dano ambiental (STJ, REsp n° 1.120.117).

Em outras palavras: **é imprescritível a pretensão reparatória e indenizatória deduzida em ação civil pública referente a dano ambiental** decorrente de poluição, por exemplo. Diferentemente, está sujeita a prazo prescricional a pretensão individual de um particular deduzida em ação de indenização por ele movida em razão dos danos à sua saúde e da desvalorização que a sua propriedade imóvel sofreu em função dessa poluição.

Em síntese, de alguns aspectos que foram vistos até agora, menciona-se o seguinte julgado do STJ:

> A jurisprudência do STJ primeiro reconhece a imprescritibilidade da pretensão reparatória de dano ao meio ambiente, e, segundo, atribui, sob o influxo da teoria do risco integral, natureza objetiva, solidária e *propter rem* à res-

ponsabilidade civil ambiental, considerando irrelevante, portanto, qualquer indagação acerca de caso fortuito ou força maior, assim como sobre a boa ou a má-fé do titular atual do bem imóvel ou móvel em que recaiu a degradação (STJ, REsp n° 1.644.195).

9.2.2 Aspectos processuais da responsabilidade ambiental civil

O princípio da precaução justifica a **inversão do ônus da prova** nas ações sobre responsabilidade civil que envolvem o meio ambiente. Qualificando-se o autor da ação judicial ambiental como hipossuficiente, diante da magnitude do bem ambiental, a interpretação sistemática com o Código de Defesa do Consumidor (CDC) possibilita a inversão do ônus probatório. Esse entendimento foi pacificado na Súmula n° 618 do STJ: "A inversão do ônus da prova aplica-se às ações de degradação ambiental", rememorando-se que o conceito de degradação ambiental (art. 3°, II, da Lei n° 6.938/1981), por ser mais amplo, envolve o de poluição (art. 3°, III, da Lei n° 6.938/1981). Nesse sentido, competirá ao réu a prova de que a atividade por ele desenvolvida é regular e não causa degradação ambiental.

Todavia, não está pacificado ainda o **momento em que a inversão do ônus da prova deve ser decretada**. Se ela for entendida como regra de instrução, deve haver, antes da sentença, decisão expressa do juízo invertendo o ônus da prova, com base no art. 357 c/c o art. 373, ambos do CPC. Se ela for encarada como regra de decisão, a inversão ocorre na sentença, como nas hipóteses dos arts. 12 e 14, ambos do CDC, os quais, ao limitarem a defesa do fornecer às hipóteses neles previstas, utilizam a inversão do ônus da prova *ope legis*, da qual o réu está ciente desde a sua citação. Destaca-se que o STJ, em duas oportunidades, julgando matéria afeta ao CDC, decidiu que a inversão do ônus da prova, em função do contraditório, deve ocorrer "preferencialmente na fase de saneamento do processo ou, pelo menos, assegurando-se à parte a quem não incumbia inicialmente o encargo, a reabertura de oportunidade (RESP 802.832, STJ, 2ª Seção, *DJ* 21.09.2011)" (STJ, EREsp nº 422.778).

Admite-se, nas ações sobre responsabilidade ambiental civil, a veiculação de **pedido genérico**, pois, dado o caráter permanente do dano ambiental, o conhecimento da integralidade do dano, muitas vezes, é possível apenas na fase de liquidação de sentença. Por isso, não há "nenhum problema no fato de os autores terem pedido que o montante devido fosse apurado em liquidação, notadamente diante da impossibilidade de se determinar, previamente, o valor da indenização, sendo permitida, nessa hipótese, a formulação de pedido genérico" (STJ, REsp nº 1372596).

Quando a ação ambiental visa à obrigação de fazer e/ou obrigação de não fazer, o juízo pode determinar o cumprimento de medidas que não foram originalmente postuladas na inicial, desde que elas se revelem adequadas para o atendimento do pedido inicial. Não haverá, nesse caso, julgamento *ultra petita* ou *extra petita*. É a conclusão que se extrai do art. 536 do CPC, bem como da jurisprudência do STJ:

> 3. Consoante jurisprudência pacificada nesta Corte, o pedido inicial deve ser interpretado em consonância com a pretensão deduzida na exordial como um todo, levando em conta todos os fatos e fundamentos jurídicos presentes, de modo que o acolhimento da pretensão extraída da interpretação lógico-sistemática da peça inicial não implica julgamento *extra petita*. 4. No caso dos autos, é relevante destacar que se trata de provimento liminar para a

efetivação do pedido principal contido na Ação Civil Pública, qual seja, reflorestamento da mata ciliar, de modo que a determinação de que se promovam ações reflexas à sua efetivação não pode ser classificada como julgamento *extra petita*, mormente quando se infere da cautela do magistrado singular que a medida seja efetivada da maneira menos onerosa ao réu, consoante destacado nas razões do acórdão (AgRg no REsp nº 1.434.797).

Também, a fungibilidade ínsita à tutela ambiental contribui para esse entendimento:

> 1. A tutela ambiental é de natureza fungível, por isso que a área objeto da agressão ao meio ambiente pode ser de extensão maior do que a referida na inicial e, uma vez assim aferida pelo conjunto probatório, não importa em julgamento *ultra* ou *extra petita*. 2. A decisão *extra petita* é aquela inaproveitável por conferir à parte providência diversa da almejada, mercê do deferimento de pedido diverso ou baseado em causa petendi não eleita. Consectariamente, não há decisão *extra petita* quando o juiz examina o pedido e aplica o direito com fundamentos diversos dos fornecidos na petição inicial ou mesmo na apelação, desde que baseados em fatos ligados ao fato-base (REsp nº 1.107.219).

Em tema de responsabilidade civil, o art. 4º da Lei nº 9.605/1998 prevê a **desconsideração da personalidade jurídica**. Esse instituto é de natureza tipicamente civil e não tem cabimento no âmbito da responsabilidade penal. O art. 4º ficou deslocado depois dos vetos do presidente da República aos artigos de índole civil da Lei nº 9.605/1998.

A desconsideração da personalidade jurídica, que não anula, tampouco desconstitui, a pessoa jurídica, consiste simplesmente no afastamento da sua autonomia patrimonial em relação aos sócios para permitir que estes respondam por obrigações cíveis dela. Nos termos do art. 28, § 5°, do CDC, e art. 4° da Lei n° 9.605/1998, **basta a insolvência** da pessoa jurídica para que os seus sócios respondam pelas dívidas dela. É a chamada "**teoria menor**" (menor em requisitos), aplicável a toda tutela de direitos difusos e coletivos, em oposição à chamada "teoria maior" (art. 50 do CC), adotada na sistemática processual civil tradicional, pela qual, além da insuficiência patrimonial da pessoa jurídica, deve haver abuso da personalidade jurídica, caracterizado pelo desvio de finalidade ou pela confusão patrimonial.

9.3 Responsabilidade ambiental administrativa

9.3.1 Classificação da responsabilidade ambiental administrativa

A responsabilidade ambiental administrativa ampara-se no poder de polícia da Administração Pública. Por intermédio de medidas administrativas, inclusive sanções, a Administração Pública tem poderes para se desincumbir dos seus deveres – por isso, trata-se de "poder-dever" – de cuidar da coisa pública e dos bens jurídicos essenciais. Tais poderes permitem restrições, em certa medida, de direitos individuais em nome dos interesses da coletividade.

Uma vez descumpridas essas medidas administrativas, sucede a responsabilidade administrativa do sujeito que não observou os comandos expedidos pela Administração Pública.

A responsabilidade ambiental administrativa é da modalidade subjetiva, segundo a jurisprudência. Logo, ela exige:

a) **Conduta** (ação ou omissão), tipicidade, nexo de causalidade e elemento subjetivo (dolo ou culpa). A conduta consiste na ação ou omissão relevante do administrado que infringe a ordem conferida pela Administração Pública.

b) **Tipicidade** designa a correspondência entre a conduta do administrado e a previsão abstrata, em ato normativo, feita pela Administração Pública; quando a conduta preenche o tipo, sucede a responsabilidade, se presentes os demais requisitos ora sob estudo.

c) **Nexo de causalidade** equivale à ligação entre a conduta do administrado e o descumprimento do dever imposto pela Administração Pública, ou seja: foi em razão da sua conduta que o administrado violou o dever previsto pela Administração.

d) Cuidando-se de responsabilidade subjetiva, é imperioso que se verifique a presença do elemento subjetivo do administrado, ou seja, **dolo ou culpa**.

Como a responsabilidade ambiental administrativa é do tipo subjetiva, evidenciada pela exigência do elemento subjetivo do administrativo, a ausência de dolo ou culpa, o caso fortuito e a força maior eliminam essa responsabilidade. Igualmente, não se admite, na responsabilidade ambiental administrativa, a responsabilidade *propter rem* (inerente à coisa), a qual tem cabimento apenas na responsabilidade ambiental civil.

A responsabilidade ambiental administrativa dispensa o dano ambiental; basta, apenas, o descumprimento da norma administrativa. Isso se deve à redação do *caput* do art. 70 da Lei nº 9.605/1998: "Considera-se infração administrativa ambiental toda **ação ou omissão que viole as regras jurídicas de uso, gozo, promoção, proteção e recuperação do meio ambiente**". Tais quais os crimes ambientais, as infrações ambientais administrativas podem ser de dano e de perigo. Neste último tipo, não se exige alteração do mundo fático.

9.3.2 Competência para infrações ambientais administrativas

Como as três classes de órgãos políticos, União, Estados (e Distrito Federal) e Municípios, têm competência material de proteger o meio ambiente, esses três tipos de entes podem **instituir/prever infrações ambientais**. O STF já reconheceu a possibilidade de o município, quando se tratar de interesse local (art. 30, I, da CF), editar legislação municipal prevendo a aplicação de multas por poluição ao meio ambiente decorrente da emissão de fumaça por veículos automotores no perímetro urbano (STF, RE nº 194.704).

Então, é possível que as três esferas políticas, na sua área de competência, editem atos normativos prevendo infrações ambientais. Porque deve ser observada a competência de cada ente político, não haverá sobreposição de infrações ambientais administrativas pelo mesmo fato. De todo modo, o art. 76 da Lei nº 9.605/1998 prevê que o pagamento de multa imposta pelos Estados, Municípios, Distrito Federal ou Territórios substitui a multa federal na mesma hipótese de incidência. Esse art. 76 da Lei nº 9.605/1998 tem aplicação quando a atividade ou o empreendimento autuados não tiverem passado por licenciamento ambiental; do contrário, aplica-se o art. 17 da LC nº 140/2011, como se verá mais abaixo.

Igualmente, União, Estados (e Distrito Federal) e Municípios podem **cobrar/exigir as sanções decorrentes das infrações ambientais**. Nada impede que um município lavre um ato de infração ambiental contra determinada pessoa em razão da prática de infração ambiental prevista em norma ambiental federal, por exemplo. Mais: mesmo a autoridade ambiental que não licenciou o empreendimento pode exercer o seu poder de polícia mediante a lavratura do seu auto de infração ambiental. Contudo, nesse caso de atividades licenciadas ou autorizadas, em vez do art. 76 da Lei nº 9.605/1998 mencionado anteriormente, deve ser observado o art. 17, § 3º, da LC nº 140/2011:

> Art. 17. Compete ao órgão responsável pelo licenciamento ou autorização, conforme o caso, de um empreendimento ou atividade, lavrar auto de infração ambiental e instaurar processo administrativo para a apuração de infrações à legislação ambiental cometidas pelo empreendimento ou atividade licenciada ou autorizada. (...)
>
> § 3º O disposto no *caput* deste artigo não impede o exercício pelos entes federativos da atribuição comum de fiscalização da conformidade de empreendimentos e atividades efetiva ou potencialmente poluidores ou utilizadores de recursos naturais com a legislação ambiental em vigor, prevalecendo o auto de infração ambiental lavrado por órgão que detenha a atribuição de licenciamento ou autorização a que se refere o *caput*.

A interpretação do *caput* do art. 70 da Lei nº 9.605/1998 permite que as infrações ambientais sejam previstas por atos infralegais, em vez de lei em sentido formal. Nesse sentido, o Decreto nº 6.514/2008 dispõe sobre as infrações e sanções administrativas ao meio ambiente, estabelece o processo administrativo federal para apuração destas infrações e dá outras providências.

9.3.3 Infrações

Porque os três entes políticos – União, Estados (e Distrito Federal) e Municípios – podem instituir infrações ambientais, inclusive por atos infralegais, há vários atos normativos nesse sentido.

No âmbito federal, as infrações ambientais administrativas estão previstas, preponderantemente, no Decreto nº 6.514/2008.

Mediante análise do tipo de cada infração ambiental administrativa, constata-se, basicamente, que cada crime ambiental corresponde a uma infração ambiental. Observado, contudo, o caráter subsidiário e fragmentário do Direito Penal, há mais infrações ambientais administrativas do que crimes ambientais.

9.3.4 Sanções

Segundo o art. 72 da Lei nº 9.605/1998, reproduzido pelo art. 3º do Decreto nº 6.514/2008, as infrações administrativas são punidas com as seguintes **sanções**:

a) **Advertência:** aplicada pela inobservância das disposições da Lei nº 9.605/1998 e da legislação em vigor, ou de preceitos regulamentares.

b) **Multa simples:** aplicada sempre que o agente, por negligência ou dolo: b.1) advertido por irregularidades que tenham sido praticadas, deixar de saná-las, no prazo assinalado por órgão competente do Sisnama ou pela Capitania dos Portos, do Ministério da Marinha; b.2) opuser embaraço à fiscalização dos órgãos do Sisnama ou da Capitania dos Portos, do Ministério da Marinha. Destaca-se que a multa simples pode ser convertida em serviços de preservação, melhoria e recuperação da qualidade do meio ambiente, excetuadas as multas decorrentes de infrações ambientais que tenham provocado mortes humanas.

c) **Multa diária:** aplicada sempre que o cometimento da infração se prolongar no tempo. Tanto o valor arrecadado com a multa simples como com a multa diária será revertido ao Fundo Nacional do Meio Ambiente, criado pela Lei n° 7.797/1989, ao Fundo Naval, criado pelo Decreto n° 20.923/1932, aos fundos estaduais ou municipais de meio ambiente, ou correlatos, conforme dispuser o órgão arrecadador.

d) **Apreensão** dos animais, produtos e subprodutos da fauna e da flora, instrumentos, petrechos, equipamentos ou veículos de qualquer natureza utilizados na infração: aplicada na forma do art. 25 da Lei n° 9.605/1998, o qual é comentado, nesta obra, na seção acerca da responsabilidade ambiental criminal.

e) **Destruição ou inutilização do produto:** aplicada na forma do art. 25 da Lei n° 9.605/1998, o qual é comentado, nesta obra, na seção acerca da responsabilidade ambiental criminal.

f) **Suspensão de venda e fabricação do produto:** aplicada quando o produto não obedecer às prescrições legais ou regulamentares.

g) **Embargo de obra ou atividade:** aplicada quando a obra ou a atividade não obedecerem às prescrições legais ou regulamentares.

h) **Demolição de obra:** pode ser realizada pela autoridade ambiental em **duas hipóteses**:

1. Como sanção, após o contraditório e a ampla defesa, quando ela não seja passível de regularização (art. 19 do Decreto n° 6.514/2008), destacando-se que a exigência de observância prévia do contraditório e da ampla defesa retira a autoexecutoriedade da sanção ambiental consistente na demolição de obra.

2. Cautelarmente, excepcionalmente no ato da fiscalização, de edificação ou construção não habitada e utilizada diretamente para a infração ambiental, nos casos em que se constatar que a ausência da demolição importa em iminente risco de agravamento do dano ambiental ou de graves riscos à saúde, a demolição poderá ser feita pelo agente autuante, por quem este autorizar ou pelo próprio infrator e deverá ser devidamente descrita e documentada, inclusive com fotografias, desde que não seja em edificações residenciais (art. 112).

i) **Suspensão parcial ou total de atividades:** aplicada quando a atividade não obedecer às prescrições legais ou regulamentares.

j) **Restritiva de direitos:** que pode ser:

1. suspensão de registro, licença ou autorização;
2. cancelamento de registro, licença ou autorização;
3. perda ou restrição de incentivos e benefícios fiscais;
4. perda ou suspensão da participação em linhas de financiamento em estabelecimentos oficiais de crédito; e
5. proibição de contratar com a Administração Pública pelo período de até três anos.

Se o infrator cometer, simultaneamente, duas ou mais infrações, ser-lhe-ão aplicadas, cumulativamente, as sanções a elas cominadas. Dessa forma, inexiste concurso formal, tampouco, em paralelo com o crime continuado, "infração continuada", na aplicação das sanções ambientais administrativas.

Sobre a dosimetria da infração ambiental, também devem ser utilizados os parâmetros do art. 6º da Lei nº 9.605/1998, que se destina tanto à autoridade judicial quanto à autoridade administrativa.

9.3.5 Prescrição

Da mesma forma em relação aos crimes, as sanções ambientais podem ser atingidas pela **prescrição**. A matéria é regulamentada, no plano federal, pela Lei nº 9.873/1998, cuja essência foi reproduzida, no tocante à prescrição, pelo art. 21 do Decreto nº 6.514/2008.

A Administração Pública Ambiental tem o prazo de cinco anos para, no exercício do seu poder de polícia, reconhecer definitivamente a prática da infração ambiental administrativa, sob pena de prescrição. Esse prazo é contado a partir da data da prática do ato ou, caso se trate de infração permanente ou continuada, do dia em que tiver cessado. Essa prescrição assemelha-se à prescrição da pretensão punitiva do Direito Penal, pois cuida do prazo para a Administração Pública Ambiental manifestar que o administrado praticou a infração ambiental. A cobrança da multa decorrente dessa infração cuida de outro tipo de prescrição, visto mais abaixo.

Essa prescrição da pretensão punitiva é interrompida, ou seja, volta a ser contada do zero, nos seguintes casos: notificação ou citação do indiciado ou acusado, inclusive por meio de edital; por qualquer ato inequívoco, que importe apuração do fato; pela decisão condenatória recorrível; e por qualquer ato inequívoco que importe em manifestação expressa de tentativa de solução conciliatória no âmbito interno da administração pública federal.

Há previsão da prescrição intercorrente, aquela que sucede se o processo administrativo ficar paralisado por mais de três anos, pendente de movimentação. Nesse caso, os autos do processo são arquivados de ofício ou por requerimento da parte interessada, sem prejuízo da apuração da responsabilidade funcional decorrente da paralisação.

Todavia, quando o fato objeto da ação punitiva da Administração Pública Ambiental também constituir **crime**, a prescrição reger-se-á pelo prazo previsto na lei penal.

De qualquer sorte, a prescrição da pretensão punitiva da administração não elide a obrigação de reparar o dano ambiental, que é imprescritível.

Transitado em julgado o processo administrativo, no caso de condenação, fica reconhecido, de forma definitiva, que o administrado praticou infração ambiental. A partir desse momento, dele passa a ser exigível, quando ela está prevista como sanção, o pagamento da multa, a qual tem natureza de crédito não tributário. Pode suceder, então, a prescrição da pretensão executória, nesse caso, se não for promovida a execução da multa da infração ambiental, no prazo de cinco anos, conforme a Súmula nº 467 do STJ.

A **prescrição da pretensão executória** pode ser interrompida nos seguintes casos: pelo despacho do juiz que ordenar a citação em execução fiscal; pelo protesto judicial; por qualquer ato judicial que constitua em mora o devedor; por qualquer ato inequívoco, ainda que extrajudicial, que importe em reconhecimento do débito pelo devedor; e por qualquer ato inequívoco que importe em manifestação expressa de tentativa de solução conciliatória no âmbito interno da administração pública federal.

O Código Florestal (Lei nº 12.651/2012) previu uma modalidade de anistia de infração ambiental. O referido diploma prevê hipótese de suspensão da punibilidade administrativa (art. 14, § 2º, da Lei nº 12.651/2012), estabelecendo que, assim que protocolada a documentação exigida para análise da localização da área de reserva legal, ao proprietário ou possuidor rural não poderá ser imputada sanção administrativa, inclusive restrição a direitos, por qualquer órgão ambiental competente integrante do Sisnama, em razão da não formalização da área de reserva legal. Prevê ainda o art. 59, § 5°, que, a partir da assinatura do termo de compromisso de regularização do imóvel, serão suspensas as sanções decorrentes das infrações cometidas antes de 22.06.2008, relativas à supressão irregular de vegetação em áreas de preservação permanente, de reserva legal e de uso restrito.

Todavia, segundo o STJ (REsp n° 1.240.122), os autos de infração anteriores à nova lei permanecem válidos e blindados com atos jurídicos perfeitos que são – apenas sua exigibilidade monetária fica suspensa na esfera administrativa, aguardando o cumprimento integral das obrigações estabelecidas no programa de regularização ambiental ou no termo de compromisso. Assim, os §§ 4° e 5° do art. 59 da Lei n° 12.651/2012 não retroagem para atingir autos de infração e sentenças civis transitadas em julgado. Na mesma linha de raciocínio, o STJ decidiu que o cumprimento de Termo de Ajustamento de Conduta (TAC) deve ser regido pelo Código Florestal vigente à época da celebração do acordo, e o Código Florestal de 2012 não pode retroagir para atingir o ato jurídico perfeito, os direitos ambientais adquiridos e a coisa julgada (REsp n° 1.802.754).

9.3.6 Processo ambiental administrativo federal

O procedimento de julgamento das infrações ambientais administrativas é disciplinado pelo Decreto n° 6.514/2008, que é aplicável no âmbito da União.

O processo administrativo será orientado pelos princípios da legalidade, da finalidade, da motivação, da razoabilidade, da proporcionalidade, da moralidade, da ampla defesa, do contraditório, da segurança jurídica, do interesse público e da eficiência, bem como pelos critérios mencionados no parágrafo único do art. 2° da Lei n° 9.784/1999. Como novidade decorrente do Decreto n° 9.760/2019, que promoveu alterações no Decreto n° 6.514/2008, a conciliação deve ser buscada a todo momento.

Em síntese, o processo ambiental administrativo ocorre da seguinte forma:

1. Lavrado o auto de infração, ele será encaminhado à unidade administrativa responsável pela apuração da infração, oportunidade em que se fará a autuação processual, no prazo máximo de cinco dias úteis, contados de seu recebimento, ressalvados os casos de força maior devidamente justificados.

2. Realiza-se a audiência de conciliação ambiental.

3. Ausente injustificadamente à audiência de conciliação ambiental ou tendo manifestado desinteresse no acordo, o autuado poderá, no prazo de 20 dias, oferecer defesa contra o auto de infração.

4. A autoridade julgadora poderá requisitar a produção de provas, bem como parecer técnico ou contradita do agente autuante, especificando o objeto a ser esclarecido. O parecer técnico deverá ser elaborado no máximo em 10 dias, e a contradita em cinco dias. **Contradita** são as informações e os esclarecimentos prestados pelo agente autuante, necessários à elucidação dos fatos que originaram o auto de infração, ou das razões alegadas pelo autuado, facultado ao agente opinar pelo acolhimento parcial ou total da defesa, tudo no prazo de cinco dias, contados a partir do recebimento do processo (§§ 2° e 3° do art. 119 do Decreto n° 6.514/2008).

5. Encerrada a instrução, o autuado poderá apresentar alegações finais, no prazo máximo de 10 dias.

6. Oferecida ou não a peça de alegações finais, a autoridade julgadora, no prazo de 30 dias, julgará o auto de infração, decidindo sobre a aplicação das penalidades.

7. Julgado o auto de infração, o autuado será notificado para pagar a multa no prazo de cinco dias, a partir do recebimento da notificação, ou para apresentar recurso, no prazo de 20 dias.

8. Interposto o recurso, a autoridade administrativa julgadora poderá exercer o efeito regressivo, ou seja, reconsiderar-se, no prazo de cinco dias. Do contrário, encaminhará o recurso à autoridade superior.

9. Da decisão proferida pela autoridade superior caberá recurso ao Conama, no prazo de 20 dias. Se o Conama não reconsiderar a decisão recorrida, no prazo de cinco dias, encaminhará o recurso, se presentes os requisitos de admissibilidade, ao seu presidente, para julgamento final.

9.4 Responsabilidade ambiental penal

9.4.1 Tipo penal ambiental

O meio ambiente conta com a proteção penal, mediante a tipificação de crimes, por vários diplomas normativos. Entre estes, destaca-se a Lei nº 9.605/1998, que dispõe sobre as sanções penais e administrativas derivadas de condutas e atividades lesivas ao meio ambiente. Na essência, a tutela penal ambiental, no Brasil, é realizada pela Lei nº 9.605/1998. Há outras leis que já dispuseram e/ou ainda dispõem sobre a proteção penal do meio ambiente: Lei nº 4.771/1965 (antigo Código Florestal); Lei nº 5.197/1967 (proteção à fauna), alterada pela Lei nº 7.653/1988; Lei nº 6.938/1981 (PNMA). Já a Lei nº 12.651/2012 (Código Florestal), além de haver revogado a Lei nº 4.771/1965, influenciou a Lei nº 9.605/1998.

Na medida em que é fundamental a prevenção do dano ambiental, a política criminal recomenda a utilização do Direito Penal para a tutela do meio ambiente.

O Direito Penal é marcado pela **subsidiariedade**, pois, sendo o ramo mais restritivo do Direito, somente deve ser utilizado quando os demais ramos – civil e administrativo – não tiverem a capacidade de tutelar o meio ambiente. A subsidiariedade justifica o caráter fragmentário do Direito Penal: este deve intervir apenas sobre as condutas mais graves que atingem o meio ambiente; para as demais condutas cuja gravidade não é tão acentuada, bastam os outros ramos do Direito já referidos.

Para a tutela do meio ambiente, observa-se a subsidiariedade do Direito Penal porque as demais medidas de cunho administrativo e cível se afiguram insuficientes para essa proteção.

Essa discussão, todavia, não tem tanta relevância, pois o próprio constituinte originário, no art. 225, § 3º, da CF, em caráter vinculante ao Poder Público, determinou o emprego do Direito Penal para a tutela do meio ambiente. Trata-se de **mandado de criminalização**, também conhecido como imposição constitucional de tutela penal: oportunidades em que a CF determina, inclusive quando trata de direitos fundamentais, a criminalização e/ou o tratamento mais severo de determinadas ações praticadas pelo homem.

O art. 225, § 3º, da CF também designa o princípio de interpretação *in dubio pro natura*, na seara da responsabilidade ambiental civil. Destaca-se, no entanto, que esse princípio não tem o condão de, no juízo penal, inverter ou modificar o ônus da prova sobre a materialidade e a autoria do crime, que incumbe ao titular da ação penal. A responsabilidade ambiental penal é, sempre, subjetiva, e o ônus da prova, da acusação.

Também a proporcionalidade, não enquanto proibição do excesso, mas como **proibição da proteção insuficiente**, justifica a utilização do Direito Penal para a tutela ambiental. Pelo princípio da proibição da proteção insuficiente/deficiente, o Estado deve garantir um nível mínimo de proteção aos direitos fundamentais, especialmente os de terceira geração. Aquém desse mínimo, há flagrante inconstitucionalidade na conduta do Estado. Assim, o Poder Público necessita do Direito Penal para oferecer uma proteção minimamente satisfatória ao meio ambiente.

Sob o fim de garantir uma tutela suficiente ao meio ambiente, na qual se procura prevenir – e não apenas reparar – o dano, o Direito Ambiental Penal procura, muitas vezes, punir a conduta que gera um risco considerável de dano ambiental. A tipificação da probabilidade de dano aumenta as chances de se evitarem danos ambientais, em razão do desestímulo que a existência de um tipo penal exerce sobre as pessoas. Para tanto, o Direito Penal Ambiental utiliza tipos constituídos por **crime de perigo, concreto ou abstrato**. O crime de perigo contrapõe-se ao crime de dano. Enquanto o crime de dano causa uma lesão efetiva, o crime de perigo implica um risco de lesão que o legislador deseja cortar no nascedouro. No perigo concreto, a realização do tipo exige a constatação de perigo real, concreto, que contém a conduta incriminada; já no perigo abstrato, essa constatação é dispensável, por se tratar de perigo presumido de lesão. O caráter prospectivo e preventivo do Direito Ambiental Penal leva a antecipação da tutela penal para a incriminação da fase do risco.

212   Direito Ambiental

A despeito da vocação preventiva da legislação penal ambiental, a Lei nº 9.605/1998 também tem por escopo a reparação dos danos ambientais causados. Nesse sentido, o princípio do poluidor pagador influencia a elaboração de normas penais ambientais que visam à prevenção de danos, criminalizando condutas de perigo e, também, reforçando a ideia de reparação de danos, caso se verifique a consumação da lesão.

Considerados o caráter dinâmico do meio ambiente e o avanço da ciência para identificar novas formas de danos ambientais e de prevenção destes, a Lei nº 9.605/1998 emprega uma **tipicidade penal aberta**, que fica evidenciada nos seguintes casos. Na previsão de crimes culposos, visto que a imprudência, a negligência e a imperícia são conceitos indeterminados que devem ser preenchidos, pelo julgador, caso a caso. Na previsão de crimes comissivos por omissão, pois ocorre uma ficção jurídica para se extrair de uma conduta omissiva uma consequência ativa. Na presença de elementos normativos no tipo, ou seja, aqueles que são definidos segundo um juízo de valor do intérprete. E na utilização de norma penal em branco, na qual há a necessidade de complementação para que se possa compreender o âmbito de aplicação do seu preceito primário. Explica-se que, pelo preceito primário, a norma penal incrimina determinada conduta; já no seu preceito secundário, a norma penal dispõe sobre a pena devida àquela conduta tipificada. Se o complemento provém da mesma fonte legislativa que editou a norma, trata-se de norma penal em branco homogênea; se o complemento provém de outra fonte, trata-se de norma penal em branco heterogênea.

Uma proteção ambiental adequada seria incompatível com a consolidação, no tipo, de dados dinâmicos do meio ambiente, o que é exigível pelo princípio da taxatividade da lei penal. Por exemplo: o art. 34 da Lei nº 9.605/1998 incrimina a pesca em período proibido pela autoridade pública (período do "defeso"), a exemplo da piracema; ocorre que a época da piracema varia em cada região, o que inviabiliza a previsão desse período em lei; por essa razão, a previsão abstrata do crime do art. 34 necessita da complementação do ato administrativo da autoridade pública definindo o local e o momento em que sucede a piracema.

Nos crimes ambientais, deve-se distinguir o meio ambiente como **bem jurídico categorial**, ou seja, como objeto jurídico genérico de proteção, e como **bem jurídico específico** (em sentido técnico) protegido em cada tipo legal, ou seja, como objeto jurídico próprio de cada figura delitiva. O meio ambiente consiste no objeto jurídico constante de todo e qualquer crime ambiental. Mesmo nos crimes tipificados na Seção V da Lei nº 9.605/1998 ("Dos Crimes contra a Administração Ambiental"), objetiva-se a tutela da higidez do meio ambiente, que será posto em risco na hipótese da concessão de uma licença ambiental em desacordo com a legislação, por exemplo, no caso do previsto no art. 67. Nessa hipótese, ao lado do meio ambiente, também ostenta a qualidade de bem jurídico (específico) a Administração Pública Ambiental.

9.4.2 (In)Aplicabilidade do princípio da insignificância ao Direito Ambiental Penal

O princípio da insignificância, também conhecido como princípio da bagatela, é uma causa supralegal de excludente de tipicidade. É supralegal porque cuida de uma hipótese de exclusão que não está prevista em lei. Provoca a exclusão da tipicidade porque, a despeito da presença da tipicidade meramente formal, resta afastada a tipicidade material em razão da inexistência ou do reduzidíssimo nível de dano causado ao bem jurídico protegido pela norma penal.

Segundo o STF, o princípio da insignificância incide quando presentes, cumulativamente, as seguintes condições objetivas:

a) mínima ofensividade da conduta do agente;
b) nenhuma periculosidade social da ação;
c) grau reduzido de reprovabilidade do comportamento; e
d) inexpressividade da lesão jurídica provocada.

A maioria da doutrina é contrária ao cabimento do princípio da insignificância aos crimes ambientais. Sustentam-se, basicamente, três argumentos:

a) titularidade difusa do bem jurídico;
b) importância fundamental do meio ambiente; e
c) impossibilidade de aferir, consideradas as relações de dependência recíproca existentes no interior de um ecossistema, se o dano ambiental é, realmente, insignificante para o meio ambiente.

Já na jurisprudência, a questão é dividida. No âmbito dos Tribunais de Justiça e dos Tribunais Regionais Federais, há uma tendência no sentido da inaplicabilidade da bagatela aos crimes ambientais. No STJ, há as duas posições, uma que admite, e outra que não admite. Por sua vez, no STF, é admitida a aplicação da insignificância, desde que presentes os seus pressupostos.

Afigura-se correto o posicionamento da inaplicabilidade do princípio da insignificância aos crimes ambientais. Além do acerto dos motivos já identificados para a doutrina majoritária, a interpretação sistemática da Lei nº 9.605/1998 reforça essa conclusão. Dado o caráter especial do bem jurídico ambiental, a própria lei ambiental já previu soluções para as condutas que não atingem o meio ambiente de forma tão intensa, tais como a transação (art. 27), a suspensão condicional do processo (art. 28) e o termo de compromisso a que se refere o art. 60 da Lei n° 12.651/2012. Afigura-se descabida a aplicação da insignificância aos crimes ambientais porque a própria lei já "adequou" a punição às condutas de menor repercussão negativa sobre o meio ambiente.

A teoria dos **crimes de acumulação**, de origem alemã e cuja aplicação no Brasil não é pacífica, também afasta a incidência do princípio da bagatela dos crimes ambientais. Os delitos de acumulação têm cabimento quando se trata de bens coletivos e relacionam-se à atual sociedade de risco.

Individualmente considerada, a conduta praticada pelo agente não tem o condão de ofender o bem jurídico tutelado pelo tipo penal. Todavia, se considerada a acumulação dessas condutas praticadas, individualmente, por vários agentes, o bem jurídico é posto em risco. Por exemplo, uma conduta de pesca ilegal ou de poluição, individualmente analisada e em princípio considerada irrelevante, deveria ser objeto de sanção penal, já que inúmeras condutas do mesmo porte produzirão uma lesão penalmente relevante. Diante dessa circunstância, pode-se sustentar o descabimento da aplicação do princípio da insignificância para esses crimes.

Nesse sentido, entende o STJ que

> os crimes ambientais fazem parte dos delitos de acumulação, ou seja, aqueles que consistem em condutas com pequeno desvalor de resultado, mas que, se praticadas por muitos causam um dano ou um risco de lesão futura considerável. Com o advento destes tipos penais surge a consciência de que atos que lesionam objetos jurídicos

transindividuais podem causar consequências até mais graves do que lesões individuais, porque atingem a massa de uma forma mediata, no entanto, muito cruel (AG em REsp nº 1.129.732).

A teoria já foi aplicada, pelo STJ, em decisão monocrática, no âmbito do crime de pesca:

É evidente que a proteção ao meio ambiente é devida e que, inclusive, a conduta perpetrada caracteriza, em tese, delito de acumulação. Afinal, mesmo que a pesca de poucos peixes seja aparentemente inexpressiva, a repetição da conduta, por uma série de indivíduos, poderia gerar um grave dano, mormente em se tratando de proteção ao meio ambiente, bem constitucionalmente protegido (art. 225 da CF) (REsp nº 1.765.951).

9.4.3 Sujeitos dos crimes ambientais

9.4.3.1 Sujeito passivo

No tocante aos sujeitos do crime ambiental, em razão da titularidade difusa do meio ambiente (enquanto bem jurídico), a coletividade é sujeito passivo (vítima) constante. O sujeito passivo é indeterminado, portanto. Mesmo na hipótese da pichação de edifício de propriedade particular (art. 65 da Lei nº 9.605/1998), a totalidade da sociedade figura como vítima tendo em vista o seu direito ao meio ambiente artificial saudável, o qual é danificado pela pichação.

Em alguns crimes ambientais, contudo, pode haver, também, um sujeito passivo determinado. Nesse exemplo da pichação, o proprietário do prédio atingido ostenta a qualidade de vítima determinada, o que lhe confere legitimidade inclusive para o ajuizamento da ação penal privada subsidiária da pública, considerando que o crime previsto no art. 65 da Lei n° 9.605/1998, assim como todos os outros tipificados nessa mesma lei, são de ação penal pública incondicionada (art. 26 da Lei n° 9.605/1998).

9.4.3.2 Sujeito ativo

Quanto ao sujeito ativo do crime ambiental, a primeira parte do art. 2° da Lei n° 9.605/1998, sendo complementada pela regra do art. 29 do CP, por força do art. 79 da Lei n° 9.605/1998, prevê as modalidades de autoria, coautoria, participação e participação de menor importância. Este art. 2° manteve a teoria monista ou unitária do delito, segundo a qual todos os concorrentes respondem pelo mesmo crime.

O índio caracteriza uma situação especial em relação à capacidade para ser sujeito ativo de crime ambiental. A questão depende da sua integração com a natureza. Se o índio for considerado "isolado", sua conduta pode ser tida como exercício regular de direito (art. 24, § 2°, da Lei n° 6.001/1973); se ele estiver em "vias de integração", é necessário avaliar o seu grau de adesão aos modos de existência dos demais setores da vida nacional; se ele for considerado "integrado", ele será responsabilizado penalmente.

Quanto ao concurso de agentes, é relevante a aplicação da **teoria do domínio funcional do fato** tanto para incluir quanto para excluir a responsabilidade penal do agente. Para essa teoria, que se baseia na divisão de tarefas, cada um dos sujeitos ativos é responsável por uma conduta que, apesar de não ser típica, interfere no "se" e no "como" da empreitada criminosa. Compreende-se essa teoria pelo critério da exclusão, em raciocínio hipotético: "se", suprimida a conduta desempenhada pelo agente, o crime deixar de ser praticado, ele é coautor; "se", suprimida a conduta do agente, o crime houver de ser praticado por outra maneira ("como"), ele é coautor; diversamente, "se", apesar da supressão da conduta do autor, o crime continua a ser praticado da mesma maneira, ele não pode ser considerado coautor. O coautor exerce a decisão comum quanto à prática do crime, razão pela qual ele é considerado coautor. A propósito, o STJ já utilizou a teoria sob estudo para excluir a responsabilidade de funcionário de pessoa jurídica que, apesar de denunciado juntamente com esta pela prática de crime ambiental, não tinha ingerência sobre a conduta criminosa (STJ, RHC n° 34.997).

Ainda sobre concurso de agentes, tem validade a **denúncia geral**: aquela que imputa, com individualização mínima, mas suficiente, a mesma conduta criminosa a todos os concorrentes. Estes, pela descrição minimamente suficiente da denúncia, têm condições de exercer a sua defesa. Contudo, não é admitida a **denúncia genérica**: aquela que, ao não individualizar minimamente a conduta imputada aos denunciados, não permite a estes o exercício do contraditório e da ampla defesa.

A segunda parte do art. 2° da Lei n° 9.605/1998 apresenta regra de extensão que criou hipótese de **omissão penalmente relevante**, nos termos do art. 13, § 2°, do CP, o qual trata da figura do garante. A integração entre esses dois dispositivos legais (arts. 2° da Lei n° 9.605/1998, e 13, § 2°, do CP) é reconhecida pelo STJ (REsp n° 1.618.975). Essa modalidade de comissão por omissão é baseada sobre uma causalidade hipotético-normativa, pois, do ponto de vista natural, nenhuma conduta surge da omissão, do nada.

A responsabilidade decorrente da comissão por omissão, ou seja, quando o agente deixa de impedir a prática do crime ambiental por omitir alguma conduta que lhe era exigível, pode ser atribuída aos seguintes sujeitos: diretor (aquele que conduz os destinos da pessoa jurídica), administrador (aquele que operacionaliza as decisões tomadas por quem dirige a empresa), membro de conselho de órgão (aqueles que são responsáveis por parecer técnico que conduz a atitude da pessoa jurídica), auditor (aquele que tem por função a fiscalização da atividade da empresa) e preposto, gerente ou mandatário (aquele sujeito vinculado à pessoa jurídica que assume a direção, ainda que para ato específico, e exercendo o mandato que lhe foi outorgado).

A **responsabilização penal da pessoa jurídica** depende da teoria que se considera quanto à sua personalidade. Pela teoria da ficção, criada por Savigny, a pessoa jurídica é uma abstração. Como ela não existe materialmente, não tem vontade própria, nem consciência, tampouco finalidade. Por isso, ela é incapaz de delinquir, daí decorrendo a máxima *societas non potest delinquere*. Ao contrário, pela teoria da realidade, de Otto Gierke, a pessoa jurídica é um ente real e autônomo em relação aos indivíduos que a compõem. Diante da sua personalidade real, a pessoa jurídica é capaz de responsabilidade civil e penal. Já a teoria da responsabilidade pelo fato de outrem (acorde pelo qual os mandantes respondem pelos atos praticados pelos mandatários) não é apropriada ao Direito Penal, que pressupõe a responsabilidade por fato próprio.

Não obstante, em função do mandado de criminalização da pessoa jurídica previsto no art. 225, § 3º, da CF, constata-se que o constituinte originário adotou a teoria da realidade. Ademais, o Brasil é signatário da Convenção das Nações Unidas contra o Crime Organizado Transnacional, a qual prevê a responsabilidade penal da pessoa jurídica.

Parte da doutrina apresenta três óbices à responsabilização penal da pessoa jurídica, todos atinentes à incapacidade da pessoa jurídica de:

a) ação no sentido estrito;
b) culpabilidade; e
c) pena (princípio da personalidade da pena).

No entanto, uma interpretação sistemática e teológica afasta estas objeções:

a) a pessoa jurídica é capaz de ação em sentido estrito porque ela age por intermédio dos seus representantes;
b) a culpabilidade da pessoa jurídica lhe é peculiar e diz respeito à sua "responsabilidade social", que é composta pela capacidade de atribuição e pela exigibilidade de outra conduta; e
c) a Lei nº 9.605/1998, desincumbindo-se da criação de outras penas conferidas pelo art. 5º, XLVI, da CF, prevê sanções adequadas à condição da pessoa jurídica. Acrescenta-se que a jurisprudência pátria admite, pacificamente, a responsabilidade penal da pessoa jurídica.

Também se argumenta, em sentido contrário à responsabilização penal da pessoa jurídica, que a sua punição a transcenderia e terminaria por atingir os seus sócios, violando assim o princípio da intranscendência da pena. Esse argumento deve ser afastado. Inexiste diferença para com a punição da pessoa física contra quem se imputa um crime. A pena privativa de liberdade imposta a um pai de família repercute, faticamente, sobre a sua família, a qual ficará privada do sustento trazido por ele. Aliás, é por essa razão que existe o benefício previdenciário do auxílio-reclusão a ser pago em favor dos dependentes do custodiado (art. 18, II, *b*, da Lei n° 8.213/1991). Por isso, o princípio da intranscendência da pena veda que terceiros suportem normativamente a pena imposta ao réu, mas não há como impedir repercussões fáticas sobre os dependentes do apenado.

No atinente ao reconhecimento da autoria ou da coautoria por parte da pessoa jurídica, impõe-se, nos termos do art. 3° da Lei n° 9.605/1998, o preenchimento de dois requisitos:

a) a conduta deve decorrer de decisão do seu representante ou do seu órgão colegiado; e

b) a conduta deve ser praticada no interesse da própria pessoa jurídica.

Não pratica crime ambiental a pessoa jurídica:

a) cujo diretor se vale da própria pessoa jurídica para, mediante a prática de crime ambiental, obter benefício no seu interesse exclusivo, apenas; e

b) cujo empregado comete um crime ambiental, já que essa conduta não decorreu de decisão do seu representante ou órgão colegiado.

Há discórdia quanto à **responsabilização penal da pessoa jurídica de direito público**. Inexistem dúvidas quanto às sociedades de economia mista e empresas públicas, porque, apesar da participação societária do Estado, elas têm personalidade jurídica de direito privado.

Já em se tratando de pessoas jurídicas de direito internacional e de direito público interno, a exemplo de governos e autarquias, inexiste consenso. Parte da doutrina sustenta a possibilidade da sua responsabilização criminal, com base nos seguintes argumentos:

a) o art. 225, § 3º, da CF não estabeleceu diferença entre as pessoas jurídicas de direito privado e de direito público;

b) apesar de perseguir o interesse público, a pessoa jurídica de direito público pode cometer atos ilícitos; e

c) a responsabilidade penal auxilia a eficiência administrativa.

Outra parte é contrária: a imposição de pena criminal à pessoa jurídica de direito público não teria sentido, porque, além de ela almejar apenas o interesse público, prejudicaria o povo, que é o motivo da existência do Estado.

Em leitura própria, acrescenta-se outro argumento refratário à responsabilização da pessoa jurídica de direito público. Afora o caráter subsidiário do Direito Penal, a pena criminal ambiental tem tripla função: punitiva, ressocializadora e preventiva/reparatória do dano ambiental. A imposição de uma pena criminal a uma pessoa jurídica de direito público não cumpre as funções punitiva e ressocializadora. Já a função preventiva ou reparatória do dano ambiental é obtida com medidas de cunho administrativo e cível (ação civil pública e ação popular que visam à proteção ao meio ambiente), o que afasta a aplicação do Direito Penal, que deve ser subsidiário. Dessa forma, não há necessidade de que o Direito Penal intervenha contra a pessoa jurídica de direito público.

A **extinção da pessoa jurídica**, por ser equivalente à morte da pessoa física, é causa extintiva da punibilidade, com base no art. 107, I, do CP. Não obstante, caso a pessoa jurídica extinta continue exercendo suas atividades sob nova personalidade jurídica (os sócios constituem nova empresa para exercerem a mesma atividade que desempenhavam anteriormente, por exemplo), não deve ser decretada a extinção da punibilidade, pois essa situação equivaleria ao contexto em que a pessoa física simula sua morte mediante certidão de óbito falsa, hipótese que não impede o prosseguimento da ação penal.

Existem entes que, apesar de desprovidos de personalidade jurídica, detêm personalidade judiciária (capacidade de estar em juízo), podendo, assim, demandar em juízo. Exemplos: a massa falida (art. 75, V, CPC), o espólio (art. 75, VII) e a Câmara de Vereadores (Súmula n° 525 do STJ). De todo modo, como eles não têm personalidade jurídica, não podem ser sujeitos ativos de crimes, o que não impede a responsabilização criminal das pessoas físicas que os representam.

O art. 4° da Lei n° 9.605/1998 prevê a **desconsideração da personalidade jurídica**. Contudo, esse instituto é de natureza tipicamente civil e não tem cabimento no âmbito da responsabilidade penal. O art. 4° ficou deslocado depois dos vetos do presidente da República aos artigos de índole civil da Lei n° 9.605/1998.

Sobre a responsabilidade da pessoa jurídica, analisa-se a **tese da dupla imputação necessária**, ou seja, se o concurso de agentes entre as pessoas física e jurídica é obrigatório. Por essa teoria, a responsabilidade da pessoa jurídica é inseparável da responsabilidade da pessoa física que age sob o nome e interesse da pessoa jurídica. Por consequência, a denúncia contra uma pessoa jurídica deveria, necessariamente, ser oferecida também contra a pessoa física que agiu em concurso de agentes; além disso, a condenação da pessoa jurídica somente seria possível se a pessoa física também fosse condenada criminalmente. Essa teoria predominou por longo tempo no STJ (RMS n° 37.293). No entanto, em 2013, o STF decidiu que a exigência da dupla imputação era incompatível com o regime de responsabilidade previsto no art. 225, § 3°, da CF (STF, RE n° 548.181). Em 2015, o STJ alterou o seu entendimento anterior e passou a acompanhar o STF (STJ, AgRg no RMS n° 48.085).

Apesar de o STF e o STJ terem evoluído o seu entendimento, dispensando a dupla imputação, ao permitir que apenas a pessoa jurídica seja denunciada, a questão, sob a óptica do Ministério Público, apresenta diferença. Porque o Ministério Público deve zelar pelo princípio da obrigatoriedade da ação penal, o promotor de justiça deve oferecer a denúncia criminal contra a pessoa jurídica e, quando concorrentes, os gestores dela, se houver indícios da prática de infração criminal por todos eles. Situação diferente, todavia, ocorre se o Ministério Público, em um primeiro momento, oferece a denúncia apenas contra a pessoa jurídica, para em um segundo momento, após a obtenção de mais elementos de informação/convicção, oferecer a denúncia contra as pessoas físicas concorrentes, ou vice-versa. Esse procedimento é regular, pois, no caso da ação penal pública, na qual vigora o **princípio da divisibilidade**, não há necessidade de a denúncia ser oferecida, ao mesmo tempo e no mesmo ato processual, contra todos os concorrentes.

Abordam-se agora outros aspectos materiais e processuais relacionados à pessoa jurídica. A **citação da pessoa jurídica** deve ocorrer na pessoa do seu representante legal. Já o **interrogatório**, por ser ato pessoal, deve suceder na pessoa do representante legal, e não sobre o preposto. São aplicáveis às pessoas jurídicas a **transação** (art. 27 da Lei n° 9.605/1998) e a **suspensão condicional do processo** (art. 28 da Lei n° 9.605/1998). **Anistia, graça e indulto**, se tiverem como objeto as espécies de penas cabíveis às pessoas jurídicas, são aplicáveis a elas. A **reabilitação** é direito da pessoa jurídica.

Especificamente no tocante ao *habeas corpus*, a pessoa jurídica não pode ser paciente em função da impossibilidade de coação no seu direito de ir e vir.

9.4.4 Penas

9.4.4.1 Penas para as pessoas físicas

Para **as pessoas físicas condenadas** pela prática de crime ambiental tipificado na Lei n° 9.605/1998, são cabíveis as seguintes penas: privativas de liberdade, restritivas de direito e de multa.

As penas restritivas de direito (art. 8° da Lei n° 9.605/1998) são: prestação de serviços à comunidade; interdição temporária de direitos; suspensão parcial ou total de atividades; prestação pecuniária; e recolhimento domiciliar.

A prestação de serviços à comunidade consiste na realização de tarefas gratuitas pelo condenado em parques, jardins públicos e unidades de conservação. Na hipótese de dano a coisa particular, pública ou tombada, as tarefas devem visar à restauração do dano, quando possível.

As penas de interdição temporária de direito são a proibição de o condenado contratar com o Poder Público, de receber incentivos fiscais ou quaisquer outros benefícios, bem como de participar de licitações, pelo prazo de cinco anos, no caso de crimes dolosos, e de três anos, no de crimes culposos.

A suspensão de atividades será aplicada quando as pessoas físicas condenadas não estiverem obedecendo às prescrições legais.

A prestação pecuniária (art. 12) consiste no pagamento em favor da vítima ou de entidade pública ou privada com fim social, preferentemente na área ambiental, de um a 360 salários mínimos, que será descontado de eventual indenização que o réu tenha de pagar no juízo cível, à mesma vítima. O descumprimento voluntário pode gerar a conversão em pena privativa de liberdade.

Diversamente, a pena de multa – modalidade própria de pena, ou seja, a multa não é espécie de pena restritiva de direito, como ocorre em relação à prestação pecuniária – consiste no pagamento de, no máximo, três vezes o valor de 360 dias-multa (art. 49 do CP c/c o art. 18 da Lei nº 9.605/1998), em favor do Fundo Penitenciário Nacional. Seu descumprimento voluntário não gera a conversão em pena privativa de liberdade, tendo em vista que constitui dívida de valor, conforme o art. 51 do CP, hipótese em que a Fazenda Pública deve ajuizar a devida execução de dívida ativa, segundo o rito da Lei de Execução Fiscal – LEF (Lei nº 6.830/1980). Ainda nesse ponto, destaca-se que, em fevereiro de 2019, o STF julgou parcialmente procedente o pedido formulado na ADIN nº 3.550

> para, conferindo interpretação conforme a Constituição ao art. 51 do Código Penal, explicitar que a expressão "aplicando-se-lhes as normas da legislação relativa à dívida ativa da Fazenda Pública, inclusive no que concerne às causas interruptivas e suspensivas da prescrição", não exclui a legitimação prioritária do Ministério Público para a cobrança da multa na Vara de Execução Penal.

Desse julgado, podem-se extrair as seguintes conclusões:

a) a qualidade de dívida de valor da pena multa não lhe retira a natureza de pena criminal, razão pela qual o Ministério

Público tem legitimidade ativa para proceder à sua cobrança, perante a vara de execuções penais;

b) como a sentença condenatória à pena de multa é um título executivo judicial, não há sentido para o Ministério Público inscrever a multa como dívida ativa;

c) a Fazenda Pública tem legitimidade ativa subsidiária para, apenas na inércia do Ministério Público, efetuar a cobrança da pena de multa na vara de execução fiscal; e

d) permanece vedada a conversão da pena de multa em pena corporal.

Para a fixação do montante da multa, a sentença considerará, sempre que possível, o valor do dano ambiental apurado em perícia, o qual também é utilizado para efeitos da prestação de fiança, nos termos do art. 19 da Lei nº 9.605/1998. É possível aproveitar a perícia realizada em sede de inquérito civil ou em ação cível sobre o valor do dano ambiental. Trata-se de prova emprestada, na qual o contraditório pode ser diferido, ou seja, exercido em momento posterior, quando da apresentação da resposta à acusação, no processo penal. Quando o sujeito passivo é o mesmo do processo cível no qual se confeccionou a perícia, o contraditório já foi observado, o que facilita o empréstimo da prova ao processo penal. Diferentemente, se a perícia foi produzida em sede de inquérito civil instaurado pelo Ministério Público ou em processo civil do qual o réu da ação penal não participou, devem ser assegurados todos os meios de prova para que ele possa contraditar essa prova técnica.

O recolhimento domiciliar baseia-se na autodisciplina e no senso de responsabilidade do condenado, que deverá, sem vigilância, trabalhar, frequentar curso ou exercer atividade autorizada, permanecendo recolhido nos dias e horários de folga em residência ou em qualquer local destinado à sua moradia habitual, conforme estabelecido na sentença condenatória.

As penas restritivas de direito são autônomas e substituem as privativas de liberdade quando: I – se tratar de crime culposo ou for aplicada a pena privativa de liberdade inferior a quatro anos; II – a culpabilidade, os antecedentes, a conduta social e a personalidade do condenado, bem como os motivos e as circunstâncias do crime indicarem que a substituição seja suficiente para efeitos de reprovação e prevenção do crime.

Elas são substitutivas, ou seja, após o juiz definir a pena privativa de liberdade, ele aplica, quando cabível, a substituição por pena restritiva de direito. Uma vez operada a substituição, a pena restritiva é autônoma, ou seja, é a única a ser cumprida, podendo apenas ser cumulada com a pena de multa. Diante dessa autonomia da pena restritiva de direito, é inviável a cumulação desta com pena privativa de liberdade.

A substituição da pena privativa de liberdade pela pena restritiva de direito, operada na sentença, independe da concordância do réu. Tampouco se trata de poder discricionário do juiz: presentes os requisitos, a substituição é obrigatória. Contudo, quando da realização da audiência admonitória (art. 160 da Lei de Execução Penal – LEP), o apenado poderá manifestar o seu desinteresse no cumprimento da pena restritiva de direito, o que provocará a (re)conversão para a pena privativa de liberdade.

A pena restritiva de direito tem a mesma duração da pena privativa de liberdade que ela substitui.

9.4.4.2 Penas para as pessoas jurídicas

Observada a impossibilidade jurídica e física da imposição de pena privativa de liberdade às pessoas jurídicas, estas podem ser condenadas, pela prática de crime ambiental tipificado na Lei nº 9.605/1998, às seguintes espécies de pena:

multa, restrição de direitos e prestação de serviços à comunidade. Note-se que esta última não constitui pena restritiva de direitos, mas uma espécie própria de pena.

A pena de multa submete-se ao mesmo regramento desse tipo de pena já estudado para a pessoa física.

As penas restritivas de direitos cabíveis contra a pessoa jurídica não são substitutivas, mas apenas autônomas, já que a pessoa jurídica não pode receber pena privativa de liberdade. Elas podem ser de três tipos:

a) suspensão parcial ou total de atividades: aplicada quando estas não estiverem obedecendo às disposições legais ou regulamentares, relativas à proteção do meio ambiente;

b) interdição temporária de estabelecimento, obra ou atividade: quando eles estiverem funcionando sem a devida autorização, ou em desacordo com a concedida, ou com violação de disposição legal ou regulamentar; e

c) proibição de contratar com o Poder Público, bem como dele obter subsídios, subvenções ou doações, cujo prazo máximo não pode exceder a 10 anos.

A prestação de serviços à comunidade pela pessoa jurídica consistirá em: custeio de programas e de projetos ambientais; execução de obras de recuperação de áreas degradadas; manutenção de espaços públicos; e contribuições a entidades ambientais ou culturais públicas.

O art. 24 da Lei nº 9.605/1998 contém uma pena acessória para a pessoa jurídica: a sua **liquidação forçada**. Tem cabimento quando o Ministério Público logra demonstrar que a pessoa jurídica foi constituída ou é utilizada, preponderantemente, para o fim de permitir, facilitar ou ocultar a prática de crimes definidos na Lei nº 9.605/1998. Nessa hipótese, o patrimônio da pessoa jurídica é considerado instrumento do crime e será perdido em favor do Fundo Penitenciário Nacional. Essa pena acessória, todavia, não é cabível contra empresas públicas e sociedades de economia mista, com base na interpretação sistemática do art. 94 da Lei nº 13.303/2016.

9.4.4.3 Dosimetria da pena

A dosimetria da pena está disposta no art. 6º da Lei nº 9.605/1998. Esse dispositivo legal aplica-se tanto para a responsabilidade penal quanto para a administrativa. Segundo ele, para impor e dosar a pena, o julgador deve observar:

a) a gravidade do fato, tendo em vista os motivos da infração e suas consequências para a saúde pública e para o meio ambiente;

b) os antecedentes do infrator quanto ao cumprimento da legislação de interesse ambiental; e

c) a situação econômica do infrator, no caso de multa.

Esse art. 6º da Lei nº 9.605/1998 deve ser complementado, na forma do art. 79 da Lei nº 9.605/1998, pelas circunstâncias judiciais previstas no art. 59 do CP. Contudo, as circunstâncias previstas neste art. 6º devem ter um peso maior do que aquelas previstas no art. 59 do CP, em função da sua especialidade. Assim, a gravidade, não abstrata, mas concreta do ilícito penal ambiental, segundo os motivos da infração e as suas consequências para a saúde pública e para o meio ambiente, deve ser valorada especialmente pela sentença condenatória. Caso a gravidade do fato já constitua elementar do tipo ou majorante específica, ela não poderá ser considerada na primeira fase da dosimetria penal, a título de circunstância judicial, sob pena de *bis in eadem*. Por exemplo: se, nos crimes contra a flora (arts. 38 a 52 da Lei nº 9.605/1998), resultar a diminuição de águas naturais, essa consequência negativa não deverá ser valorada como circunstância judicial na fixação da pena-base, porquanto ela majorará a pena provisória, por força do art. 53, I, da Lei nº 9.605/1998.

As **atenuantes**, previstas no art. 14 da Lei nº 9.605/1998, são circunstâncias legais que incidem na segunda fase da dosimetria da pena. Elas constituem fatores que o legislador reputou suficientes para, reduzindo a reprovabilidade da conduta criminosa, ensejar uma atenuação da pena. Apesar de o *quantum* da redução não ser predeterminado, ficando à discricionariedade do magistrado, ele deve observar o limite da Súmula nº 231 do STJ ("A incidência da circunstância atenuante não pode conduzir à redução da pena abaixo do mínimo legal"), cuja tese foi adotada pelo STF, em sede de repercussão geral (STF, RE nº 597.270 QO-RG). Por força do art. 79 da Lei nº 9.605/1998, as atenuantes previstas no CP, especialmente no seu art. 66, também incidem sobre os crimes tipificados na Lei nº 9.605/1998. Aplica-se, no entanto, o princípio da especialidade a fim de impedir que a mesma circunstância atenue a pena mais de uma vez.

Atenuam a pena as seguintes circunstâncias:

a) O baixo grau de instrução ou escolaridade do agente, situação verificada nos primeiros anos do ensino fundamental.

b) O arrependimento do infrator, manifestado pela espontânea reparação do dano, ou limitação significativa da degradação ambiental causada. A espontaneidade ocorre quando a ideia inicial parte do próprio agente, enquanto a voluntariedade designa a ausência de coação moral na opção eleita pelo indivíduo. Assim, se a reparação do dano ambiental operada pelo agente decorreu, exclusivamente, da sua condenação em ação civil pública, a atenuante não será aplicada em função da falta de espontaneidade.

c) A comunicação prévia pelo agente do perigo iminente de degradação ambiental. A comunicação deve ser feita com antecedência suficiente de modo que permita às autoridades responsáveis a adoção de medidas saneadoras.

d) A colaboração com os agentes encarregados da vigilância e do controle ambiental.

As **agravantes**, previstas no art. 15 da Lei nº 9.605/1998, são circunstâncias legais que incidem na segunda fase da dosimetria da pena. Elas constituem fatores que o legislador reputou suficientes para, em razão do aumento da reprovabilidade da conduta criminosa, ensejar uma agravação da pena. Apesar de o *quantum* desse acréscimo não ser predeterminado, o STF adotou a fração equivalente a 1/6 sobre a pena-base (STF, RHC nº 127.382). Sob pena de *bis in idem*, a agravante incide quando o fato que a caracteriza não constitui majorante, tampouco elementar do tipo, ou seja, quando constitui ou qualifica o tipo.

São várias as agravantes previstas na Lei nº 9.605/1998:

a) reincidência nos crimes de natureza ambiental; e

b) ter o agente cometido a infração: para obter vantagem pecuniária; coagindo outrem para a execução material da infração; afetando ou expondo a perigo, de maneira grave, a saúde pública ou o meio ambiente; concorrendo para danos à propriedade alheia; atingindo áreas de unidades de conservação ou áreas sujeitas, por ato do Poder Público, a regime especial de uso; atingindo áreas urbanas ou quaisquer assentamentos humanos; em período de defeso à fauna; em domingos ou feriados; à noite; em épocas de seca ou inundações; no interior do espaço territorial especialmente protegido; com o emprego de métodos cruéis para abate ou captura de animais; mediante fraude ou abuso de confiança; mediante abuso do direito de licença, permissão ou autorização ambiental; no interesse de pessoa jurídica mantida, total ou parcialmente, por verbas públicas ou beneficiada por incentivos fiscais; atingindo espécies ameaçadas, listadas em relatórios oficiais das autoridades competentes; facilitada por funcionário público no exercício de suas funções.

A reincidência, no âmbito da Lei n° 9.605/1998, ocorre apenas sob a forma específica, ou seja, se o crime anterior tem natureza ambiental. Devido à omissão da Lei n° 9.605/1998 quanto à definição de reincidência, deve-se recorrer aos arts. 63 e 64 do CP quanto ao seu conceito e prazo.

Há divergência doutrinária sobre a aplicação subsidiária das agravantes previstas no CP aos crimes tipificados na Lei n° 9.605/1998. A corrente contrária argumenta no sentido da proibição da analogia *in malam partem*. A corrente favorável ampara-se na subsidiariedade prevista no art. 79 da Lei n° 9.605/1998. Em leitura própria, sustenta-se o acerto desse último posicionamento favorável, visto que a incidência das agravantes previstas no CP aos crimes tipificados na Lei n° 9.605/1998 não resulta de analogia, a qual pressupõe omissão não intencional do legislador, mas da subsidiariedade expressa que foi prevista no referido art. 79. Ademais, a máxima efetividade do meio ambiente ecologicamente equilibrado exige a interpretação que mais favoreça a tutela do bem ambiental. Nessa linha, também resta justificada a aplicação subsidiária das agravantes previstas no Código Penal, pois essa interpretação aumenta a proteção do meio ambiente.

Admitida a aplicação subsidiária das agravantes previstas no CP, deve ser observada a especialidade das agravantes previstas na Lei nº 9.605/1998 que têm identidade com as previstas no CP. Nesses casos, aplica-se, apenas, a agravante disposta na Lei nº 9.605/1998, sob pena de *bis in eadem*.

Em função da sua posição topográfica, há doutrina que sustenta que as agravantes previstas no art. 15 não se aplicam às pessoas jurídicas. Contudo, a razão está com a doutrina para a qual as agravantes e as atenuantes devem ser consideradas quanto às pessoas jurídicas em face da necessidade da individualização da pena; além disso, a mera posição topográfica, por si só, não é fundamento suficiente para afastar a incidência do texto legal.

A despeito de parte da doutrina sustentar que as agravantes, à exceção da reincidência, não se aplicam aos crimes culposos, o STF já decidiu que,

> além da reincidência, outras circunstâncias agravantes podem incidir na hipótese de crime culposo: assim, as atinentes ao motivo, quando referidas à valoração da conduta, a qual, também nos delitos culposos, e voluntária, independentemente da não voluntariedade do resultado: admissibilidade, no caso, da afirmação do motivo torpe – a obtenção de lucro fácil –, que, segundo o acórdão condenatório, teria induzido os agentes ao comportamento imprudente e negligente de que resultou o sinistro (STF, HC nº 70.362).

9.4.4.4 Suspensão condicional da pena

Pela suspensão condicional de pena, também conhecida como *sursis*, o cumprimento da pena privativa de liberdade definitiva fica suspenso enquanto o apenado cumpre as condições previstas nos arts. 78 e 79 do CP. Após o cumprimento integral das condições no período determinado (período de prova), sobrevém a extinção da pena. O *sursis* está regulamentado de forma especial para os crimes tipificados na Lei nº 9.605/1998 (arts. 16 e 17). Enquanto, no CP, o *sursis* tem cabimento para crimes com pena privativa de liberdade de até dois anos, inclusive, na Lei nº 9.605/1998, a suspensão condicional da pena tem lugar para crimes com pena privativa de liberdade de até três anos. Diante do silêncio quanto ao prazo de suspensão da pena, a doutrina entende que esse prazo é de dois a quatro anos, conforme o art. 77, *caput*, do CP.

A doutrina divide-se quanto à aplicabilidade da suspensão condicional da pena em favor de pessoa jurídica. Têm razão, todavia, os que advogam o seu descabimento, tendo em vista que o *sursis* se destina a suspender a pena privativa de liberdade, a qual, por impossibilidade jurídica e fática, não pode ser imposta à pessoa jurídica.

Uma das condições para a extinção da pena decorrente do cumprimento do *sursis* consiste na reparação do dano ambiental, quando possível. Para tanto, o juízo deve se valer de laudo de reparação do dano ambiental (art. 17 da Lei nº 9.605/1998), o qual deve ser confeccionado na forma dos arts. 159 e seguintes do CPP.

9.4.4.5 *Valor mínimo de indenização fixado pela sentença penal condenatória*

> Sempre que possível, conforme os arts. 20 da Lei nº 9.605/1998, e 387, IV, do CPP, a sentença penal condenatória deve fixar um **valor mínimo de indenização à vítima**, sem prejuízo da posterior liquidação do montan-

te indenizatório. Como a sentença penal condenatória constitui título executivo judicial (art. 515, VI, do novo Código de Processo Civil – NCPC), ela fixa, no mínimo, o *an debeatur*, ou seja, a obrigação de a parte responsável pelo dano indenizá-lo. Destaca-se, no entanto, sob pena de ofensa ao contraditório, a impossibilidade ser promovida a execução civil da sentença penal condenatória contra pessoa que não foi ré no processo penal, à exceção da eventual desconsideração da personalidade jurídica que venha a ser decretada.

Se a indenização se destinar à coletividade, o Ministério Público, com base nos arts. 127, *caput*, e 129, III, ambos da CF, terá legitimidade para executá-la, hipótese em que o montante obtido deve reverter para o Fundo de Defesa de Direitos Difusos, que foi regulado pela Lei nº 9.008/1995. Na hipótese de a vítima ser determinada, a ela competirá a execução.

Mesmo que a indenização, na hipótese deste art. 20, seja considerada um efeito específico da sentença penal (art. 91, I, do CP), o STJ já exigiu a formulação expressa de pedido nesse sentido pelo Ministério Público, a fim de impedir que o réu seja surpreendido, pela sentença, a pagar determinado valor sobre o qual não se produziu nenhuma prova (STJ, AgRg no REsp nº 1.626.962/MS).

9.4.4.6 Prescrição da pretensão punitiva

Em relação às pessoas físicas, a prescrição da pretensão punitiva dá-se segundo as regras do CP.

Já quanto às **penas cabíveis contra as pessoas jurídicas**, a prescrição apresenta particularidades. A ausência de indicação expressa do prazo de duração das penas restritivas de direitos aplicáveis às pessoas jurídicas gera um problema grave ao exame da prescrição. Já se pode descartar o pensamento de que não haveria um limite máximo de duração dessas penas, pois tal situação caracterizaria verdadeira imprescritibilidade, a qual pode ser prevista somente pela Constituição (art. 5°, XLII e XLIV), segundo a doutrina majoritária. Formaram-se duas correntes a respeito. Para a primeira, considera-se o prazo prescricional da pena de multa, previsto no art. 114, I, do CP; não se poderia aplicar o art. 114, II, do CP, visto que a pena restritiva de direito, no âmbito da Lei n° 9.605/1998, não é substitutiva, mas autônoma. Assim já decidiram o Tribunal de Justiça do Rio Grande do Sul – TJRS (Apelação Crime n° 70.054.678.164) e o TRF1 (ACR n° 19.432.320.104.013.303), por exemplo.

Já a segunda corrente, acolhida pelo STJ, em 2018, advoga a consideração do prazo previsto para a pena privativa de liberdade:

> 3. Dispõe o art. 21, § 3°, da Lei n° 9.605/1998, que às pessoas jurídicas serão aplicáveis isolada, cumulativa ou alternativamente as penas de multa, de restrição de direitos ou de prestação de serviços à comunidade. 4. Podendo, portanto, no caso dos crimes ambientais, além da pena de multa, ser aplicada cumulativamente medida restritiva de direitos. Para o cômputo do prazo prescricional em abstrato, deve-se levar em consideração a disposição do art. 109, parágrafo único, do Código Penal, segundo a qual antes de transitar em julgado a sentença final, aplicam-se às penas restritivas de direito o mesmo prazo previsto para as privativas de liberdade (STJ, AgRg no RMS n° 56158/PA 2017/0330616-7). Esse entendimento foi repetido em 2020 (STJ, AREsp n° 1.616.383/RJ).

9.4.5 Ação penal

Para os crimes ambientais definidos na Lei n° 9.605/1998, segundo o art. 26 desta, a ação penal é sempre **pública incondicionada**. Por consequência, a ação penal relativa a crimes que, aparentemente, ofendem apenas interesses privados, a exemplo da causação de um incêndio em floresta particular (art. 41), não depende da vontade da vítima direta.

É admitida a **ação penal privada subsidiária da pública** (ou ação penal supletiva), conforme os arts. 5°, LIX, da CF, e 29 do CPP, para os crimes tipificados na Lei n° 9.605/1998, desde que neles haja um sujeito passivo determinado. Logo, nos crimes vagos – aqueles nos quais a coletividade é vítima –, não se admite esse tipo de ação. Ademais, para o cabimento da ação penal supletiva, exige-se inércia do Ministério Público, ou seja, que o Ministério Público, no prazo legal, não adote nenhuma providência em relação ao inquérito policial, termo circunstanciado ou peças de informação. Se o Ministério Público promover o arquivamento da investigação ou requisitar diligências à autoridade policial, por exemplo, não se caracteriza a inércia, razão por que não terá lugar a ação penal supletiva.

Entendimento similar vale para o cabimento do **assistente do Ministério Público** (arts. 268 a 273 do CPP): ele só é admitido nas ações penais que tenham vítima determinada. Aceita-se, inclusive, que pessoa jurídica (desde que seja vítima determinada) possa ser assistente de acusação. Apesar de o interesse primordial do assistente na ação penal ser patrimonial, o STJ admite que o assistente recorra visando ao aumento da pena aplicada ao réu, questão que, sob a óptica patrimonial, lhe é irrelevante (STJ, HC n° 137.339/RS).

Observadas a independência da instância cível e da penal bem como considerada a indisponibilidade da ação penal pública, a celebração de **TAC** (art. 5°, § 6°, da Lei n° 7.347/1985) com o autor do dano ambiental não impede o oferecimento da denúncia criminal. Não obstante, o cumprimento do TAC terá influência positiva ao réu, na fase da dosimetria da pena, em caso da sua condenação. Assim, para o TRF 4, "a efetiva recuperação da área não implicaria, conforme requerido pelo acusado, a sua absolvição, mas tão somente diminuição na sanção aplicada" (ACR n° 0004143-67.2007.404.7201).

Contudo, por expressa disposição do **art. 60 da Lei n° 12.651/2012**, a assinatura do termo de compromisso para regularização de imóvel ou posse rural, conforme o art. 59 dessa mesma lei, suspenderá a punibilidade dos crimes previstos nos arts. 38, 39 e 48 da Lei de Crimes Ambientais – LCA. Se houver a regularização efetiva, a punibilidade será declarada extinta (art. 60, § 2°, da Lei n° 12.651/2012). Esclarece-se que, segundo o art. 59, § 4°, da Lei n° 12.651/2012, o termo de compromisso sob análise apenas poderá envolver as infrações que foram praticadas até 22.07.2008. O art. 60 da Lei n° 12.651/2012 constitui hipótese de anistia enquanto causa extintiva de punibilidade, conforme decidido pelo STF (ADC n° 42 e ADIs n°s 1.901, 4.902, 4.903 e 4.937).

Em razão da independência das instâncias judicial e administrativa, o Ministério Público não depende da **conclusão da atuação administrativa** para oferecer a denúncia criminal. Assim, o encerramento de eventual procedimento administrativo para apurar o dano ambiental não é condição de procedibilidade da ação penal, tampouco impede o início desta. Basta que o Ministério Público disponha de elementos de informação suficientes para caracterizar a justa causa para o oferecimento da denúncia.

Geralmente, a **perícia** é necessária, nos crimes ambientais, dada a especificidade do seu objeto material. A maior parte dos crimes ambientais deixa vestígios, o que enseja a aplicação do art. 158 do CPP, com o temperamento, todavia, do art. 167 do CPP. Os instrumentos utilizados para a prática do crime igualmente devem passar por perícia, segundo o art. 175 do CPP. A perícia realizada na fase inquisitorial pode ser aproveitada na fase judicial se o contraditório postergado (ou diferido ou retardado) for garantido ao réu. Nos crimes ambientais, a prova pode ser irrepetível (se não for produzida naquele momento, os vestígios desaparecerão), circunstância que autoriza a sua produção antecipada, conforme o art. 155 do CPP. Essa produção antecipada costuma ocorrer ainda na fase do inquérito policial, na qual o contraditório é mitigado. Essa perícia passará a constituir prova plena quando for oferecida ao sujeito passivo a possibilidade de contraditá-la. Essa providência ocorre quando o réu é citado para apresentar a sua defesa (no rito comum ordinário, trata-se da resposta à acusação, prevista no art. 396-A do CPP). Por essa razão, o contraditório, nessa hipótese, é diferido: embora o estudo técnico que constitui a prova (perícia) seja realizado na fase inquisitorial, o contraditório será exercido de forma diferida, postergada ou retardada, ou seja, apenas quando do oferecimento da defesa do réu na ação penal.

9.4.6 Acordos penais

9.4.6.1 Transação

Enquanto a transação, no âmbito da Lei n° 9.099/1995, independe da composição dos danos civis com a vítima, a transação, na Lei n° 9.605/1998, exige a prévia composição do dano ambiental. "Prévia composição" significa o acerto, o acordo pelo qual o infrator se compromete a reparar o dano causado. O art. 74 da Lei n° 9.099/1995 sustenta que a sentença que homologar a composição dos danos civis terá eficácia de título a ser executado no juízo civil, o que evidencia que essa composição equivale a um simples acordo que constitui fonte de obrigação ao autor do fato. Enfatiza-se, portanto: a lei não exige a reparação em si do dano ambiental, mas o acordo pelo qual o infrator se obriga a essa reparação; uma vez reparado o dano, a transação considera-se cumprida.

Na hipótese de descumprimento da transação, o STF decidiu, em nível de repercussão geral, que "não fere os preceitos constitucionais a propositura de ação penal em decorrência do não cumprimento das condições estabelecidas em transação penal" (STF, RE n° 602.072 QO-RG). No mesmo sentido, está a Súmula Vinculante n° 35:

> A homologação da transação penal prevista no art. 76 da Lei n° 9.099/1995 não faz coisa julgada material e, descumpridas suas cláusulas, retoma-se o status quo ante, possibilitando-se ao Ministério Público a continuidade da persecução penal mediante oferecimento de denúncia ou requisição de inquérito policial.

Dessa forma, descumprido qualquer dos termos da transação aceita pelo autor do fato, o Ministério Público prosseguirá, oferecendo a denúncia criminal.

9.4.6.2 Suspensão condicional do processo

A diferença fundamental entre a suspensão condicional do processo regulada no art. 28 da Lei n° 9.605/1998 e a prevista na Lei n° 9.099/1995 reside em que, naquela, a reparação do dano ambiental é condição para a decretação da extinção da punibilidade.

Em função da redação do *caput* art. 28 da Lei nº 9.605/1998 ("As disposições do art. 89 da Lei nº 9.099, de 26 de setembro de 1995, aplicam-se aos *crimes de menor potencial ofensivo definidos nesta Lei*, com as seguintes modificações"), surgiu dúvida sobre para quais crimes é cabível o oferecimento do benefício em questão. Para a primeira corrente, o *sursis* processual cabe para os crimes cuja pena mínima seja de até dois anos. Para a segunda, crimes para cuja pena máxima seja de dois anos. Para a terceira corrente permanece o limite da pena mínima equivalente a um ano.

O *sursis* processual é aplicável para as pessoas jurídicas também, desde que sejam feitas adaptações. As condições previstas no art. 89, § 1º, II (proibição de frequentar determinados lugares) e III (proibição de ausentar-se da comarca onde reside, sem autorização do Juiz), da Lei nº 9.099/1995, não podem ser exigidas da pessoa jurídica, ao passo que as condições previstas no art. 89, § 1º, I (reparação do dano, salvo impossibilidade de fazê-lo) e IV (comparecimento pessoal e obrigatório a juízo, mensalmente, para informar e justificar suas atividades), da Lei nº 9.099/1995, devem ser exigidas.

A extinção da punibilidade apenas pode ocorrer se for comprovada a reparação do dano ambiental. Findo o prazo de suspensão, se o laudo constatar que a reparação não foi completa, o prazo de suspensão (dois a quatro anos) poderá ser prorrogado até o máximo (quatro anos), acrescido de mais um ano, segundo o art. 28, II, da Lei nº 9.605/1998. Findo o prazo da prorrogação, se o dano ambiental ainda não houver sido reparado, o prazo da suspensão do processo, segundo o art. 28, IV, da Lei nº 9.605/1998, que já estava prorrogado, pode ser prorrogado, mais uma vez, por mais cinco anos. Durante a suspensão original (art. 89, § 6º, da Lei nº 9.099/1995) e as prorrogações, não corre o prazo prescricional. Durante as prorrogações, tampouco se aplicam as condições previstas no art. 89, § 1°, II, III e IV, da Lei n° 9.099/1995, segundo o art. 28, III, da Lei n° 9.605/1998. Esgotado o prazo máximo de suspensão do processo, a extinção da punibilidade dependerá da conclusão do laudo pericial no sentido de o dano ambiental ter sido reparado ou de haver o autor do dano ambiental adotado providências para sua reparação completa.

9.4.6.3 Acordo de não persecução penal

O acordo de não persecução penal, atualmente previsto no art. 28-A do CPP, tem aplicação para os crimes ambientais, desde que harmonizadas as condições do art. 28-A do CPP, *caput*, com as da LCA, ou seja: a reparação do dano à vítima (inciso I) deve ser interpretada como reparação do dano ambiental (art. 28, I, da Lei n° 9.605/1998); a renúncia voluntária a bens e direitos indicados pelo Ministério Público como instrumentos, produto ou proveito do crime (inciso II) conjuga-se ao disposto no art. 25 da Lei n° 9.605/1998; a prestação de serviço à comunidade ou a entidades públicas (inciso III) deve ocorrer na forma do art. 9° da Lei n° 9.605/1998; a prestação pecuniária (inciso IV) deve ser voltada a entidades públicas ou privadas com finalidade ambiental; e as outras condições (inciso V), do mesmo modo, devem possuir pertinência com a proteção do meio ambiente.

9.4.7 Competência material para o julgamento dos crimes ambientais

Em regra, a competência material para o julgamento de crimes ambientais será da Justiça Estadual, pois esta é residual (art. 125 da CF) em relação à Justiça Federal, cuja competência, por ser taxativa (arts. 108 e 109 da CF), é especial. O raciocínio é por exclusão: sempre que não se identificar algum motivo específico que determine a competência da Justiça Federal, a competência será da Justiça Estadual.

Esclarece-se que a contravenção penal, mesmo que praticada contra bem ou interesse da União, é sempre julgada pela Justiça Estadual, nos termos do art. 109, IV, da CF.

No tocante aos crimes ambientais, após o cancelamento da Súmula nº 91 do STJ ("Compete à Justiça Federal processar e julgar os crimes praticados contra a fauna"), pacificou-se o entendimento de que somente será competente a Justiça Federal se forem atingidos bens (art. 20 da CF), interesses específicos ou serviços da União, incluindo suas autarquias e empresas públicas, conforme o art. 109 da CF. Assim, para se constatar a competência da Justiça Federal, basta identificar alguma norma que relacione os objetos jurídico e/ou material do crime à União ou suas autarquias ou empresas públicas. Considerando que a proteção ambiental é competência comum da União, dos Estados e dos Municípios, "inexistindo dispositivo expresso, constitucional ou legal, sobre qual a Justiça competente quanto aos crimes ambientais, tem-se, em regra, que o processo e o julgamento desses crimes são da competência da Justiça Comum Estadual" (STJ, RHC nº 35.551).

Dessa forma, exemplificativamente, a **competência será da Justiça Federal** se o crime ambiental:

a) Atentar contra bens, serviços ou interesses diretos e específicos da União ou de suas entidades autárquicas. Não basta que o interesse seja genérico. Por exemplo, a "atividade de fiscalização ambiental exercida pelo Ibama, ainda que relativa ao cumprimento do art. 46 da Lei de Crimes Ambientais, configura interesse genérico, mediato ou indireto da União, para os fins do art. 109, IV, da Constituição", o que justifica a competência da Justiça Estadual (STF, HC n° 81.916). Por isso, mesmo havendo concurso do crime tipificado no art. 46 da Lei n° 9.605/1998 com o crime de falsificação do documento de origem florestal (DOF), o qual é fiscalizado pelo Ibama, o STJ entende que a competência para o julgamento é da Justiça estadual (STJ, CC n° 141.822/PR).

Crime ambiental envolvendo bens da União justificam a competência da Justiça Federal (STF, RE n° 454.740). Logo, crime ocorrido em rio que banha mais de um Estado da Federação (art. 20, III, da CF) é da competência da Justiça federal (STJ, CC n° 55.130/SP). Não obstante, o STJ, que entendia que a pesca realizada em rio que banhasse mais de um Estado era da competência da Justiça federal (STJ, CC n° 39.055/RS), passou a sustentar, desde 2016, que o crime de pesca em rio interestadual desacompanhado da comprovação de que o dano dela decorrente tenha repercutido em mais de um Estado é da competência da Justiça estadual (STJ, CC n° 146.373).

Terrenos de Marinha, por serem bens da União (art. 20, VII, da CF), ensejam a competência da Justiça Federal (STJ, HC n° 165.931/RJ), independentemente de ter havido demarcação oficial (STJ, RHC n° 50.692). Da mesma forma, crimes ambientais envolvendo sítio arqueológico (art. 20, X, da CF), a exemplo do tipificado no art. 62 da Lei n° 9.605/1998, são da competência da Justiça Federal.

Crimes ambientais praticados no interior de unidade de conservação federal (Lei n° 9.985/2000) ou na sua zona de amortecimento são igualmente de competência da Justiça federal.

b) For previsto tanto no direito interno quanto em tratado ou convenção internacional, no caso de execução iniciada no Brasil, mas o resultado tenha ou deve ter ocorrido no estrangeiro, ou na hipótese inversa. Nesse ponto, deve-se fazer referência ao julgamento do RE nº 835.558, pelo STF: "Compete à Justiça Federal processar e julgar o crime ambiental de caráter transnacional que envolva animais silvestres, ameaçados de extinção e espécimes exóticas ou protegidas por compromissos internacionais assumidos pelo Brasil". Extraem-se as seguintes conclusões da leitura desse aresto:

- a proteção à fauna é um compromisso assumido pelo Brasil em diplomas internacionais: Convenção para a Proteção da Flora, da Fauna e das Belezas Cênicas Naturais dos Países da América (ratificada pelo Decreto Legislativo nº 3, de 1948, em vigor no Brasil desde 26 de novembro de 1965, promulgado pelo Decreto nº 58.054, de 23 de março de 1966); a Convenção de Washington sobre o Comércio Internacional das Espécies da Flora e da Fauna Selvagens em Perigo de Extinção – CITES (ratificada pelo Decreto-lei nº 54/1975 e promulgada pelo Decreto nº 76.623, de novembro de 1975) e a Convenção sobre Diversidade Biológica – CDB (ratificada pelo Brasil por meio do Decreto Legislativo nº 2, de 8 de fevereiro de 1994);
- não obstante essa previsão em instrumentos internacionais, "a transnacionalidade, em casos que tais, atrai a competência da Justiça Federal, ainda que o delito não esteja expressamente tipificado em tratados e convenções, uma vez que resta configurado o interesse direto da União no alcance do compromisso internacionalmente assumido"; e
- observada a discussão travada entre os Ministros, ao final do julgamento em questão, restou claro que é da

competência da Justiça federal o julgamento de crimes ambientais transnacionais que envolvam: animais silvestres brasileiros ameaçados ou não de extinção, animais silvestres exóticos e animais silvestres protegidos por compromissos internacionais assumidos pelo Brasil.

c) Tiver sido cometido a bordo de navios ou aeronaves.

d) Houver sido praticado com grave violação de direitos humanos a provocar incidente de deslocamento de competência.

e) Mantiver conexão ou continência com outro crime de competência federal, ressalvada a competência da Justiça Militar e da Justiça Eleitoral. Assim, em caso de conexão ou continência entre crimes da competência da Justiça federal e da estadual, compete àquela o julgamento unificado (Súmula nº 122 do STJ: "Compete à Justiça Federal o processo e julgamento unificado dos crimes conexos de competência federal e estadual, não se aplicando a regra do art. 78, II, *a*, do Código de Processo Penal"). De exemplo, menciona-se o crime previsto no art. 55 da Lei nº 9.605/1998 ("Executar pesquisa, lavra ou extração de recursos minerais sem a competente autorização, permissão, concessão ou licença, ou em desacordo com a obtida"): como esse crime é praticado em concurso formal com aquele tipificado no art. 2º da Lei nº 8.176/1991, pois o minério é bem da União (art. 20, IX, da CF), a Justiça Federal é a competente (STJ, RHC nº 50.160), mesmo que a conduta criminosa seja praticada em propriedade particular (STJ, CC nº 116.447).

Por outro lado, nos seguintes exemplos, observa-se a **competência residual da Justiça estadual:**

a) Crimes contra a fauna (v. cancelamento da Súmula n° 91 do STJ).

b) O mero fato de o auto de infração ter sido lavrado pelo Ibama não faz com que, obrigatoriamente, o correspondente crime ambiental seja julgado pela Justiça Federal, já que esse órgão ambiental atua supletivamente aos órgãos estaduais, visto que a atribuição para proteger o meio ambiente é comum (STJ, CC n° 113.345).

c) Crime ambiental praticado em rio que não banha mais de um Estado, não faz divisa com outro país, não se estende a outro país ou deste provém, ou em rio interestadual cujos danos não sejam regionais ou nacionais é julgado pela Justiça estadual.

d) Patrimônio nacional, a exemplo da Mata Atlântica (art. 225, § 4°, da CF), não constitui bem da União, razão por que a competência é da Justiça Estadual (STF, RE n° 299.856).

e) Crime ambiental ocorrido em programa "Minha Casa Minha Vida", nas hipóteses em que a Caixa Econômica Federal atue, tão somente, na qualidade de agente financiador da obra (STJ, CC n° 139.197).

f) Crimes ambientais ocorridos em área particular, mesmo que localizadas no interior de APP (arts. 3°, II, e 6°, ambos da Lei n° 12.651/2012), são de competência da Justiça estadual (STJ, CC n° 30.260).

9.4.8 Apreensão do produto e do instrumento do crime ambiental ou da infração ambiental administrativa

O art. 25 da Lei n° 9.605/1998 prevê a apreensão dos produtos e instrumentos dos crimes ambientais e das infrações ambientais administrativas. No âmbito federal, a apreensão administrativa é regulamentada pelo Decreto n° 6.514/2008.

Há **independência entre os legitimados a fazer a apreensão.** Investigações sobre crimes ambientais costumam envolver órgãos ambientais, federais (p. ex.: Ibama), estaduais e/ou municipais e a polícia judiciária. Em consequência, pode haver mais de uma apreensão sobre o mesmo bem. Por exemplo, em uma operação envolvendo o corte ilegal de madeira de floresta pública, a motosserra utilizada para o corte, o caminhão usado para o transporte e a própria madeira podem ser apreendidos pela autoridade ambiental porque foram empregados na prática de infração ambiental administrativa; esses mesmos bens, também, podem ser objeto de apreensão determinada pela autoridade policial porque têm relação com o fato criminoso (art. 6º, II, do CPP). Haverá assim duas ordens (comandos) de apreensão para o mesmo bem.

Daí decorre a importância da lavratura do termo de apreensão. Caso o proprietário do caminhão ajuíze, perante o Juízo Criminal, um pedido de restituição de coisa apreendida (arts. 118 e seguintes do CPP), eventual deferimento desse pedido importará apenas no cancelamento da apreensão realizada pela autoridade policial, sobre a qual o juízo criminal tem competência para decidir, mas não sobre a apreensão realizada pela autoridade administrativa ambiental, em relação à qual o juízo criminal não tem competência. Como resultado, nesse exemplo, o caminhão continuará apreendido por força da ordem da autoridade ambiental. Para reaver o seu caminhão, o proprietário deverá apresentar pedido nesse sentido ao próprio órgão que fez a apreensão, impetrar um mandado de segurança contra o diretor do órgão ambiental, observado o prazo decadencial, ou ajuizar ação ordinária contra a pessoa jurídica de direito público interno à qual está vinculado o órgão ambiental, perante o juízo cível competente.

250 Direito Ambiental

Verificada a infração, ou seja, percebida a sua ocorrência fática, os instrumentos do crime ou infração ambiental, ou seja, os bens empregados pelo sujeito ativo para a prática da infração podem ser apreendidos. Nesse ponto, observa-se a seguinte diferença: enquanto a Lei nº 9.605/1998 não condiciona que os instrumentos tenham sua origem lícita ou ilícita, o art. 91, II, a, do CP permite apenas a apreensão dos instrumentos do crime, desde que consistam em coisas cujo fabrico, alienação, uso, porte ou detenção constitua fato ilícito.

Igualmente, estão sujeitos à apreensão os produtos do crime ou infração ambiental, vale dizer, os bens adquiridos direta (p.ex.: espécimes pescados, no art. 34 da Lei nº 9.605/1998) ou indiretamente (p.ex.: o dinheiro obtido com a venda dos espécimes pescados).

Os animais apreendidos devem ser imediatamente entregues a zoológicos e afins para, tão logo possível, serem libertados no seu *habitat*. Em caso de impossibilidade dessa libertação, a exemplo do espécime que se tornou incapaz de sobreviver em razão da sua dependência em relação aos homens, eles devem permanecer na instituição para a qual foram, originalmente, entregues.

Os produtos perecíveis ou as madeiras apreendidas devem ser avaliados e doados a instituição com fins beneficentes. A avaliação é essencial para eventual ressarcimento do proprietário em caso de improcedência da ação penal ou da medida administrativa.

Os produtos e subprodutos não perecíveis da fauna devem ser destruídos ou doados a instituição com finalidades cientificadas, culturais ou educacionais.

Segundo o art. 25, § 5º, da Lei nº 9.605/1998, os instrumentos – sejam lícitos ou ilícitos – utilizados para o cometi-

Responsabilidade ambiental **251**

mento da infração ambiental devem ser vendidos, possibilitada ainda a sua descaracterização por intermédio da reciclagem. O STJ, na esfera da responsabilidade penal, exige prova de que o instrumento era utilizado para fins exclusivos de crime ambiental (REsp n° 1.526.538). Todavia, na esfera da responsabilidade administrativa, o tribunal consolidou o entendimento de que "A apreensão do instrumento utilizado na infração ambiental, fundada na atual redação do § 4° do art. 25 da Lei n° 9.605/1998, **independe do uso específico, exclusivo ou habitual para a empreitada infracional**" (Tema repetitivo n° 1.036). Ressalta-se que em ambas as searas o fundamento legal é o mesmo (art. 25).

9.4.9 Crimes ambientais em espécie

Na presente seção, tecem-se comentários gerais a respeito de alguns dos crimes ambientais mais cobrados em provas.

9.4.9.1 Art. 29 da Lei n° 9.605/1998

O **bem jurídico** tutelado consiste na fauna silvestre, terrestre ou aquática. Logo, os espécimes gozam de proteção, quer provenham do próprio país quer do estrangeiro, mesmo que estejam apenas de passagem pelo território brasileiro.

A fauna constitui bem de uso comum do povo, ostentando, portanto, natureza difusa (art. 225, *caput*, da CF). Assim, a fauna não se confunde com os bens públicos de nenhum ente da Federação e, ainda quando sujeita à propriedade privada, é protegida pelas limitações expressas no ordenamento jurídico ambiental. Então, a CF, assim que entrou em vigor, não recepcionou o art. 1º, *caput*, da Lei nº 5.197/1967, na parte em que ele diz que os animais "são propriedades do Estado".

O art. 29 revogou tacitamente o art. 27, *caput* e § 1º, da Lei nº 5.197/1967, por dispor sobre as mesmas condutas.

Quanto aos **sujeitos do crime**, o sujeito passivo consiste na coletividade. Tratando-se de crime comum, o sujeito ativo, por sua vez, pode ser qualquer pessoa, inclusive a jurídica.

O art. 29, *caput*, da Lei nº 9.605/1998 incrimina as **condutas** do sujeito ativo que **mata** (tirar a vida), **persegue** (seguir de perto), **caça** (perseguir para aprisionar ou matar), **apanha** (colher) e/ou **utiliza** (fazer uso) de espécimes da fauna silvestre, sem permissão, licença ou autorização da autoridade competente, ou excedendo os limites das que foram obtidas. Se presente o consentimento da Administração Pública para a prática das condutas previstas no tipo, o fato será atípico.

No tocante à caça, esta pode ser predatória, hipótese em que será profissional (proibida pelo art. 2º da Lei nº 5.197/1967 e pelo art. 19, § 3º, da Lei nº 9.985/2000) ou sanguinária (praticada por puro prazer e igualmente proibida). A caça também pode ser classificada como não predatória, subdividindo-se em:

a) caça de controle: destina-se à proteção da agricultura e da saúde pública, permitida pelo art. 3º, § 2º, da Lei nº 5.197/1967;

b) caça esportiva ou amadorista: tipo de esporte amador, permitido nos termos do art. 1º, § 1º, da Lei nº 5.197/1967;

c) caça de subsistência: caracteriza estado de necessidade e exclui a ilicitude da conduta; e

d) caça científica: para fins de estudos científicos, regulamentada pelo art. 14 da Lei nº 5.197/1967.

O art. 29, *caput*, da Lei nº 9.605/1998, constitui **tipo misto alternativo**, motivo pelo qual a prática de mais de um dos verbos nucleares, no mesmo contexto, caracteriza crime único, não havendo que se cogitar em concurso de crimes. No tipo misto alternativo, a realização de mais de um verbo nuclear é sopesada na primeira fase da dosimetria da pena (art. 59 do CP), razão pela qual o agente que pratica mais de um verbo nuclear merece uma pena mais elevada do que aquele que pratica apenas um.

O art. 29, § 1º, I, da Lei nº 9.605/1998, que também prevê tipos mistos alternativos, incrimina o sujeito ativo que, sem autorização, permissão ou licença, **impede** (obstar) que a fauna se reproduza. Segundo o art. 29, § 1º, II, da Lei nº 9.605/1998, é crime igualmente **modificar** (alterar), **danificar** (deteriorar) ou **destruir** (aniquilar) ninho (lugar onde as aves põem ovos e criam seus filhotes ou os animais se recolhem e dormem), abrigo (lugares de moradia e habitação permanente) ou criadouro natural (espaços onde se situam os viveiros em que algumas espécies crescem, a exemplo, de banhados e mangues).

Já pelo art. 29, § 1º, III, da Lei nº 9.605/1998, que também é tipo misto alternativo, incrimina-se a conduta do sujeito ativo que **vende** (comercializar), **expõe à venda** (anunciar para comercialização), **exporta** (enviar algo para fora do Estado ou do país) ou **adquire** (tornar-se proprietário por compra, permuta, doação), **guarda** (armazenar), **tem** (manter) em cativeiro ou depósito, **utiliza** (usar) ou **transporta** (locomover) os seguintes objetos materiais: ovos, larvas (primeiro estado dos insetos) ou espécimes da fauna silvestre, nativa ou em rota migratória, bem como produtos (bens derivados, a exemplo de um casaco de pele) e objetos (penas) dela oriundos, provenientes de criadouros não autorizados ou sem a devida permissão, licença ou autorização da autoridade competente.

Nos verbos nucleares adquirir, vender ou expor à venda, se o objeto material for um dos previstos no art. 29, § 1º, III, da Lei nº 9.605/1998, surge um conflito aparente com o art. 180 do CP (receptação). Todavia, pelo princípio da especialidade, prevalece o crime previsto na LCA. Diversamente, se o sujeito ativo adquire, transporta, tem em depósito ou vende espécime da fauna silvestre que for semovente domesticável, com a finalidade de produção ou comercialização, prevalece, pela especialidade, a receptação de animal tipificada no art. 180-A do CP. Em sentido contrário, o Tribunal de Justiça do Paraná (TJPR) entende ser possível o concurso de crimes (RSE nº 0000091-35.2020.8.16.0013).

O art. 29, § 2º, da Lei nº 9.605/1998 contempla hipótese de perdão judicial (v. Súmula nº 18 do STJ): dependendo das circunstâncias, não será aplicada a pena ao sujeito ativo que tem, em guarda doméstica, exemplar de espécie silvestre não ameaçada de extinção. É comum a aplicação desse perdão judicial nos casos de pessoas que criam, no âmbito doméstico e sem finalidade comercial, aves silvestres não ameaçadas.

O art. 29, § 4º, da Lei nº 9.605/1998 prevê causas de aumento em patamar fixo (metade), as quais preferem à aplicação das agravantes genéricas previstas no art. 15, quando coincidentes.

Os atos de pesca estão excluídos da tipificação deste art. 29 da Lei nº 9.605/1998.

No tocante à **voluntariedade**, o crime do art. 29 da Lei nº 9.605/1998 é doloso. Não é prevista a forma culposa.

A **consumação** dependerá do verbo nuclear. Matar, apanhar, utilizar, modificar, danificar, destruir, vender, exportar, adquirir, utilizar são crimes materiais que exigem resultado naturalístico, consumando-se quando este é atingido. Impedir, guardar, ter em cativeiro ou depósito e transportar são crimes permanentes, cuja consumação se prolonga no tempo.

Como todos os verbos nucleares são plurissubsistentes, a **tentativa** é admissível.

9.4.9.2 Art. 30 da Lei nº 9.605/1998

O **bem jurídico** tutelado consiste na fauna integrada por répteis e anfíbios, a qual é protegida também pela Convenção sobre Comércio Internacional das Espécies da Flora e Fauna Selvagens em Perigo de Extinção – CITIES (Decreto nº 76.623/1975). Houve revogação tácita do crime previsto no art. 27 c/c o art. 18, ambos da Lei nº 5.197/1967.

Quanto aos **sujeitos**, o sujeito passivo é a coletividade e a União. Tratando-se de crime comum, o sujeito ativo pode ser qualquer pessoa, inclusive a jurídica.

O art. 30 da Lei nº 9.605/1998 incrimina a **conduta** do sujeito ativo que **exporta** (envia algo para fora de uma cidade, estado ou país) para o exterior (estrangeiro) peles (órgão que recobre o corpo) e couro (espécie de pele) em estado bruto, ou seja, sem processo de manufaturação, sem autorização dos órgãos competentes.

O objeto material sobre o qual incide a conduta é a pele ou couro de répteis.

A autorização da autoridade ambiental competente (elemento normativo do tipo) torna a conduta atípica.

O comércio interno, dentro do país, da pele e do couro de anfíbios e répteis, não é incriminado pelo art. 30, mas pelo art. 29, § 1º, III (**produtos e objetos**), ambos da Lei nº 9.605/1998.

Já no conflito aparente entre o art. 30 da Lei nº 9.605/1998 e o art. 334-A do CP (contrabando), prevalece aquele, por força do princípio da especialidade.

Quanto à **voluntariedade**, o crime é doloso, inexistindo previsão da forma culposa.

A **consumação** ocorre no instante em que o objeto material sai do território nacional. Sendo crime plurissubsistente, a **tentativa** é possível.

A competência material é da Justiça Federal (art. 109, V, da CF).

9.4.9.3 Art. 32 da Lei nº 9.605/1998

O **objeto jurídico** tutelado consiste na integridade física dos animais. O art. 32 da Lei nº 9.605/1998 revogou tacitamente a contravenção penal prevista no art. 64 da Lei das Contravenções Penais (LCP).

Quanto aos **sujeitos**, o sujeito passivo é a coletividade. Se animais silvestres em extinção forem o objeto material, a União também figurará como sujeito passivo. Tratando-se de crime comum, o sujeito ativo pode ser qualquer pessoa, inclusive a jurídica.

O art. 32 da Lei nº 9.605/1998 incrimina a conduta do sujeito ativo que **pratica abuso** (exigir demais) ou **maus-tratos** (causar sofrimento) ou **fere** (machucar) ou **mutila** (separar membros do corpo) animais.

O objeto material sobre o qual incide a conduta são os animais.

Pode ocorrer concurso material do art. 32 com o crime tipificado no art. 29, § 1º, III, ambos da Lei nº 9.605/1998, como no exemplo do agente que, ao praticar o tráfico internacional de animais, transporta e acondiciona estes em condições insalubres e inadequadas.

O estudo do tipo em tela não pode ser desvinculado das excludentes de ilicitude previstas no art. 37 da Lei nº 9.605/1998.

Analisam-se, doravante, questões que envolvem a fauna e os costumes:

a) "Rinha de galo": "A promoção de briga de galos, além de caracterizar prática criminosa tipificada na legislação ambiental, configura conduta atentatória à Constituição da República, que veda a submissão de animais a atos de crueldade, cuja natureza perversa, à semelhança da 'farra do boi' (STF, RE 153.531), não permite sejam eles qualificados como inocente manifestação cultural, de caráter meramente folclórico" (ADI nº 1.856).

b) "Farra do boi": na farra do boi "há uma prática abertamente violenta e cruel para com os animais, e a Constituição não deseja isso" (STF, RE nº 153.531).

c) Tourada: esta prática inflige sofrimento e crueldade aos animais.

d) Rodeio: se forem atendidos os requisitos previstos na Lei nº 10.519/2002, todos direcionados a evitar o tratamento cruel dos animais, cuida-se de exercício regular de direito. Segundo a Lei nº 13.364/2016, o rodeio foi elevado à condição de manifestação da cultura nacional e de patrimônio cultural imaterial.

e) Vaquejada: o STF, em 2016, no julgamento da ADI nº 4.983, declarou inconstitucional a Lei nº 15.299/2013 do Estado do Ceará, que regulamentava a vaquejada naquele Estado, considerando que a vaquejada representava crueldade manifesta, violando o dever de preservação da fauna e da flora (art. 225, § 1º, VII, da CF). Não obstante, em 2017, foi editada a EC nº 96, que acrescentou o § 7º ao art. 225, com a seguinte redação:

> Para fins do disposto na parte final do inciso VII do § 1º deste artigo, não se consideram cruéis as práticas desportivas que utilizem animais, desde que sejam manifestações culturais, conforme o § 1º do art. 215 desta Constituição Federal, registradas como bem de natureza imaterial integrante do patrimônio cultural brasileiro, devendo ser regulamentadas por lei específica que assegure o bem-estar dos animais envolvidos.

Com a EC nº 96, o legislador realizou verdadeira ponderação entre a manifestação cultural, de um lado, e a proteção dos animais, de outro. Prevaleceu aquela, desde que assegurado, na forma da lei, o bem-estar dos animais. Já a Lei nº 13.364/2016, alterada pela Lei nº 13.873/2019, estabeleceu que

> o rodeio, a vaquejada e o laço, bem como as respectivas expressões artísticas e esportivas, são reconhecidos como manifestações culturais nacionais e elevados à condição de bens de natureza imaterial integrantes do patrimônio cultural brasileiro, enquanto atividades intrinsecamente ligadas à vida, à identidade, à ação e à memória de grupos formadores da sociedade brasileira.

f) Sacrifício de animais em rituais religiosos: ao negar provimento ao RE nº 494.601, o STF fixou a seguinte tese de julgamento: "É constitucional a lei de proteção animal que, a fim de resguardar a liberdade religiosa, permite o sacrifício ritual de animais em cultos de religiões de matriz africana".

g) Em 2020, foi inserido ao art. 32 o § 1º-A, criando forma qualificada do crime ao prever que, quando a conduta for cometida contra **cão ou gato**, a pena para as condutas descritas no *caput* será de reclusão, de dois a cinco anos, multa e proibição da guarda.

Quanto à **voluntariedade** da conduta, o crime do art. 32 da Lei nº 9.605/1998 é doloso. Inexiste previsão da forma culposa.

O crime **consuma-se** quando os verbos nucleares são efetivamente praticados. Cuidando-se de crime plurissubsistente, a **tentativa** é admissível.

9.4.9.4 Art. 34 da Lei nº 9.605/1998

O **bem jurídico** tutelado consiste no equilíbrio da fauna aquática (peixes, crustáceos, moluscos, vegetais hidróbios). O art. 34 da Lei nº 9.605/1998 revogou tacitamente o art. 27, § 3º, da Lei nº 5.197/1967.

Quanto aos **sujeitos**, o sujeito passivo é a coletividade. Tratando-se de crime comum, o sujeito passivo pode ser qualquer pessoa, inclusive a jurídica.

O art. 34 da Lei nº 9.605/1998 incrimina a conduta do sujeito ativo que *pesca* (v. interpretação autêntica do art. 36 da Lei nº 9.605/1998) em períodos ou locais proibidos pela autoridade ambiental competente. Já o art. 34, parágrafo único, da Lei nº 9.605/1998 equipara a crime as seguintes condutas:

a) **Pescar** espécimes que devem ser preservados ou que tenham tamanhos inferiores aos permitidos em ato administrativo ambiental.

b) **Pescar** espécimes em quantidades superiores às permitidas ou mediante instrumentos e métodos não permitidos
em ato administrativo ambiental.

c) **Transportar** (locomover), **comercializar** (finalidade econômica), **beneficiar** (enriquecer) ou **industrializar** (transformar em bem de produção) os espécimes objetos de pesca
proibida.

O art. 34 da Lei nº 9.605/1998 constitui norma penal em
branco, pois depende da regulamentação de algum integrante
do Sisnama sobre a proibição da pesca. Em razão do tamanho
do Brasil e da peculiaridade das suas regiões, há um número
enorme de atos administrativos que regulamentam a proibição
da pesca.

A denúncia quanto a esse crime deve, necessariamente,
especificar o ato normativo administrativo que torna a pesca
proibida, sob pena de inépcia.

O **objeto material** sobre o qual incide a conduta são os
peixes, crustáceos, moluscos e vegetais hidróbios.

Para a jurisprudência que admite a aplicação do **princípio da insignificância aos crimes de pesca**, a quantidade do pes-
cado é essencial para a incidência ou não desse princípio:

> 2. Esta Corte tem reconhecido a insignificância de con-
> dutas que se amoldariam ao tipo penal descrito como
> crime contra a fauna aquática, quando a pesca é de pe-
> quena quantidade de peixe e, ainda, que com a utilização
> de petrechos vedados, em razão da falta de ofensividade
> ao bem jurídico tutelado (STJ, AgRg no HC nº 313.815).

Contudo, o próprio STJ tem arestos contrários à aplicação da insignificância ao crime de pesca, por

tratar-se de crime formal, de perigo abstrato, a prescindir, portanto, de qualquer resultado danoso para sua configuração, decorrendo a tipificação penal meramente da potencialidade de colocar em risco a reprodução das espécies da fauna local (STJ, AgRg no HC n° 236.973).

Porque os fatos que as caracterizam são elementares do art. 34, restam inaplicáveis as agravantes previstas no art. 15, II, *g* e *l*, ambos da Lei n° 9.605/1998.

Segundo o princípio da especialidade, o art. 2° da Lei n° 7.643/1987, que tipifica a pesca ou molestamento de cetáceos (ordem de mamíferos aquáticos, que inclui as baleias, os botos e os golfinhos), continua vigente.

No tocante à **voluntariedade** da conduta, o presente crime é doloso. Não é prevista a forma culposa.

A **consumação** depende, fundamentalmente, do estudo do art. 36 da Lei n° 9.605/1998, que conceitua como pesca qualquer "ato tendente a retirar, extrair, coletar, apanhar, apreender ou capturar" espécimes da fauna aquática. Considerando esse conceito, a jurisprudência majoritária entende que o crime de pesca é formal e de perigo abstrato, o que torna desnecessária, portanto, a retirada do peixe da água.

Pela amplitude do conceito de pesca (art. 36 da Lei n° 9.605/1998), a **tentativa** resta de difícil configuração, na prática.

9.4.9.5 Art. 37 da Lei n° 9.605/1998

O art. 37 da Lei n° 9.605/1998 apresenta hipóteses nas quais o abate de animal, apesar de ser conduta típica, é lícita. O ônus probatório, admitidos todos os meios de prova lícitos,

262 Direito Ambiental

competirá ao sujeito ativo, conforme o art. 156, *caput*, do CPP. A previsão deste art. 37 não impede a aplicação das excludentes de ilicitude previstas no art. 23 do CP. São as seguintes hipóteses previstas neste art. 37:

a) Para saciar a fome do agente e da sua família, situação que caracteriza o estado de necessidade (art. 23, I, do CP). Aqui, a lei já fez a ponderação entre a vida e a saúde, de um lado, e o direito da coletividade à vida do animal que é abatido, do outro lado.

b) Para proteger plantações em geral e rebanhos da ação predatória ou destruidora de animais, desde que a autoridade ambiental haja autorizado a conduta. Caracteriza-se aqui o exercício regular de direito.

c) Quando o animal é nocivo, desde que assim reconhecido por órgão competente. Caracteriza-se aqui o exercício regular de direito (por exemplo: pelo proprietário da lavoura) ou estrito cumprimento do dever legal (agente público do controle de zoonoses).

Acrescenta-se que o abate de animal que ataca ou está em vias de atacar o homem caracteriza **estado de necessidade**, com previsão no art. 23, I, do CP.

9.4.9.6 Art. 38 da Lei nº 9.605/1998

O **bem jurídico** tutelado consiste na preservação das florestas consideradas de preservação permanente, mesmo que em formação.

O **sujeito passivo** é a coletividade. Se a floresta atingida estiver localizada em área da União, esta será vítima também. Tratando-se de crime comum, o **sujeito ativo** pode ser qualquer pessoa, inclusive a jurídica. O proprietário da área privada localizada em APP pode ser tanto sujeito passivo como ativo.

O art. 38 da Lei nº 9.605/1998 incrimina a **conduta** do sujeito ativo que **destrói** (aniquilar) ou **danifica** (deteriorar) floresta considerada de preservação permanente, mesmo que em formação.

O objeto material sobre o qual incide a conduta é a floresta que esteja localizada em APP. Considera-se floresta uma formação arbórea densa, de alto porte, que recobre área de terra mais ou menos extensa. O elemento central é o fato de ser constituída por árvores de grande porte. Dessa forma, não abarca a vegetação rasteira.

Também é incriminada a conduta de **utilizar** (fazer uso) floresta em APP com infringência das normas de proteção. O art. 8º da Lei nº 12.651/2012 permite a intervenção e até mesmo a supressão de vegetação nativa em APP em hipóteses de utilidade pública, de interesse social ou de baixo impacto ambiental, conforme o art. 3º, VIII, IX e X, da Lei nº 12.651/2012. Ademais, ato do Poder Executivo pode prever mais hipóteses de intervenção e supressão. Nesses casos, portanto, a utilização da floresta ocorre segundo as regras permissivas, o que torna lícita a conduta.

Se apenas houver corte de árvores, sem permissão, em floresta de preservação permanente, o crime será o tipificado no art. 39 da Lei nº 9.605/1998; diversamente, se, além do corte de árvores, houver danificação ou destruição dessa mesma floresta, o crime do art. 39 é absorvido por este crime tipificado no art. 38, ambos da Lei nº 9.605/1998.

No tocante à **voluntariedade** da conduta, o crime em questão pode ser doloso ou culposo.

Os verbos "destruir" e "danificar" caracterizam crime material, sucedendo a **consumação** quando a floresta é destruída ou danificada; ademais, sendo crime plurissubsistente, cabe **tentativa**, na forma dolosa. Já o verbo nuclear "utilizar" configura crime de mera conduta, pois não há sequer previsão de resultado naturalístico. Não cabe tentativa para a conduta "utilizar", pois, ou a utilização da floresta em desacordo com as regras já consuma o delito, ou a utilização ocorre de acordo com as regras, sendo fato lícito.

9.4.9.7 Art. 41 da Lei nº 9.605/1998

O **bem jurídico** tutelado consiste na preservação do meio ambiente, especialmente, mas não só, das matas e florestas.

Quanto aos **sujeitos**, o sujeito passivo é a coletividade. Tratando-se de crime comum, o sujeito ativo pode ser qualquer pessoa, inclusive a jurídica. O proprietário da mata ou floresta pode ser tanto sujeito passivo como ativo.

O art. 41 da Lei nº 9.605/1998 incrimina a **conduta** do sujeito ativo que **provoca** (dar causa) incêndio em floresta ou mata. Incêndio consiste em fogo de grandes proporções, o qual se diferencia da "queimada controlada", que é excepcionalmente autorizada pelo art. 38 da Lei nº 12.651/2012 e regulamentada pelo Decreto nº 2.661, de 8 de julho de 1998, para fins de práticas agropastoris e florestais. Logo, a queimada controlada realizada segundo lei permissiva é lícita por constituir exercício regular de direito.

O objeto material sobre o qual incide a conduta é a floresta.

O princípio da especialidade, considerando a objetividade jurídica do presente tipo, auxilia a solução de conflitos aparentes. A "queimada controlada" realizada, com inobservância da lei, sobre uma lavoura de cana-de-açúcar, por exemplo, pode caracterizar o crime tipificado no art. 54 da Lei nº 9.605/1998 (poluição) ou, se causar risco à incolumidade pública, o tipo previsto no art. 250, § 1º, *h*, do CP. A queima de uma lavoura não pode tipificar o crime do art. 41 da Lei nº 9.605/1998 porque lavoura não constitui mata ou floresta. Além disso, enquanto o art. 41 da Lei nº 9.605/1998 tutela a preservação do meio ambiente, o art. 250 do CP tutela a incolumidade pública.

Pode haver conflito aparente com os crimes tipificados nos arts. 38, 38-A, 40, 50 e 50-A. A solução, em abstrato, passa pela análise do elemento subjetivo do agente. Se este, para atingir os resultados previstos nos artigos já mencionados, usou dolosamente o fogo, ocorrerá a consunção/absorção do crime-meio (art. 41 da Lei nº 9.605/1998) pelo crime-fim (arts. 38, 38-A, 40, 50 e 50-A, todos da Lei nº 9.605/1998).

No tocante à **voluntariedade** da conduta, o presente crime pode ser doloso ou culposo.

Cuidando-se de crime material e plurissubsistente, a **consumação** ocorre quando sobrevém o dano, sendo cabível, para a forma dolosa, a **tentativa**.

9.4.9.8 Art. 42 da Lei nº 9.605/1998

O **bem jurídico** tutelado consiste na preservação do meio ambiente, especialmente das florestas e outras formas de vegetação, que são postas em risco em função da chance de incêndio provocado pela soltura de balões. O art. 42 da Lei nº 9.605/1998 revogou tacitamente o art. 28 da LCP, pois dispõe sobre a mesma conduta.

Quanto aos **sujeitos**, o sujeito passivo é a coletividade. Tratando-se de crime comum, o sujeito ativo pode ser qualquer pessoa.

O art. 42 da Lei nº 9.605/1998, que constitui tipo misto alternativo, incrimina a **conduta** do agente ativo que **fabrica** (confeccionar), **vende** (comercializar), **transporta** (locomover) ou **solta** (impulsionar ao céu) balões que tenham a capacidade de provocar incêndios nas florestas e nas demais formas de vegetação, em áreas urbanas ou qualquer tipo de assentamento humano. Chama-se a atenção para o seguinte: o art. 42 da Lei nº 9.605/1998 não tipificou as condutas de "comprar" e de "receber" balões.

O balão, enquanto instrumento utilizado para a prática do crime, deve oferecer o risco concreto de causar incêndio. Já se excluem então os balões pequenos e aqueles que não são movidos a fogo. Essa circunstância caracteriza o crime como de perigo concreto, no qual a perícia é necessária.

No atinente à **voluntariedade** da conduta, o presente crime é doloso. Não há previsão da forma culposa.

Por se tratar de crime formal (dispensa resultado naturalístico, ou seja, o incêndio), a **consumação** ocorre quando os verbos nucleares são praticados. Sendo crime plurissubsistente, a **tentativa** é admissível.

9.4.9.9 Art. 48 da Lei nº 9.605/1998

O **bem jurídico** tutelado consiste no meio ambiente (preservação da flora), posto em risco pela conduta que dificulta ou impede a regeneração da vegetação.

Quanto aos **sujeitos**, o sujeito passivo é a coletividade. Tratando-se de crime comum, o sujeito ativo pode ser qualquer pessoa, inclusive a jurídica.

Quanto às **condutas**, constitui tipo misto alternativo, incriminando a conduta do sujeito ativo que **impede** (obstar) ou **dificulta** (atrapalhar) a regeneração natural (regeneração pela própria natureza) de florestas ou demais formas de vegetação.

O STJ já reconheceu concurso material entre os crimes tipificados nos arts. 40, 48 e 64, no caso de edificação ilegal em unidade de conservação que impede a regeneração da vegetação. Mais recentemente, no entanto, as duas Turmas que compõem a 3ª Seção do STJ (competência criminal) têm reconhecido a absorção do crime tipificado no art. 48 por aquele tipificado no art. 64, entendendo que o art. 48 "é mero pós-fato impunível do ato de construir em local não edificável" (REsp nº 1.925.717).

O crime do art. 48 é **doloso**, sem exigir elemento subjetivo específico.

Quanto à **consumação** desse crime, prevalece que se trata de crime permanente:

> O tipo penal do art. 48 da Lei nº 9.605/1998 é permanente e, dessa forma, pode ser interpretado de modo a incluir a conduta daquele que mantém edificação, há muito construída, em área às margens de represa artificial – na qual a vegetação nativa foi removida também há muito tempo –, não havendo que se falar na ocorrência de prescrição da pretensão punitiva (STJ, AGRG no REsp nº 1.840.129).

Tratando-se de crime plurissubsistente, a tentativa é possível, embora, na prática, seja muito difícil, tendo em vista que o simples "dificultar" a regeneração já consuma o crime sob estudo.

9.4.9.10 Art. 50 da Lei nº 9.605/1998

O **bem jurídico** tutelado consiste na flora, na figura das florestas ou vegetação fixadora de dunas e protetoras de mangues.

Quanto aos **sujeitos**, o sujeito passivo é a coletividade. Tratando-se de crime comum, o sujeito ativo pode ser qualquer pessoa, inclusive a jurídica, embora de difícil ocorrência, na prática.

O art. 50, que constitui tipo misto alternativo, incrimina a conduta do sujeito ativo que **destrói** (aniquilar) ou **danifica** (deteriorar):

a) florestas nativas;

b) florestas plantadas (reflorestamento);

c) vegetação fixadora de dunas;[1]

d) vegetação protetora de mangues; e

e) vegetação objeto de especial preservação (passível de ser instituída por qualquer uma das três esferas do Poder Executivo, servindo como exemplos a vegetação objeto de tutela pela Lei nº 12.651/2012 e pela Resolução Conama nº 303/2002).

Especificamente quanto à vegetação objeto de especial preservação, reconhece-se que a redação do art. 50 é atécnica. Eventual dúvida resolve-se segundo uma interpretação teleológica do bem jurídico protegido pelo art. 50: o meio ambiente. Deve-se lançar mão da interpretação que melhor tutele o meio ambiente, a que confira a máxima efetividade à tutela ambien-

---

[1]. "Unidade geomorfológica de constituição predominante arenosa, com aparência de cômoro ou colina, produzida pela ação dos ventos, situada no litoral ou no interior do continente, podendo estar recoberta, ou não, por vegetação" (art. 2º, X, da Resolução Conama nº 303/2002).

tal. Assim, a leitura correta do art. 50 é a seguinte: é proibido destruir ou danificar:

a) florestas nativas;
b) florestas plantadas;
c) vegetação fixadora de dunas;
d) vegetação protetora de mangues; e
e) vegetação objeto de especial preservação.

Diante do princípio da especialidade, caso a destruição ou o dano ocorram a florestas localizadas em áreas de preservação permanente, prevalecerá o crime tipificado nos arts. 38 ou 39; se a floresta se localizar em unidade de conservação, o crime será aquele tipificado no art. 40.

O crime do art. 50 é doloso, sem exigir elemento subjetivo específico. Não é prevista a forma culposa.

Sendo crime material e plurissubsistente, a consumação ocorre com o efetivo dano ou destruição da floresta ou vegetação, sendo admissível a tentativa (*conatus*).

9.4.9.11 Art. 50-A da Lei nº 9.605/1998

O **bem jurídico** específico consiste na proteção da flora abrigada em florestas de dominialidade pública.

O **sujeito passivo** é a coletividade. Tratando-se de crime comum, o sujeito ativo pode ser qualquer pessoa, inclusive a jurídica.

Trata-se de tipo misto alternativo, incriminando a conduta do sujeito ativo que **desmata** (desflorestar), **explora economicamente** (finalidade econômica) ou **degrada** (causar dano) floresta, plantada ou nativa, localizada em terra de domínio público ou devoluta, sem autorização.

As condutas desmatar e degradar devem ter repercussão significativa. O agente que corta uma árvore, por exemplo, não desmata, tampouco degrada. O objeto material é a floresta, que pode ser nativa (aquela que cresce naturalmente, sem intervenção humana) ou plantada (decorre da intervenção humana, reflorestamento), deve estar localizada em terras de domínio público ou devolutas, que são "as terras públicas não aplicadas ao uso comum nem ao uso especial" (MELLO, 2005, p. 850),[2] estando definidas no art. 3° da Lei n° 601/1850. São exemplos de terras devolutas aquelas referidas nos arts. 20, II; 26, IV; e 225, § 5°, todos da CF.

A possibilidade de autorização do órgão competente, enquanto elemento normativo no tipo, está prevista no art. 23, III, VI e VII, da LC n° 140/2011. Havendo autorização válida, a conduta é atípica.

Pelo princípio da especialidade, o art. 50-A tem aplicação subsidiária nas hipóteses de as florestas estarem localizadas em áreas de preservação permanente ou em unidades de conservação, casos em que prevalecerão os crimes tipificados nos arts. 38 (ou 39) ou 40, respectivamente.

O art. 50-A, § 1° caracteriza estado de necessidade, que exclui a ilicitude da conduta realizada pelo agente.

Já o art. 50-A, § 2°, prevê **causa de aumento** que se aplica apenas para a conduta "explorar": se a área explorada for superior a mil hectares, para cada mil hectares (um hectare equivale a 10.000 m²), a pena será majorada em um ano.

[2.] O STF já conceituou terras devolutas no seguinte julgado: STF, 1ª T., RE n° 72.020, Rel. Rodrigues Alckmin, J. em 11.09.1973; o STJ, por sua vez, no seguinte julgado: STJ, C. Especial, EREsp n° 617.428/SP, Rel. Nancy Andrighi, J. em 04.06.2014.

O crime do art. 50-A é **doloso**, sem exigir elemento subjetivo específico. Não é prevista a forma culposa.

Tratando-se de crime material, a **consumação** ocorre quando sucedem os resultados previstos no tipo. As condutas "desmatar" e "degradar", sendo plurissubsistentes, admitem tentativa (*conatus*). Já a conduta "explorar" economicamente, por se tratar de crime habitual, é incompatível com a tentativa.

9.4.9.12 Art. 52 da Lei nº 9.605/1998

O **bem jurídico** tutelado consiste na flora e na fauna.

Quanto aos **sujeitos**, o sujeito passivo é a coletividade. Tratando-se de crime comum, o sujeito ativo pode ser qualquer pessoa, inclusive a jurídica, embora de difícil ocorrência, na prática.

O art. 52 da Lei nº 9.605/1998 incrimina a **conduta** do sujeito ativo que *penetra* (ingressar) em unidade de conservação conduzindo substâncias (produto natural ou químico) instrumentos (aparelhos) próprios (que sirvam) para caça (perseguição para aprisionar ou matar) ou exploração (ato de tirar proveito) de produtos (o que é produzido diretamente pela natureza) ou subprodutos (o que resulta secundariamente da natureza, mediante atividade extrativista) florestais, sem licença.

O sujeito ativo deve saber ou ter condições de saber que a área na qual ingressa é classificada como unidade de conservação. Do contrário, sua conduta será atípica por erro de tipo, tendo em vista que o dolo deve abranger todos os elementos da figura típica.

A existência de licença (elemento normativo do tipo) da autoridade competente torna a conduta do agente atípica.

Como o art. 52 da Lei nº 9.605/1998 equivale à punição de atos preparatórios, ele é crime subsidiário, sendo absorvido pelo crime do art. 29 da Lei nº 9.605/1998, se a caça for realizada, ou o do art. 40 da Lei nº 9.605/1998, se da exploração de produtos ou subprodutos florestais resultar dano à unidade de conservação.

No atinente à **voluntariedade** da conduta, o presente crime é doloso. Não há previsão da forma culposa.

Tratando-se de crime de mera conduta e de perigo abstrato, a simples penetração na unidade de conservação portando substâncias ou instrumentos referidos pelo tipo já **consuma** o crime, independentemente da produção de qualquer resultado naturalístico. A **tentativa** afigura-se possível.

9.4.9.13 Art. 54 da Lei nº 9.605/1998

O **bem jurídico** tutelado consiste no meio ambiente, em qualquer das suas formas. Paralelamente, também se protege a saúde pública.

Poluição apresenta um conceito legal no art. 3º, II e III, da Lei nº 6.938/1981:

> Para os fins previstos nesta Lei, entende-se por: (...) III – poluição, a degradação da qualidade ambiental resultante de atividades que direta ou indiretamente: a) prejudiquem a saúde, a segurança e o bem-estar da população; b) criem condições adversas às atividades sociais e econômicas; c) afetem desfavoravelmente a biota; d) afetem as condições estéticas ou sanitárias do meio ambiente; e) lancem matérias ou energia em desacordo com os padrões ambientais estabelecidos.

Com base no conceito de poluição conferido pela Lei nº 6.938/1981, a doutrina indica as seguintes espécies de poluição:

a) poluição atmosférica;

b) poluição hídrica;

c) poluição térmica;

d) poluição do solo;

e) poluição visual; e

f) poluição sonora.

Contudo, nem todas essas formas de poluição caracterizam um ilícito criminal. A definição da poluição com base na Lei nº 6.938/1981 tem cabimento para a responsabilidade administrativa e/ou civil decorrente da poluição. Todavia, para constituir um ilícito criminal, a poluição (art. 3º, III, da Lei nº 6.938/1981), além de provocar a degradação da qualidade ambiental (art. 3º, II, da Lei nº 6.938/1981), deve preencher, sob pena de atipicidade, as elementares do *caput* do art. 54 da Lei nº 9.605/1998: resultar ou poder resultar em danos à saúde humana ou provocar a mortandade de animais ou a destruição significativa da flora. Logo, se a degradação ambiental decorrente da poluição não preencher essas elementares do art. 54, o fato não constituirá o crime de poluição, embora possa caracterizar um ilícito civil e/ou administrativo.

Quanto aos **sujeitos**, o sujeito passivo é a coletividade. Tratando-se de crime comum, o sujeito ativo pode ser qualquer pessoa, inclusive a jurídica.

O art. 54 da Lei nº 9.605/1998 incrimina a **conduta** do sujeito ativo que *causa* (provocar) poluição em níveis tais (elemento normativo do tipo, a expressar ideia de proporção relevante, significativa) que resultem ou possam resultar em danos à saúde humana, ou que provoquem a mortandade de animais ou a destruição significativa da flora. O emprego, na construção do tipo, de termos abertos e valorativos, a exemplo de "níveis tais" e "significativa", revela o objetivo da lei: incrimina-se a conduta que, pela sua intensidade, seja realmente capaz de provocar danos à saúde humana ou a morte indiscriminada de vários espécimes animais ou a destruição em grandes proporções da flora. A perícia, em regra, é necessária à demonstração da poluição e do nexo causal entre esta e a conduta do sujeito ativo.

O art. 54, § 2º, da Lei nº 9.605/1998 estabelece formas qualificadas do crime de poluição:

a) Inciso I: Quando a poluição (sob qualquer forma) **torna** (transformar em) área urbana (delimitada em lei municipal, cuja propriedade privada é o fato gerador do IPTU) ou rural (por exclusão, área que não é urbana, cuja propriedade privada é o fato gerador do ITR) imprópria para a ocupação (domicílio, residência ou ocupação momentânea) humana.

b) Inciso II: Quando a poluição atmosférica **provoca** (ocasionar) a retirada, ainda que momentânea, dos habitantes das áreas afetadas, ou **causa** (provocar) danos diretos à saúde da população.

c) Inciso III: Quando a poluição hídrica **torna necessária** (resultar em) a interrupção do abastecimento público de água de uma comunidade. Nesse caso, o lançamento de qualquer produto na água acaba por torná-la imprópria ao consumo humano, razão por que o abastecimento público dessa água é interrompido.

d) Inciso IV: Quando a poluição (sob qualquer forma) **dificulta** (atrapalhar) ou **impede** (obstar) o uso público das praias.

e) Inciso V: Quando a poluição (sob qualquer forma) **ocorre** (suceder) por lançamento de resíduos sólidos, líquidos ou gasosos, ou detritos, óleos ou substâncias oleosas, em desacordo com as exigências estabelecidas em leis ou regulamentos. Deve ser observado o elemento normativo do tipo consistente na prática da conduta em desacordo com as exigências estabelecidas em leis ou regulamentos. Essa circunstância torna o presente dispositivo norma penal em branco. Assim, a denúncia deve identificar a norma que foi desrespeitada.

A **perícia**, em regra, é necessária à demonstração da poluição e do nexo causal entre esta e a conduta do sujeito ativo. Contudo, deve-se atentar para o seguinte julgado do STJ:

> Já para o acórdão paradigma, "o delito previsto na primeira parte do artigo 54, da Lei nº 9.605/1998, possui natureza formal, porquanto o risco, a potencialidade de dano à saúde humana, é suficiente para configurar a conduta delitiva, não se exigindo, portanto, resultado naturalístico e, consequentemente, a realização de perícia (AgRg no REsp nº 1.418.795).

Deve prevalecer o entendimento do acórdão paradigma e, nos casos em que forem reconhecidas a autoria e a materialidade da conduta descrita no art. 54, § 2º, V, da Lei nº 9.605/1998, a potencialidade de dano à saúde humana é suficiente para configuração da conduta delitiva, haja vista a natureza formal do crime, não se exigindo, portanto, a realização de perícia (STJ, EREsp nº 1.417.279).

O art. 54, § 3°, da Lei n° 9.605/1998 equipara a crime a conduta do sujeito ativo que **deixar** (omitir) de *adotar* (seguir, observar), quando assim o exigir a autoridade competente, medidas de precaução em caso de risco de dano ambiental grave ou irreversível. Esse crime caracteriza-se pelo descumprimento de uma ordem concreta da autoridade, e não pelo mero descumprimento da legislação, sendo classificado como crime omissivo próprio, aplicável somente às condutas de poluição enumeradas no *caput* e § 3° do art. 54 da Lei n° 9.605/1998, mas não a outros crimes ambientais.

A poluição sonora é crime, na medida em que a poluição pode ser de "qualquer natureza". Segundo o *caput* do art. 54 da Lei n° 9.605/1998, a poluição sonora pode constituir crime ambiental, desde que ela possa, ao menos, causar danos à saúde humana.

A poluição socialmente tolerada, ou seja, autorizada, caracteriza crime, segundo parte da doutrina. Todavia, outra parte da doutrina sustenta que a poluição permitida dentro dos limites da lei e autorizada por licenciamento ambiental não caracteriza um ilícito criminal. Trata-se de exercício regular de direito. Não obstante, mesmo que autorizada a atividade poluidora, não se afasta a possível responsabilização civil do poluidor, principalmente com base no princípio do poluidor-pagador. Logo, a poluição autorizada não é penalmente típica, embora possa caracterizar um ilícito civil.

A doutrina esclarece os conflitos aparentes que envolvem o art. 54 da Lei n° 9.605/1998:

a) Art. 270 do CP *vs.* art. 54 da Lei n° 9.605/1998: pela especialidade, prevalece o art. 270.

b) Art. 271 do CP *vs.* art. 54 da Lei n° 9.605/1998: o art. 54 da Lei n° 9.605/1998 revogou tacitamente o art. 271 do CP.

c) Art. 15 da Lei n° 6.938/1981 *vs*. art. 54 da Lei n° 9.605/1998: aquele artigo foi revogado tacitamente por este.

d) Art. 250 do CP *vs*. art. 54 da Lei n° 9.605/1998: há concurso formal.

e) Art. 38 da LCP *vs*. art. 54 da Lei n° 9.605/1998: quando a emissão abusiva de fumaça, vapor ou gás não provocar risco de danos à saúde, à vida de animais ou à distribuição significativa da flora, restará caracterizada a prática da contravenção penal.

f) Art. 252 do CP *vs*. art. 54 da Lei n° 9.605/1998: pela especialidade, aquele prefere a este.

No atinente à **voluntariedade**, o presente crime pode ser doloso ou culposo.

O art. 54, *caput*, da Lei n° 9.605/1998 prevê um crime de dano quando se refere à poluição que resulta em danos à saúde humana ou que provoca a mortandade de animais ou a destruição significativa da flora. A **consumação** aí ocorre quando sobrevém um desses resultados. Tratando-se de crime plurissubsistente, admite-se a **tentativa**. Diversamente, o art. 54, *caput*, da Lei n° 9.605/1998 prevê crime de perigo abstrato ou crime de perigo formal quando se refere à poluição que pode resultar em danos à saúde humana; nesse caso, basta a prática da conduta, independentemente da superveniência de qualquer resultado naturalístico. A tentativa igualmente é admitida. Os tipos previstos no art. 54, § 2°, I a IV, da Lei n° 9.605/1998 exigem a ocorrência do resultado material neles previstos para fins da sua consumação. Já o tipo previsto no art. 54, § 2°, V se consuma quando a conduta nele descrita é praticada, independentemente de qualquer resultado naturalístico, sendo, por isso, classificado como crime formal. A figura típica prevista no art. 54, § 3°, por ser omissiva própria, consuma-se com a mera omissão e não admite tentativa. Já a forma culposa é incompatível com tentativa.

9.4.9.14 Art. 56 da Lei nº 9.605/1998

O **bem jurídico** tutelado consiste no equilíbrio do meio ambiente. Paralelamente, a saúde é protegida também.

Quanto aos **sujeitos**, o sujeito passivo é a coletividade. Tratando-se de crime comum, o sujeito ativo pode ser qualquer pessoa, inclusive a jurídica.

O art. 56 da Lei nº 9.605/1998, que constitui tipo misto alternativo, incrimina a conduta do sujeito ativo que **produz** (gerar), **processa** (manufaturar), **embala** (envolver), **importa** (introduzir no território nacional algo proveniente de fora do país), **exporta** (enviar algo para fora de uma cidade, estado ou país), **comercializa** (ato que resulta em vantagem econômica: venda, aluguel, permuta), **fornece** (abastecer), **transportar** (locomover), **armazena** (manter ou conversar em armazém), **guarda** (preservar), **tem** (manter) em depósito ou **usa** (utilizar) produto ou substância tóxica, perigosa ou nociva à saúde humana ou ao meio ambiente, em desacordo com as exigências estabelecidas em leis ou nos seus regulamentos.

Devido à presença de elemento normativo do tipo (exigências estabelecidas em leis ou nos seus regulamentos), o tipo em tela constitui norma penal em branco. A denúncia deverá, portanto, indicar qual a norma que foi violada pela conduta praticada pelo agente, sob pena de inépcia.

Os verbos "importar" e "exportar", nesse crime, caracterizam forma especial de contrabando. No conflito aparente entre o art. 56 da Lei nº 9.605/1998 e o art. 334-A do CP, prevalece aquele.

São formas equiparadas a crime, segundo o art. 56, § 1°, da Lei n° 9.605/1998:

a) Inciso I: Quando o agente **abandona** (descartar por tempo suficiente para pôr em risco o meio ambiente) produtos ou substâncias tóxicas, perigosas ou nocivas à saúde ou os **utiliza** (usufruir, usar) em desacordo com as normas ambientais ou de segurança (norma penal em branco). Se o mesmo agente praticou alguma conduta do *caput* e abandonou o produto ou substância, há crime único, embora com valoração negativa desse aspecto na dosimetria da pena. No mais, se do abandono decorrer poluição que preencha as elementares do art. 54 da Lei n° 9.605/1998, o crime tipificado neste artigo restará consumado.

b) Inciso II: Quando o agente **manipula** (preparar), **acondiciona** (guardar em embalagem), **armazena** (manter ou conversar em armazém), **coleta** (recolher, juntar), **transporta** (locomover), **reutiliza** (utilizar novamente), **recicla** (processar para que se possa reutilizar) ou dá destinação final (cláusula aberta) a resíduos perigosos e forma diversa da estabelecida em ato normativo.

Pelo critério da especialidade, as condutas de "produzir", "comercializar" e "transportar" agrotóxicos tipificam o crime previsto no art. 15 da Lei n° 7.802/1989.

Se o objeto material for produto ou substância nuclear ou radioativa, a pena é aumentada de 1/6 a 1/3.

No atinente à **voluntariedade** da conduta, o presente crime pode ser doloso ou culposo.

O crime do art. 56 da Lei n° 9.605/1998 é de perigo abstrato, prescindindo de resultado naturalístico. A **consuma-**

ção ocorre com a simples prática das condutas previstas nele. Tratando-se de crime plurissubsistente, a **tentativa** (*conatus*) é admitida, exceto na forma culposa.

9.4.9.15 Art. 60 da Lei nº 9.605/1998

O **bem jurídico** tutelado consiste no equilíbrio do meio ambiente, que pode ser colocado em risco por empreendimentos potencialmente poluidores que sejam instalados sem autorização.

Quanto aos **sujeitos**, o sujeito passivo é a coletividade. Tratando-se de crime comum, o sujeito ativo pode ser qualquer pessoa, inclusive a jurídica.

O art. 60 da Lei nº 9.605/1998, que constitui tipo misto alternativo, incrimina a **conduta** do sujeito ativo que **constrói** (edificar), **reforma** (dar melhor forma a alguma coisa), **amplia** (aumentar), **instala** (montar para que possa ser usado) ou **faz funcionar** (fazer entrar em atividade), no território nacional, estabelecimentos, obras ou serviços que sejam potencialmente poluidores, sem licença ou autorização da autoridade ambiental, ou contrariando os atos normativos pertinentes.

A fim de desenvolver um empreendimento potencialmente poluidor, é necessário, conforme os arts. 225, § 1º, IV, da CF, e 3º da Resolução Conama nº 237, de 19 de dezembro de 1997, o estudo prévio de impacto ambiental (EIA). Após o EIA, afigura-se imprescindível o licenciamento ambiental. Então, o agente que pratica qualquer das condutas previstas no tipo sem a licença necessária incorre na prática do crime em questão.

A mera ausência do licenciamento caracteriza o crime? Existe divergência doutrinária sobre o tipo de perigo que o crime do art. 60 da Lei nº 9.605/1998 constitui. Para os que sustentam se tratar de crime de perigo concreto, é necessária a demonstração pericial de que a atividade seja potencialmente poluidora. Já para os que sustentam se tratar de crime de perigo abstrato, basta a demonstração de que a atividade é rotulada como potencialmente poluidora por algum ato normativo.

No tocante à **voluntariedade** da conduta, o crime do art. 60 da Lei n° 9.605/1998 é doloso. Inexiste previsão da forma.

A **consumação** sucede com a prática de qualquer das condutas previstas no tipo, independentemente da superveniência de resultado naturalístico. Tratando-se de crime plurissubsistente, admite-se a **tentativa**.

9.4.9.16 Art. 62 da Lei n° 9.605/1998

O **bem jurídico** tutelado consiste no meio ambiente em suas formas artificial e cultural. O art. 62 da Lei n° 9.605/1998 revogou tacitamente o art. 165 do CP.

Quanto aos **sujeitos**, o sujeito passivo é a coletividade. Também pode ser vítima determinada o proprietário do bem atingido pelo crime. Tratando-se de crime comum, o sujeito ativo pode ser qualquer pessoa, inclusive a jurídica.

O art. 62 da Lei n° 9.605/1998, que constitui tipo misto alternativo, incrimina a conduta do sujeito ativo que **destrói** (aniquilar), **inutiliza** (tornar imprestável) ou **deteriora** (estragar, danificar):

a) arquivo, registro, museu, biblioteca, pinacoteca, instalação científica ou similar, desde que protegidos por lei, ato administrativo ou decisão judicial; ou

b) qualquer bem, desde que também especialmente protegido por lei, ato administrativo ou decisão judicial.

282   Direito Ambiental

Há a necessidade de um ato normativo ou de uma decisão judicial que confira proteção ao bem; do contrário, na ausência dessa proteção, ocorrerá atipicidade relativa (possível crime de dano, art. 163 do CP) ou absoluta. Sob pena de inépcia, é imprescindível que a denúncia informe qual o ato que confere especial proteção ao bem atingido pelo crime.

Com relação à **voluntariedade da conduta**, o presente crime pode ser doloso ou culposo.

Tratando-se de crime material, a **consumação** ocorre quando o bem é destruído, inutilizado ou deteriorado. Sendo crime plurissubsistente, a **tentativa** (*conatus*) é possível.

9.4.9.17 Art. 65 da Lei nº 9.605/1998

O **bem jurídico** tutelado consiste no meio ambiente artificial, localizado em área urbana.

Quanto aos **sujeitos**, o sujeito passivo é a coletividade e o titular do bem atingido pelo crime. Tratando-se de crime comum, o sujeito ativo pode ser qualquer pessoa.

O art. 65 da Lei nº 9.605/1998 incrimina a **conduta** do sujeito ativo que **picha** (escrever, rabiscar dizeres de qualquer espécie em muros, paredes, fachadas de edifícios etc.) ou, por qualquer meio, **conspurca** (colocar ou deixar cair sujeira sobre; sujar, manchar) edificação (construção) ou monumento urbano.

A pichação de uma edificação localizada em área rural não tipifica o crime do art. 65 da Lei nº 9.605/1998, que é de ação penal pública incondicionada. Não obstante, essa conduta pode caracterizar o crime de dano, previsto no art. 163 do CP, que é de ação penal privada.

Há doutrina que sustenta que bens móveis não constituem bem material desse delito, que abrange apenas edificações e monumentos. A pichação de bens móveis preencheria os tipos do art. 163 do CP ou do art. 63 da Lei n° 9.605/1998.

O art. 65, § 1°, da Lei n° 9.605/1998 apresenta uma forma qualificada do crime. Nesse caso, a pichação atinge monumento ou coisa objeto de tombamento (Decreto-lei n° 25/1937) em razão do seu valor artístico, arqueológico ou histórico. A denúncia deverá, sob pena de desclassificação para a forma simples, identificar o tombamento.

Já o grafite ("pichação" realizada com a finalidade de embelezar e valorizar o bem) do bem privado não constitui crime se contar com o consentimento do proprietário, locatário ou arrendatário. O consentimento da vítima, porque incluído como elementar no tipo, exclui a tipicidade. Já o grafite de bem público, para ser atípico, exige autorização do órgão competente e a observância das demais normas relacionadas à preservação e à conservação do patrimônio histórico e artístico.

No tocante à voluntariedade da conduta, o presente crime é doloso. Não há previsão da forma culposa.

Cuidando-se de crime material, a **consumação** ocorre quando é realizada a pichação ou, por outro meio, a conspurcação. Daí exsurge, em regra, a necessidade da perícia (art. 158 do CPP). Afigura-se admissível a **tentativa**.

9.4.9.18 Art. 66 da Lei n° 9.605/1998

O **bem jurídico** tutelado consiste na moralidade da atividade administrativa.

Quanto aos **sujeitos**, o sujeito passivo é a coletividade e a Administração Pública ambiental. Tratando-se de crime próprio, o sujeito ativo é o funcionário público, definido pelo art. 327 do CP. Pela amplitude desse conceito, aliás, funcionários de uma pessoa jurídica de direito privado contratada pela Administração Pública são considerados funcionários públicos. O tipo não abrange apenas o funcionário público ambiental, mas o funcionário público vinculado a qualquer ramo da Administração Pública também.

Assemelhado aos arts. 299 e 319, ambos do CP, o art. 66 da Lei nº 9.605/1998 incrimina a **conduta** do agente que, no curso de procedimento de autorização ou licenciamento ambiental, **faz** (praticar) afirmação falsa (que não corresponde à verdade) ou enganosa (que provoca engano), **omite** (não revelar) a verdade, **sonega** (esconder) informações ou dados técnico-científicos. A falsidade pode ser material ou ideológica. Enfatiza-se que, sob pena de atipicidade relativa ou absoluta, a conduta deve ser praticada durante o trâmite da autorização ou do licenciamento ambiental.

O crime pode ser comissivo, quando o agente faz afirmação falsa, ou omissivo, quando ele omite um dado técnico-científico relevante.

No atinente à **voluntariedade** da conduta, o presente crime é doloso. Não é prevista a forma culposa.

Tratando-se de crime formal, a **consumação** ocorre quando as condutas previstas no tipo são praticadas, independentemente da expedição da licença ambiental ou da superveniência de resultado naturalístico. Tratando-se de crime plurissubsistente, a **tentativa** é admissível se a conduta for comissiva, excluída se a conduta for omissiva.

9.4.9.19 Art. 69 da Lei nº 9.605/1998

O **bem jurídico** tutelado consiste na regularidade da atividade fiscalizadora ambiental da Administração Pública.

Quanto aos **sujeitos**, o sujeito passivo é a coletividade e a Administração Pública que teve sua ação de fiscalização prejudicada. Tratando-se de crime comum, o sujeito ativo pode ser qualquer pessoa, inclusive a jurídica.

O art. 69 da Lei nº 9.605/1998 incrimina a **conduta** do sujeito ativo que **obsta** (impedir) ou **dificulta** (atrapalhar) ato da Administração Pública que constitua ação de fiscalização no trato de questões ambientais. Quanto ao objeto material, a redação do tipo é, de propósito, aberta, para abranger qualquer conduta da Administração Pública voltada à fiscalização ambiental. Assim, exemplificativamente as seguintes condutas tipificam o crime:

a) agente que, para dissimular o transporte de madeira sem licença, apresenta documentos referentes a madeira diversa;

b) impedir o ingresso de agentes de fiscalização em estádio de futebol para averiguar denúncias de poluição sonora;

c) impedir o acesso de fiscais do Ibama à embarcação; e

d) após pescar em local proibido, para evitar a apreensão do produto, lançar os peixes ao mar e empreender fuga.

No conflito aparente entre o art. 69 da Lei nº 9.605/1998, de um lado, e os arts. 329, 344 e 347, todos do CP, de outro, prevalece aquele por força do critério da especialidade.

No atinente à **voluntariedade** da conduta, o presente crime é doloso. Não é prevista a forma culposa.

Tratando-se de crime formal, a **consumação** ocorre com a prática da conduta "dificultar" ou "impedir" a ação de fiscalização, independentemente de ela ocorrer ou não. Tratando-se de crime plurissubsistente, a **tentativa** é possível.

10

Biossegurança

10.1 Introdução

Ao dispor sobre o meio ambiente, a CF determinou que, com o fim de assegurar a efetividade desse direito, incumbe ao Poder Público "preservar a diversidade e a integridade do patrimônio genético do país e fiscalizar as entidades dedicadas à pesquisa e manipulação de material genético" (art. 225, § 1º, II). Além disso, também previu a exigência de prévio licenciamento ambiental para atividade potencialmente causadora de significativa degradação do meio ambiente e a necessidade de controlar a produção, a comercialização e o emprego de técnicas, métodos e substâncias que comportem risco para a vida, a qualidade de vida e o meio ambiente.

A manipulação de material genético insere-se no campo da **biossegurança**, outra faceta da proteção da biodiversidade, e, como o próprio nome diz, é necessário um marco regulatório que concretize o princípio da precaução, já que as alterações genéticas podem acarretar consequências imprevisíveis e irreversíveis à vida no planeta.

Para isso, foi editada a Lei nº 11.105/2005, que estabelece normas de segurança e mecanismos de fiscalização sobre a construção, o cultivo, a produção, a manipulação, o transporte, a transferência, a importação, a exportação, o armazenamento, a pesquisa, a comercialização, o consumo, a liberação no meio ambiente e o descarte de organismos geneticamente modificados (OGM) e seus derivados, tendo como diretrizes o estímulo ao avanço científico na área de biossegurança e biotecnologia, a proteção à vida e à saúde humana, animal e vegetal, e a observância do princípio da precaução para a proteção do meio ambiente (art. 1º). A lei foi regulamentada pelo Decreto nº 5.591/2005.

Para os fins da Lei de Biossegurança, considera-se:

a) **atividade de pesquisa** a realizada em laboratório, regime de contenção ou campo, como parte do processo de obtenção de OGM e seus derivados ou de avaliação da biossegurança de OGM e seus derivados, o que engloba, no âmbito experimental, a construção, o cultivo, a manipulação, o transporte, a transferência, a importação, a exportação, o armazenamento, a liberação no meio ambiente e o descarte de OGM e seus derivados; e

b) **atividade de uso comercial** de OGM e seus derivados a que não se enquadra como atividade de pesquisa e que trata do cultivo, da produção, da manipulação, do transporte, da transferência, da comercialização, da importação, da exportação, do armazenamento, do consumo, da liberação e do descarte de OGM e seus derivados para fins comerciais.

A Lei nº 11.105/2005 restringe as atividades e projetos que envolvem OGM e seus derivados, relacionados ao ensino com manipulação de organismos vivos, à pesquisa científica, ao desenvolvimento tecnológico e à produção industrial ao âmbito de **entidades de direito público ou privado**, que serão responsáveis pela obediência aos preceitos legais e de sua regulamentação, bem como pelas eventuais consequências ou efeitos advindos de seu descumprimento.

Essas atividades e projetos no âmbito de entidade devem ser conduzidos em **instalações próprias ou sob a responsabilidade administrativa, técnica ou científica da entidade.**

Importante: a Lei n° 11.105/2005 veda expressamente o desenvolvimento de atividades e projetos **a pessoas físicas em atuação autônoma e independente**, ainda que mantenham vínculo empregatício ou qualquer outro com pessoas jurídicas.

Os interessados em realizar atividade de manipulação de material genético deverão requerer autorização à Comissão Técnica Nacional de Biossegurança (CTNBio). As organizações públicas e privadas, nacionais, estrangeiras ou internacionais, financiadoras ou patrocinadoras de atividades ou de projetos devem exigir a apresentação de Certificado de Qualidade em Biossegurança, emitido pela CTNBio, sob pena de se tornarem corresponsáveis pelos eventuais efeitos decorrentes do descumprimento da lei ou de sua regulamentação.

A Resolução Conama n° 305/2002 dispõe sobre o licenciamento ambiental de empreendimentos envolvendo OGM, destacando-se que a competência para licenciar tais atividades é do Ibama.

A Lei n° 11.105/2005 fixa conceitos (art. 3°, *caput*) e destaca **não se incluir na categoria de OGM** (art. 3°, § 1°):

a) o resultante de técnicas que impliquem a introdução direta, em um organismo, de material hereditário, desde que não envolvam a utilização de moléculas de ADN/ARN recombinante ou OGM, inclusive fecundação *in vitro*, conjugação, transdução, transformação, indução poliploide e qualquer outro processo natural; e

b) a substância pura, quimicamente definida, obtida por meio de processos biológicos e que não contenha OGM, proteína heteróloga ou ADN recombinante.

A Lei de Biossegurança exclui de seu âmbito de incidência os casos em que a modificação genética for obtida por meio das seguintes técnicas, desde que não impliquem a utilização de OGM como receptor ou doador, conforme hipóteses indicadas no art. 4º.

A Lei nº 11.105/2005 (art. 5º) autoriza, para fins de pesquisa e terapia, a **utilização de células-tronco embrionárias obtidas de embriões humanos** produzidos por fertilização *in vitro* e não utilizados no respectivo procedimento, atendidas as seguintes condições:

- Sejam embriões inviáveis ou embriões congelados há três anos ou mais, na data da publicação da lei, ou que, já congelados na data da publicação da lei, depois de completarem três anos, contados a partir da data de congelamento.
- Deve haver o consentimento dos genitores.
- As instituições de pesquisa e serviços de saúde que realizem pesquisa ou terapia com células-tronco embrionárias humanas deverão submeter seus projetos à apreciação e aprovação dos respectivos comitês de ética em pesquisa.

Lembre-se, neste ponto, que o STF julgou constitucional esta norma (ADI nº 3.510), entendendo que a utilização das células-tronco não ofende o direito à vida.

Nos termos do § 3° do art. 5°, é **vedada a comercialização** de células-tronco embrionárias obtidas de embriões humanos, e sua prática implica o crime tipificado no art. 15 da Lei n° 9.434/1997.

Também são **proibidos** (art. 6°):

■ Implementação de projeto relativo a OGM sem a manutenção de registro de seu acompanhamento individual.

■ Engenharia genética em organismo vivo ou o manejo *in vitro* de ADN/ARN natural ou recombinante, realizado em desacordo com as normas previstas na Lei n° 11.105/2005.

■ Engenharia genética em célula germinal humana, zigoto humano e embrião humano.

■ Clonagem humana.

■ Destruição ou descarte, no meio ambiente, de OGM e seus derivados em desacordo com as normas estabelecidas pela CTNBio, pelos órgãos e entidades de registro e fiscalização, referidos no art. 16 da lei, e as constantes da Lei n° 11.105/2005 e de sua regulamentação.

■ Liberação no meio ambiente de OGM ou seus derivados, em desacordo com normas técnicas da CTNBio, do Conselho Nacional de Biossegurança (CNBS) ou do órgão ambiental.

■ A utilização, a comercialização, o registro, o patenteamento e o licenciamento de tecnologias genéticas de restrição do uso, isto é, qualquer processo de intervenção humana para geração ou multiplicação de plantas geneticamente modificadas para produzir estruturas reprodutivas estéreis, bem como qualquer forma de manipulação genética que vise à ativação ou desativação de genes relacionados à fertilidade das plantas por indutores químicos externos.

292　Direito Ambiental

10.2 Conselho Nacional de Biossegurança – CNBS

O CNBS é órgão de assessoramento superior do Presidente da República para a formulação e implementação da Política Nacional de Biossegurança (PNB), tendo suas competências definidas no art. 8°, § 1°:

O CNBS é composto de 11 membros, na forma do art. 9°. O quórum de instalação das reuniões do CNBS será de seis de seus membros, e as decisões serão tomadas com votos favoráveis da **maioria absoluta**.

10.3 Comissão Técnica Nacional de Biossegurança – CTNBio

10.3.1 Atribuições

Conforme o art. 10 da Lei n° 11.105/2005, a CTNBio, integrante do Ministério da Ciência e Tecnologia, é **instância colegiada multidisciplinar de caráter consultivo e deliberativo**, para prestar apoio técnico e de assessoramento ao Governo Federal na formulação, atualização e implementação da Política Nacional de Biossegurança de OGM e seus derivados, bem como no estabelecimento de normas técnicas de segurança e de pareceres técnicos referentes à autorização para atividades que envolvam pesquisa e uso comercial de OGM e seus derivados, com base na avaliação de seu risco zoofitossanitário, à saúde humana e ao meio ambiente.

A CTNBio deverá acompanhar o desenvolvimento e o progresso técnico e científico nas áreas de biossegurança, biotecnologia, bioética e afins, com o objetivo de aumentar sua capacitação para a proteção da saúde humana, dos animais e das plantas e do meio ambiente.

10.3.2 Composição e funcionamento

A CTNBio é composta de membros titulares e suplentes, designados pelo Ministro de Estado da Ciência e Tecnologia; será constituída por **27 cidadãos brasileiros** de reconhecida competência técnica, de notória atuação e saber científicos, com grau acadêmico de doutor e com destacada atividade profissional nas áreas de biossegurança, biotecnologia, biologia, saúde humana e animal ou meio ambiente, na forma prevista no art. 11.

Os membros da CTNBio terão **mandato de dois anos, renovável por até mais dois períodos consecutivos**, totalizando, assim, o máximo de seis anos.

O **presidente da CTNBio** será designado, entre seus membros, pelo Ministro da Ciência e Tecnologia para um mandato de dois anos, renovável por igual período, totalizando, assim, o máximo de quatro anos.

O **quórum de instalação** das reuniões da CTNBio será de **14 membros**, incluído pelo menos um representante de cada uma das áreas referidas no inciso I do *caput* do art. 11 da Lei nº 11.105/2006. As decisões serão tomadas com votos favoráveis da **maioria absoluta** de seus membros.

Órgãos e entidades integrantes da administração pública federal poderão solicitar participação nas reuniões da CTNBio para tratar de assuntos de seu especial interesse, sem direito a voto. Poderão ser convidados a participar das reuniões, em caráter excepcional, representantes da comunidade científica e do setor público e entidades da sociedade civil, sem direito a voto.

10.3.3 Atribuições

Competem à CTNBio as atribuições previstas no art. 14, destacando-se a de estabelecer normas para pesquisas com OGM e seus derivados, bem como prestar apoio técnico e autorizar as atividades relativas ao tema.

É importante ressaltar que, quanto aos aspectos de biossegurança do OGM e seus derivados, a decisão técnica da CTNBio **vincula os demais órgãos e entidades da administração pública**.

Nos casos de uso comercial, entre outros aspectos técnicos de sua análise, os órgãos de registro e fiscalização, no exercício de suas atribuições em caso de solicitação pela CTNBio, observarão, quanto aos aspectos de biossegurança do OGM e seus derivados, a decisão técnica da CTNBio.

Em caso de decisão técnica favorável sobre a biossegurança no âmbito da atividade de pesquisa, a CTNBio remeterá o processo respectivo aos órgãos e entidades referidos no art. 16 da Lei de Biossegurança, para o exercício de suas atribuições.

A decisão técnica da CTNBio deverá conter resumo de sua fundamentação técnica, explicitar as medidas de segurança e restrições ao uso do OGM e seus derivados e considerar as particularidades das diferentes regiões do país, com o objetivo de orientar e subsidiar os órgãos e as entidades de registro e fiscalização, referidos no art. 16 da Lei nº 11.105/2005, no exercício de suas atribuições.

Não se submeterá a análise e emissão de parecer técnico da CTNBio o derivado cujo OGM já tenha sido por ela aprovado.

As pessoas físicas ou jurídicas envolvidas em qualquer das fases do processo de produção agrícola, comercialização ou transporte de produto geneticamente modificado que tenham obtido a liberação para uso comercial estão dispensadas de apresentação do Certificado de Qualidade em Biossegurança (CQB) e constituição de Comissão Interna de Biossegurança (CIBio), salvo decisão em contrário da CTNBio.

A CTNBio poderá realizar **audiências públicas**, garantida participação da sociedade civil, na forma do regulamento. Em casos de liberação comercial, a audiência pública poderá ser requerida por partes interessadas, incluindo-se entre estas organizações da sociedade civil que comprovem interesse relacionado à matéria, na forma do regulamento.

10.4 Órgãos e entidades de registro e fiscalização

Caberá aos órgãos e entidades de registro e fiscalização do Ministério da Saúde, do Ministério da Agricultura, Pecuária e Abastecimento e do MMA, e da Secretaria Especial de Aquicultura e Pesca da Presidência da República, entre outras atribuições, no campo de suas competências, observadas a decisão técnica da CTNBio, as deliberações do CNBS e os mecanismos estabelecidos na Lei n° 11.105/2005 e na sua regulamentação (art. 16).

10.5 Comissão Interna de Biossegurança – CIBio

Toda instituição que utilizar técnicas e métodos de engenharia genética ou realizar pesquisas com OGM e seus derivados deverá criar uma CIBio, além de indicar um técnico principal responsável para cada projeto específico.

Competem à CIBio, no âmbito da instituição constituída, as atribuições previstas no art. 18 da Lei n° 11.105/2005.

10.6 Sistema de Informações em Biossegurança (SIB)

O SIB funciona no âmbito do Ministério da Ciência e Tecnologia e tem por finalidade a gestão das informações decorrentes das atividades de análise, autorização, registro, monitoramento e acompanhamento das atividades que envolvam OGM e seus derivados.

Os órgãos e entidades de registro e fiscalização, referidos no art. 16 da Lei n° 11.105/2005, deverão alimentar o SIB com as informações relativas às atividades de manipulação genética, processadas no âmbito de sua competência.

10.7 Responsabilidade civil

A Lei n° 11.105/2005 dispõe no art. 20 que, sem prejuízo da aplicação das penas criminais nela previstas, os responsáveis pelos **danos ao meio ambiente e a terceiros** responderão, **solidariamente**, por sua **indenização ou reparação integral**, independentemente da existência de culpa. Tem-se aqui a adoção da **responsabilidade civil objetiva pelo risco integral**, em harmonia com o restante do Direito Ambiental.

10.8 Responsabilidade administrativa

Considera-se infração administrativa toda ação ou omissão que viole as normas nela previstas e demais disposições legais pertinentes. O art. 69 do Decreto n° 5.591/2005 dispõe sobre as condutas típicas infracionais.

As infrações administrativas serão punidas com as sanções previstas no art. 70, **independentemente das medidas cautelares** de apreensão de produtos, suspensão de venda de produto e embargos de atividades.

No que diz respeito às multas, a Lei n° 11.105/2005 delega competência aos órgãos e entidades de registro e fiscalização, referidos no art. 16, definir critérios, valores e aplicar **multas** de R$ 2.000,00 a R$ 1.500.000,00, proporcionalmente à gravidade da infração. As multas poderão ser aplicadas **cumulativamente** com as demais sanções previstas na lei e, no caso de **reincidência**, a multa será aplicada **em dobro**.

No caso de **infração continuada**, caracterizada pela permanência da ação ou omissão inicialmente punida, será a respectiva penalidade aplicada diariamente até cessar sua causa, sem prejuízo da paralisação imediata da atividade ou da interdição do laboratório ou da instituição ou empresa responsável.

As multas serão aplicadas pelos órgãos e entidades de registro e fiscalização dos Ministérios da Agricultura, Pecuária e Abastecimento, da Saúde, do Meio Ambiente e da Secretaria Especial de Aquicultura e Pesca da Presidência da República, referidos no art. 16 da Lei n° 11.105/2005, de acordo com suas respectivas competências.

Conforme o Decreto n° 5.591/2005 (art. 85), o rito procedimental para aplicação das sanções administrativas será o da Lei n° 9.784/1999.

10.9 Responsabilidade penal

A Lei de Biossegurança tipificou inúmeras condutas, dotando de maior efetividade a proteção aos bens jurídicos patrimônio genético, saúde humana e meio ambiente.

Importa destacar que todos os crimes são de **ação penal pública incondicionada**. A **competência** para julgamento é da Justiça Federal, nos termos do art. 109, IV, da CF (STJ, AgRg no CC n° 113.610).

298 Direito Ambiental

Passa-se a analisá-los.

Crime	Observações
Art. 24. Utilizar embrião humano em desacordo com o que dispõe o art. 5º desta Lei: Pena – detenção, de 1 (um) a 3 (três) anos, e multa.	■ Bem jurídico tutelado: preservação do patrimônio genético e da vida e saúde humanas. ■ Sujeito ativo: crime comum. ■ Sujeito passivo: sociedade. ■ Consumação: crime material, que se consuma com a manipulação do embrião humano, admitindo, assim, tentativa.
Art. 25. Praticar engenharia genética em célula germinal humana, zigoto humano ou embrião humano: Pena – reclusão, de 1 (um) a 4 (quatro) anos, e multa.	■ Bem jurídico tutelado: preservação do patrimônio genético e da vida e saúde humanas. ■ Sujeito ativo: crime comum. ■ Sujeito passivo: sociedade. ■ Consumação: crime material, que se consuma com a manipulação, admitindo, assim, tentativa.
Art. 26. Realizar clonagem humana: Pena – reclusão, de 2 (dois) a 5 (cinco) anos, e multa.	■ Bem jurídico tutelado: preservação do patrimônio genético e da vida e saúde humanas. ■ Sujeito ativo: crime comum. ■ Sujeito passivo: sociedade. ■ Consumação: crime formal, consumando-se com a realização da conduta descrita; admite tentativa.

Crime	Observações
Art. 27. Liberar ou descartar OGM no meio ambiente, em desacordo com as normas estabelecidas pela CTNBio e pelos órgãos e entidades de registro e fiscalização: Pena – reclusão, de 1 (um) a 4 (quatro) anos, e multa. § 2º Agrava-se a pena: I – de 1/6 (um sexto) a 1/3 (um terço), se resultar dano à propriedade alheia; II – de 1/3 (um terço) até a metade, se resultar dano ao meio ambiente; III – da metade até 2/3 (dois terços), se resultar lesão corporal de natureza grave em outrem; IV – de 2/3 (dois terços) até o dobro, se resultar a morte de outrem.	■ Bem jurídico tutelado: proteção do meio ambiente. ■ Sujeito ativo: crime comum. ■ Sujeito passivo: sociedade. ■ Consumação: crime formal, consumando-se com a realização da conduta descrita; admite tentativa.
Art. 28. Utilizar, comercializar, registrar, patentear e licenciar tecnologias genéticas de restrição do uso: Pena – reclusão, de 2 (dois) a 5 (cinco) anos, e multa.	■ Bem jurídico tutelado: preservação do patrimônio genético, meio ambiente e atividade econômica; visa-se evitar inserção no mercado de sementes que dão origem a organismos estéreis, o que obrigaria agricultores a sempre comprarem sementes para manter a produção. ■ Sujeito ativo: no caso dos núcleos utilizar e comercializar, trata-se de crime comum, pois pode ser praticado por qualquer pessoa. Já nos verbos registrar, patentear e licenciar, o crime é próprio, pois o agente é aquele que tem a aptidão jurídica específica para realizar a conduta, ou seja, para promover o registro, conceder a licença ou registrar a patente.

Art. 28. Utilizar, comercializar, registrar, patentear e licenciar tecnologias genéticas de restrição do uso: Pena – reclusão, de 2 (dois) a 5 (cinco) anos, e multa.	■ Sujeito passivo: sociedade. ■ "Tecnologias genéticas de restrição de uso": qualquer processo de intervenção humana para geração ou multiplicação de plantas geneticamente modificadas para produzir estruturas reprodutivas estéreis ou a técnica de manipulação genética para desativação dos genes da fertilidade. ■ Consumação: crime formal, consumando-se com a realização da conduta descrita; admite tentativa.
Art. 29. Produzir, armazenar, transportar, comercializar, importar ou exportar OGM ou seus derivados, sem autorização ou em desacordo com as normas estabelecidas pela CTNBio e pelos órgãos e entidades de registro e fiscalização: Pena – reclusão, de 1 (um) a 2 (dois) anos, e multa.	■ Objeto jurídico: preservação do patrimônio genético e do meio ambiente. ■ Sujeito ativo: crime comum. ■ Sujeito passivo: sociedade. ■ Consumação: crime formal, consumando-se com a realização da conduta descrita; admite tentativa. ■ Único crime da lei que é infração de menor potencial ofensivo, possibilitando transação penal.

11

Biodiversidade, patrimônio genético e conhecimento tradicional associado

11.1 Introdução

Em termos práticos, biodiversidade ou diversidade biológica significa a riqueza e a variedade do mundo natural. As plantas, os animais e os micro-organismos fornecem alimentos, remédios e boa parte da matéria-prima industrial consumida pelo ser humano. Esta riqueza precisa ser protegida contra a poluição, a extinção de espécies e a exploração ilegal, da mesma forma que precisam ser protegidos os conhecimentos a ela associados que as populações indígenas e comunidades tradicionais desenvolveram ao longo do tempo.

A CF, no art. 225, § 1º, II, dispõe que incumbe ao Poder Público preservar a **diversidade** e a **integridade do patrimônio genético** do país e fiscalizar as entidades dedicadas a pesquisa e manipulação de material genético.

302 Direito Ambiental

A Convenção sobre Diversidade Biológica, incorporada ao ordenamento nacional por meio do Decreto n° 2.519/1998, no seu art. 2°, define a diversidade biológica (ou biodiversidade) como "a variabilidade de organismos vivos de todas as origens, compreendendo, dentre outros, os ecossistemas terrestres, marinhos e outros ecossistemas aquáticos e os complexos ecológicos de que fazem parte; compreendendo ainda a diversidade dentro de espécies, entre espécies e de ecossistemas".

Refletindo o desejo das nações em desenvolvimento como o Brasil, a Convenção sobre Diversidade Biológica fixou a ideia de existência de que os países são soberanos com relação à biodiversidade de seus territórios. Por discordarem desse entendimento, os Estados Unidos não assinaram a Convenção.

Substituindo a MP n° 2.186/2001, a Lei n° 13.123/2015, Marco Regulatório do Uso da Biodiversidade, regulamenta o art. 225, § 1°, II, da CF, dispondo sobre o acesso ao patrimônio genético, sobre a proteção e o acesso ao conhecimento tradicional associado e sobre a repartição de benefícios para conservação e uso sustentável da biodiversidade. É regulamentada pelo Decreto n° 8.772/2016.

É importante destacar que a Lei n° 13.123/2015 não se aplica ao patrimônio genético humano, que é objeto da Lei n° 11.105/2005.

11.2 Conceitos legais

A referida lei traz conceitos e definições importantes no art. 2°, cuja assimilação é necessária.

Em harmonia com a regra de soberania prevista na Convenção sobre a Diversidade Biológica, a Lei n° 13.123/2015 considera parte do patrimônio genético existente no território nacional o micro-organismo que tenha sido isolado a partir de substratos do território nacional, do mar territorial, da zona econômica exclusiva ou da plataforma continental (art. 2º, parágrafo único). Em termos práticos, é patrimônio genético nacional, ainda que aprimorado/desenvolvido no estrangeiro, evitando assim a biopirataria.

11.3 Proteção e acesso ao patrimônio genético e ao conhecimento tradicional associado

A Lei nº 13.123/2015 traz um sistema que visa proteger o patrimônio genético e o conhecimento tradicional associado e, para isso, regulamentar o acesso a este. Tudo isso visa coibir a exploração ilegal em detrimento do país e das comunidades tradicionais que possuem os conhecimentos do uso da biodiversidade. Também é proibido o acesso para práticas nocivas ao meio ambiente, à reprodução cultural e à saúde humana e para o desenvolvimento de armas biológicas e químicas.

Para isso, estabelece a Lei nº 13.123/2015 (art. 3º) que o acesso ao patrimônio genético existente no país ou ao conhecimento tradicional associado para fins de pesquisa ou desenvolvimento tecnológico e a exploração econômica de produto acabado ou material reprodutivo oriundo desse acesso **somente** serão realizados **mediante cadastro, autorização ou notificação**, e serão submetidos a **fiscalização**, restrições e **repartição de benefícios**.

A **competência** para a gestão e a fiscalização dessas atividades é da **União**, nos termos do inciso XXIII do *caput* do art. 7º da LC nº 140/2011.

Essas atividades de controle são desempenhadas pelo Conselho de Gestão do Patrimônio Genético (CGen), vinculado ao Ministério do Meio Ambiente, cuja composição será efetuada assegurando-se paridade entre os setores empresarial, acadêmico e populações indígenas, comunidades tradicionais e agricultores tradicionais.

O CGen possui um extenso rol de atribuições, indicado no art. 6°, § 1°, da Lei n° 13.123/2015. Possuirá **Câmaras Temáticas e Setoriais**, com a participação paritária do governo e da sociedade civil, sendo esta representada pelos setores empresarial, acadêmico e representantes das populações indígenas, comunidades tradicionais e agricultores tradicionais, para subsidiar as decisões do plenário.

11.4 Conhecimento tradicional associado

Reitera-se que o conhecimento tradicional associado é a informação ou prática de população indígena, comunidade tradicional ou agricultor tradicional sobre as propriedades ou usos diretos ou indiretos associada ao patrimônio genético. Pode ser de origem não identificável, quando não há a possibilidade de vincular a sua origem a, pelo menos, uma população indígena, comunidade tradicional ou agricultor tradicional.

Pela Lei n° 13.123/2015, ficam protegidos contra a utilização e exploração ilícita os conhecimentos tradicionais associados ao patrimônio genético de três grupos (art. 8°):

- populações indígenas;
- comunidade tradicional; e
- agricultor tradicional.

A esses três grupos é reconhecido o **direito de participar da tomada de decisões**, no âmbito nacional, sobre assuntos relacionados à conservação e ao uso sustentável de seus conhecimentos tradicionais associados ao patrimônio genético do país, nos termos da Lei n° 13.123/2015 e do seu regulamento.

Biodiversidade, patrimônio genético e conhecimento tradicional associado **305**

O conhecimento tradicional associado ao patrimônio genético de que trata a Lei n° 13.123/2015 **integra o patrimônio cultural brasileiro** (art. 216 da CF) e poderá ser depositado em banco de dados, conforme dispuser o CGen ou legislação específica.

São formas de reconhecimento dos conhecimentos tradicionais associados, entre outras:

- publicações científicas;
- registros em cadastros ou bancos de dados; e
- inventários culturais.

É importante destacar que o intercâmbio e a difusão de patrimônio genético e de conhecimento tradicional associado **praticados entre si** por populações indígenas, comunidade tradicional ou agricultor tradicional para seu próprio benefício e baseados em seus usos, costumes e tradições **são isentos das obrigações** da Lei n° 13.123/2015, ou seja, a estes três grupos, internamente (entre si), não se aplicam as exigências dos procedimentos legais.

11.5 Consentimento prévio informado

O acesso ao conhecimento tradicional associado **de origem identificável** está condicionado à obtenção do consentimento prévio informado do grupo que o detém.

A **comprovação do consentimento** prévio informado poderá ocorrer, a critério da população indígena, da comunidade tradicional ou do agricultor tradicional, pelos instrumentos previstos no art. 9°, § 1°.

Atente-se que **caberá ao grupo social escolher** o meio de comprovação do consentimento. No caso de população indígena, é a própria comunidade que autoriza esse acesso, ainda que seja assessorada pela Fundação Nacional do Índio (Funai).

Já no que diz respeito ao acesso a conhecimento tradicional associado **de origem não identificável**, este **independe de consentimento** prévio informado.

O acesso ao patrimônio genético de **variedade tradicional local ou crioula ou à raça localmente adaptada ou crioula para atividades agrícolas** compreende o acesso ao conhecimento tradicional associado não identificável que deu origem à variedade ou à raça e **não depende do consentimento prévio** da população indígena, da comunidade tradicional ou do agricultor tradicional que cria, desenvolve, detém ou conserva a variedade ou a raça.

11.6 Direitos das populações indígenas e dos povos tradicionais

Às populações indígenas, às comunidades tradicionais e aos agricultores tradicionais que criam, desenvolvem, detêm ou conservam conhecimento tradicional associado são garantidos os direitos previstos no art. 10, destacando-se o de ter reconhecida a sua contribuição para o desenvolvimento e conservação de patrimônio genético e receber benefícios pela exploração econômica por terceiros.

É importante sublinhar que **qualquer conhecimento tradicional associado ao patrimônio genético** será considerado de **natureza coletiva**, ainda que apenas um indivíduo de população indígena ou de comunidade tradicional o detenha. Como reflexo disso, a tutela processual será efetuada de forma coletiva, aplicando-se a Lei nº 7.347/1985 (Lei da Ação Civil Pública – LACP), por exemplo.

11.7 Acesso, remessa e exploração econômica

Ficam sujeitas às exigências da Lei nº 13.123/2015 as seguintes atividades (art. 11):

> I – acesso ao patrimônio genético ou ao conhecimento tradicional associado;
>
> II – remessa **para o exterior** de amostras de patrimônio genético; e
>
> III – exploração econômica de produto acabado ou material reprodutivo oriundo de acesso ao patrimônio genético ou ao conhecimento tradicional associado realizado após a vigência desta Lei. (grifo nosso)

Veja-se que a Lei nº 13.123/2015 não estabelece nenhuma exigência para o intercâmbio de amostras de patrimônio genético entre instituições nacionais.

Caso seja necessária a saída da amostra de patrimônio genético do país, são previstas duas possibilidades distintas: **remessa** ou **envio de amostra** para a prestação de serviços no exterior:

Remessa	Envio de amostra
É a "**transferência** de amostra de patrimônio genético para instituição localizada fora do país com a finalidade de acesso, na qual a **responsabilidade sobre a amostra é transferida para a destinatária**".	É o "envio de amostra que contenha patrimônio genético para a prestação de serviços no exterior como parte de pesquisa ou desenvolvimento tecnológico na qual a **responsabilidade sobre a amostra é de quem realiza o acesso no Brasil**".

É expressamente **vedado** o acesso ao patrimônio genético ou ao conhecimento tradicional associado por **pessoa natural estrangeira**. Ou seja, pessoa jurídica estrangeira pode pleitear o acesso.

A remessa para o exterior de amostra de patrimônio genético depende de assinatura do termo de transferência de material, na forma prevista pelo CGen.

Segundo o art. 12 da Lei nº 13.123/2015, deverão ser objeto de cadastro as seguintes atividades:

a) acesso ao patrimônio genético ou ao conhecimento tradicional associado dentro do país realizado por pessoa natural ou jurídica nacional, pública ou privada;

b) acesso ao patrimônio genético ou conhecimento tradicional associado por pessoa jurídica sediada no exterior associada a instituição nacional de pesquisa científica e tecnológica, pública ou privada;

c) acesso ao patrimônio genético ou ao conhecimento tradicional associado realizado no exterior por pessoa natural ou jurídica nacional, pública ou privada;

d) remessa de amostra de patrimônio genético para o exterior com a finalidade de acesso, nas hipóteses das letras "b" e "c" acima; e

e) envio de amostra que contenha patrimônio genético por pessoa jurídica nacional, pública ou privada, para prestação de serviços no exterior como parte de pesquisa ou desenvolvimento tecnológico.

O cadastramento deverá ser realizado **previamente** à remessa, ou ao requerimento de qualquer direito de propriedade intelectual, ou à comercialização do produto intermediário, ou à divulgação dos resultados, finais ou parciais, em meios científicos ou de comunicação, ou à notificação de produto acabado ou material reprodutivo desenvolvido em decorrência do acesso.

A Lei nº 13.123/2015 dispõe ainda que são públicas as informações constantes do banco de dados de que trata o inciso IX do § 1º do art. 6º, ressalvadas aquelas que possam prejudicar as atividades de pesquisa ou desenvolvimento científico ou tecnológico ou as atividades comerciais de terceiros, podendo ser estas informações disponibilizadas mediante autorização do usuário.

As seguintes atividades poderão, a critério da União, ser realizadas mediante **autorização prévia**, que pode ser requerida em conjunto ou isoladamente, na forma prevista no Decreto nº 8.772/2016:

a) acesso ao patrimônio genético ou ao conhecimento tradicional associado em área indispensável à segurança nacional, que se dará após anuência do Conselho de Defesa Nacional;

b) acesso ao patrimônio genético ou ao conhecimento tradicional associado em águas jurisdicionais brasileiras, na plataforma continental e na zona econômica exclusiva, que se dará após anuência da autoridade marítima.

É importante destacar, ainda, que:

a) A autorização de remessa de amostra de patrimônio genético para o exterior transfere a responsabilidade da amostra ou do material remetido para a destinatária.

b) A conservação *ex situ* de amostra do patrimônio genético encontrado na condição *in situ* deverá ser **preferencialmente** realizada no território nacional.

c) A autorização ou o cadastro para remessa de amostra do patrimônio genético para o exterior depende da informação do uso pretendido, observados os requisitos do regulamento.

d Para a exploração econômica de produto acabado ou material reprodutivo oriundo de acesso ao patrimônio genético ou ao conhecimento tradicional associado serão exigidas:

- a notificação do produto acabado ou do material reprodutivo ao CGen; e
- a apresentação do acordo de repartição de benefícios, ressalvado o disposto no § 5° do art. 17 e no § 4° do art. 25.

11.8 Repartição de benefícios

Prevê a lei que os benefícios resultantes da exploração econômica de produto acabado ou de material reprodutivo oriundo de acesso ao patrimônio genético de espécies encontradas em condições *in situ* ou ao conhecimento tradicional associado, **ainda que produzido fora do país**, serão repartidos, **de forma justa e equitativa**, destacando-se que, no caso do produto acabado, o componente do patrimônio genético ou do conhecimento tradicional associado deve ser um dos elementos principais de agregação de valor.

A **modalidade de repartição de benefícios** pode ser **monetária** ou **não monetária**, e deverá ser **indicada no momento da notificação** do produto acabado ou material reprodutivo oriundo do acesso ao patrimônio genético ou ao conhecimento tradicional associado.

Estão **sujeitos** à repartição de benefícios exclusivamente o fabricante do produto acabado ou o produtor do material reprodutivo, independentemente de quem tenha realizado o acesso anteriormente.

Os fabricantes de produtos **intermediários** e desenvolvedores de processos oriundos de acesso ao patrimônio genético ou ao conhecimento tradicional associado ao longo da cadeia produtiva estarão **isentos** da obrigação de repartição de benefícios.

Quando um único produto acabado ou material reprodutivo for o resultado de acessos distintos, estes não serão considerados cumulativamente para o cálculo da repartição de benefícios.

As operações de licenciamento, transferência ou permissão de utilização de qualquer forma de direito de propriedade intelectual sobre produto acabado, processo ou material reprodutivo oriundo do acesso ao patrimônio genético ou ao conhecimento tradicional associado por terceiros são caracterizadas como exploração econômica isenta da obrigação de repartição de benefícios.

Ficam ainda **isentos** da obrigação de repartição de benefícios:

a) as **microempresas, as empresas de pequeno porte, os microempreendedores individuais**, conforme disposto na LC nº 123/2006; e

b) os **agricultores tradicionais e suas cooperativas**, com receita bruta anual igual ou inferior ao limite máximo estabelecido no inciso II do art. 3º da LC nº 123/2006.

A lei prevê a **responsabilidade solidária pela repartição de benefícios** entre o importador, subsidiária, controlada, coligada, vinculada ou representante comercial do produtor estrangeiro em território nacional ou em território de países com os quais o Brasil mantiver acordo com esse fim e o fabricante do produto acabado ou do material reprodutivo pela repartição de benefícios, caso o produto acabado ou o material reprodutivo não tenha sido produzido no Brasil.

No caso *supra*, na **ausência de acesso a informações** essenciais à determinação da base de cálculo de repartição de benefícios em tempo adequado, **a União arbitrará o valor** da base de cálculo de acordo com a melhor informação disponível, considerando o percentual previsto na Lei nº 13.123/2015 ou em acordo setorial, garantido o contraditório.

Os benefícios resultantes da exploração econômica de produto oriundo de acesso ao patrimônio genético ou ao conhecimento tradicional associado para **atividades agrícolas** serão repartidos sobre a comercialização do material reprodutivo, ainda que o acesso ou a exploração econômica se dê por meio de pessoa física ou jurídica subsidiária, controlada, coligada, contratada, terceirizada ou vinculada, respeitada a responsabilidade solidária anteriormente mencionada.

Nesse caso de atividades agrícolas, a repartição de benefícios deverá ser aplicada ao último elo da cadeia produtiva de material reprodutivo, ficando isentos os demais elos.

Já no caso de exploração econômica de material reprodutivo oriundo de acesso a patrimônio genético ou a conhecimento tradicional associado para fins de atividades agrícolas e destinado exclusivamente à geração de produtos acabados nas cadeias produtivas que não envolvam atividade agrícola, a repartição de benefícios ocorrerá somente sobre a exploração econômica do produto acabado.

Fica **isenta da repartição de benefícios** a exploração econômica de produto acabado ou de material reprodutivo oriundo do acesso ao patrimônio genético de espécies introduzidas no território nacional pela ação humana, ainda que domesticadas, exceto:

Biodiversidade, patrimônio genético e conhecimento tradicional associado   **313**

a) as que formem populações espontâneas que tenham adquirido características distintivas próprias no país; e

b) variedade tradicional local ou crioula ou a raça localmente adaptada ou crioula.

A repartição de benefícios decorrente da exploração econômica de produto acabado ou material reprodutivo oriundo de acesso ao patrimônio genético ou ao conhecimento tradicional associado poderá constituir-se nas modalidades **monetária** ou **não monetária** (transferência de tecnologia) poderá realizar-se na forma do art. 9°, § 3°.

Se houver **pluralidade de detentores do mesmo conhecimento tradicional associado**, a repartição dar-se-á na modalidade **monetária**, realizada por meio do Fundo Nacional para a Repartição de Benefícios (FNRB). Neste caso, o valor deverá ser depositado no FNRB, e corresponderá à metade daquela prevista no art. 20 da Lei n° 13.123/2015 ou definida em acordo setorial, isto é, de 1% da receita líquida anual obtida com a exploração econômica, ressalvada a hipótese de redução para até 0,1 por acordo setorial. Esta repartição independe da quantidade de demais detentores do conhecimento tradicional associado acessado.

Em qualquer caso de dúvida, **presume-se, de modo absoluto**, a existência de demais detentores do mesmo conhecimento tradicional associado.

11.9 Sanções administrativas

Visando garantir a efetividade do cumprimento de suas disposições, a Lei n° 13.123/2015 previu infrações administrativas contra o patrimônio genético ou contra o conhecimento tradicional associado (art. 27).

Assim, considera-se infração administrativa toda **ação ou omissão** que viole as normas da lei, na forma do regulamento.

Sem prejuízo das sanções penais e cíveis cabíveis, as infrações administrativas serão punidas com as sanções elencadas no art. 27, § 1°, cumulativamente ou não.

O Decreto n° 8.772/2016 (art. 92, parágrafo único) prevê que o processo administrativo próprio para aplicação das sanções será aquele previsto no Decreto n° 6.514/2008, que trata das infrações contra o meio ambiente

11.10 Fundo Nacional para a Repartição de Benefícios e do Programa Nacional de Repartição de Benefícios

A Lei n° 13.123/2015 (arts. 30 a 34) criou o Fundo Nacional para a Repartição de Benefícios (FNRB), natureza financeira, vinculado ao MMA, com o objetivo de valorizar o patrimônio genético e os conhecimentos tradicionais associados, e promover o seu uso de forma sustentável.

A composição, a organização e o funcionamento do Comitê Gestor do FNRB são previstos no Decreto n° 8.772/2016.

11.11 Regularização de acessos anteriores à Lei n° 13.123/2015

A Lei n° 13.123/2015 trouxe um extenso capítulo de disposições transitórias, a fim de regularizar as situações anteriores à sua vigência.

Dessa forma, todo usuário que realizou, a partir de 30 de junho de 2000, atividades de acordo com a Medida Provisória (MP) n° 2.186/2001 deverá reformular o pedido de autorização ou regularização dentro de um ano, contado da data da disponibilização do cadastro pelo CGen.

Por outro lado, os pedidos de autorização ou regularização de acesso e de remessa de patrimônio genético ou de conhecimento tradicional associado **ainda em tramitação** na data de entrada em vigor da Lei n° 13.123/2015 deverão ser reformulados pelo usuário como pedido de cadastro ou de autorização de acesso ou remessa, conforme o caso.

Para os casos em que o usuário, entre 30 de junho de 2000 e a data de entrada em vigor da Lei n° 13.123/2015, realizou as seguintes atividades em desacordo com a legislação em vigor à época, será possível efetuar a regularização, condicionada a assinatura de **Termo de Compromisso**, cuja celebração produz os seguintes efeitos:

a) **suspende a aplicação das sanções** administrativas;

b) constitui **título executivo extrajudicial**;

c) **suspende a prescrição** durante o período de vigência do acordo.

12

Política Nacional de Resíduos Sólidos

12.1 Conceito de resíduo

Os resíduos são um problema decorrente da sociedade industrial e de consumo. A industrialização faz com que uma quantidade muito maior de bens seja produzida, acarretando grande número de resíduos, fruto da fabricação das mercadorias. O consumismo gera uma demanda muito maior por estes bens e, consequentemente, o descarte de objetos de consumo para que sejam substituídos por novos, o que gera a demanda que alimenta a indústria.

O que vulgarmente se denomina lixo, a Lei nº 12.305/2010, que instituiu a Política Nacional de Resíduos Sólidos, define como **resíduos sólidos**, ou seja, "todo material, substância, objeto ou bem descartado resultante de atividades humanas em sociedade, bem como gases contidos em recipientes e líquidos cujas particularidades tornem inviável o seu lançamento na rede pública de esgotos ou em corpos d'água" (art. 3º, XVI).

318   Direito Ambiental

É importante não confundir resíduos com **rejeitos** sólidos, pois estes últimos não são passíveis de tratamento, isto é, não possuem reaproveitamento.

Em resumo, **resíduo é gênero** (qualquer coisa descartada resultante de atividades humanas), devendo ter destinação final ambientalmente adequada, enquanto **rejeito é espécie** de resíduo, cujo reaproveitamento é inviável, sendo destinado à disposição final.

12.2 Objeto da Política Nacional de Resíduos Sólidos

O objeto central de que trata a Lei nº 12.305/2010 é a **gestão integrada** e o **gerenciamento de resíduos sólidos** (art. 1º). Para isso, dispõe sobre os princípios, objetivos e instrumentos, bem como sobre as responsabilidades dos geradores e do Poder Público e instrumentos econômicos aplicáveis.

Cabe destacar que os resíduos radioativos são expressamente excluídos do âmbito da Política Nacional de Resíduos Sólidos, conforme se vê do art. 1º, § 2º, da Lei nº 12.305/2010, sendo objeto de legislação própria (Lei nº 10.308/2001).

12.3 Objetivos da Política Nacional de Resíduos Sólidos

A Política Nacional de Resíduos Sólidos busca superar a defasada visão segundo a qual o lixo (resíduo) não é aproveitável. Para tanto, promove o seu reaproveitamento, auferindo vantagens econômicas com tal atividade e melhorando a qualidade do meio ambiente.

A Lei nº 12.305/2010 dispõe sobre os princípios, objetivos e instrumentos, bem como sobre as diretrizes relativas à gestão integrada e ao gerenciamento de resíduos sólidos, incluídos os perigosos, às responsabilidades dos geradores e do poder público e aos instrumentos econômicos aplicáveis.

O principal objetivo imediato da lei é **gestão integrada e o gerenciamento de resíduos sólidos** (art. 1º) visando, como objetivo mediato, à proteção da saúde pública e da qualidade ambiental (art. 7º, I).

Para isso, é importante mudar o ciclo de produção de resíduos, por meio da mudança de atitude da sociedade, com a adoção de novas posturas, **nesta ordem** (art. 7º, II, combinado com o art. 9º):

1. não geração de resíduos;

2. redução;

3. reutilização;

4. reciclagem;

5. tratamento dos resíduos sólidos; e

6. disposição final ambientalmente adequada dos rejeitos.

Ou seja, antes de tudo, busca-se **não gerar** resíduos. Se for absolutamente necessário, busca-se **reduzir** a quantidade de resíduos gerados. Não sendo possível reduzir, será tentada a **reutilização** daquele resíduo. Sendo impossível a reutilização, será tentada a **reciclagem**. Por último, não sendo possível reciclar, será dado **tratamento** e, por fim, **disposição final**.

12.4 Definições

A Lei nº 12.305/2010 traz definições bastante específicas no art. 3º, e cujo estudo é necessário para a compreensão dos institutos que serão analisados mais adiante.

12.5 Princípios

A Política Nacional de Resíduos Sólidos possui princípios, alguns já analisados nesta obra em capítulo próprio, porém outros bastante específicos:

a) prevenção e precaução;

b) poluidor-pagador e protetor-recebedor;

c) visão sistêmica, na gestão dos resíduos sólidos, que considere as variáveis ambiental, social, cultural, econômica, tecnológica e de saúde pública;

d) desenvolvimento sustentável;

e) ecoeficiência, mediante a compatibilização entre o fornecimento, a preços competitivos, de bens e serviços qualificados que satisfaçam as necessidades humanas e tragam qualidade de vida e a redução do impacto ambiental e do consumo de recursos naturais em um nível, no mínimo, equivalente à capacidade de sustentação estimada do planeta

f) cooperação entre as diferentes esferas do Poder Público, o setor empresarial e demais segmentos da sociedade;

g) responsabilidade compartilhada pelo ciclo de vida dos produtos;

h) reconhecimento do resíduo sólido reutilizável e reciclável como um bem econômico e de valor social, gerador de trabalho e renda e promotor de cidadania;

i) respeito às diversidades locais e regionais;

j) direito da sociedade à informação e ao controle social;

k) razoabilidade e proporcionalidade.

Política Nacional de Resíduos Sólidos **321**

12.6 Planos de resíduos

Os instrumentos da Política Nacional de Resíduos Sólidos estão previstos no art. 8° da Lei n° 12.305/2010 e, entre eles, destacam-se as modalidades de planos de resíduos sólidos:

a) o Plano Nacional de Resíduos Sólidos;

b) os planos estaduais de resíduos sólidos;

c) os planos microrregionais de resíduos sólidos e os planos de resíduos sólidos de regiões metropolitanas ou aglomerações urbanas;

d) os planos intermunicipais de resíduos sólidos;

e) os planos municipais de gestão integrada de resíduos sólidos; e

f) os planos de gerenciamento de resíduos sólidos.

Inicialmente, é importante não confundir **planos de resíduos sólidos** com **planos de gerenciamento de resíduos sólidos** (arts. 20 a 24 da Lei n° 12.305/2010). Os primeiros são de atribuição do Poder Público, enquanto os segundos são um dever dos geradores de resíduos sólidos e dos estabelecimentos comerciais e prestadores de serviço.

O Plano Nacional de Resíduos Sólidos é elaborado pela União, sob a coordenação do MMA, com vigência por prazo indeterminado e horizonte de 20 anos, a ser atualizado a cada quatro anos (art. 15), tendo como conteúdo mínimo o previsto no art. 15.

Uma importante peculiaridade do Plano Nacional de Resíduos Sólidos é que este deverá ser elaborado mediante **processo de mobilização e participação social**, incluindo a realização de **audiências e consultas públicas**, em um claro exemplo do já estudado princípio ambiental da participação. Não existe semelhante exigência para elaboração dos planos de resíduos estaduais e municipais.

Os planos **estaduais** devem alcançar toda a área dessa pessoa política, e será elaborado para vigência por prazo indeterminado, abrangendo todo o território do Estado, com horizonte de atuação de 20 anos e revisões a cada quatro anos (art. 17). Somente com o plano estadual, cujo conteúdo mínimo é previsto no referido art. 17, o respectivo ente federado pode receber verbas federais.

Além do plano estadual de resíduos sólidos, os Estados poderão elaborar planos microrregionais de resíduos sólidos, bem como planos específicos direcionados às regiões metropolitanas ou às aglomerações urbanas. A elaboração deverá ocorrer obrigatoriamente com a participação dos Municípios afetados.

Os **planos municipais**, por sua vez, são também obrigatórios para Municípios com menos de 20 mil habitantes, porém, neste caso, terão conteúdo simplificado. Esse tratamento diferenciado encontra-se em harmonia com a sistemática traçada pela Constituição Federal, que, no art. 182, § 1º, torna obrigatório o plano-diretor apenas para cidades com mais de 20 mil habitantes.

Todavia, a regra de um plano municipal de gestão integrada de resíduos sólidos de conteúdo simplificado possui **três exceções**, previstas no § 3º do art. 19 da Lei nº 12.305/2010:

1. municípios integrantes de áreas de especial interesse turístico;
2. municípios inseridos na área de influência de empreendimentos ou atividades com significativo impacto ambiental de âmbito regional ou nacional;

Política Nacional de Resíduos Sólidos **323**

3. municípios cujo território abranja, total ou parcialmente, unidades de conservação.

Os planos municipais deverão ter o **conteúdo mínimo** previsto no art. 19.

12.7 Plano de gerenciamento de resíduos sólidos

O plano de gerenciamento de resíduos sólidos é elaborado pelo ente privado ou público que gera o resíduo e é parte integrante do processo de licenciamento ambiental do empreendimento ou atividade pelo órgão competente (art. 24). Estão sujeitos à elaboração de plano os geradores de resíduos previstos no art. 20 da Lei nº 12.305/2010.

O plano de gerenciamento de resíduos sólidos tem o conteúdo mínimo previsto no art. 21.

12.8 Responsabilidades dos geradores de resíduos e do Poder Público

A responsabilidade pela observância da Política Nacional de Resíduos Sólidos é do Poder Público, do setor empresarial e da coletividade, conforme o art. 25 da Lei nº 12.305/2010, sendo os ônus divididos da seguinte forma:

Poder Público	O titular dos serviços públicos de limpeza urbana e de manejo de resíduos sólidos é responsável pela organização e prestação direta ou indireta desses serviços, observados: 1. o plano municipal de gestão integrada de resíduos sólidos, 2. a Lei nº 11.445/2007, e 3. as disposições da Política Nacional de Resíduos Sólidos e seu regulamento..

Poder Público	Deve atuar, subsidiariamente, com vistas a minimizar ou cessar o dano, logo que tome conhecimento de evento lesivo ao meio ambiente ou à saúde pública relacionado ao gerenciamento de resíduos sólidos. Neste caso será ressarcido pelo responsável pelo dano
Empreendedores (art. 20)	Responsáveis pela implementação e operacionalização integral do plano de gerenciamento de resíduos sólidos aprovado pelo órgão competente como parte do licenciamento ambiental. Em caso de ilícito praticado pelo subcontratado a responsabilidade é solidária.

12.9 Responsabilidade compartilhada

Conceito importante trazido pela Lei nº 12.305/2010 é o da responsabilidade compartilhada pelo ciclo de vida dos produtos, a ser implementada de forma individualizada e encadeada, abrangendo os fabricantes, importadores, distribuidores e comerciantes, os consumidores e os titulares dos serviços públicos de limpeza urbana e de manejo de resíduos sólidos (*vide* conceitos de ciclo de vida do produto e responsabilidade compartilhada pelo ciclo de vida dos produtos no item 12.4).

A responsabilidade compartilhada pelo ciclo de vida dos produtos decorre claramente do princípio da cooperação, e tem por objetivo o aproveitamento de resíduos sólidos e a redução da geração destes.

12.10 Logística reversa

A **logística reversa** consiste em imputar àquele que produz o produto do qual se originou o resíduo a obrigação de coletar o bem e providenciar-lhe destinação adequada.

Política Nacional de Resíduos Sólidos **325**

Por força do art. 33 da Lei n° 12.305/2010, são obrigados a estruturar e implementar sistemas de logística reversa, mediante retorno dos produtos após o uso pelo consumidor, de forma independente do serviço público de limpeza urbana e de manejo dos resíduos sólidos, os fabricantes, importadores, distribuidores e comerciantes de:

a) agrotóxicos, seus resíduos e embalagens, assim como outros produtos cuja embalagem, após o uso, constitua resíduo perigoso;

b) pilhas e baterias;

c) pneus;

d) óleos lubrificantes, seus resíduos e embalagens;

e) lâmpadas fluorescentes, de vapor de sódio e mercúrio e de luz mista;

f) produtos eletroeletrônicos e seus componentes.

Um dos exemplos de medidas que os obrigados a executar logística reversa devem adotar é disponibilizar postos de entrega de resíduos reutilizáveis e recicláveis (art. 33, § 3°, II, da Lei n° 12.305/2010).

É importante atentar que, caso o Poder Público participe da logística reversa, por exemplo, coletando resíduos de atividades empresariais, ele deverá ser remunerado, conforme o art. 33, § 7°, da Lei n° 12.305/2010.

No caso específico dos agrotóxicos, o sistema de logística reversa, seus resíduos e embalagens, deverá haver a aplicação conjunta da Lei n° 12.305/2010 com disposições próprias da Lei n° 7.802/1989 (Lei de Agrotóxicos).

A distribuição de deveres do sistema de logística reversa é a seguinte:

Consumidores	Deverão efetuar a devolução após o uso, aos comerciantes ou distribuidores, dos produtos e das embalagens.
Comerciantes e distribuidores	Deverão efetuar a devolução aos fabricantes ou aos importadores dos produtos e das embalagens reunidos ou devolvidos.
Fabricantes e importadores	Darão destinação ambientalmente adequada aos produtos e às embalagens reunidos ou devolvidos, sendo o rejeito encaminhado para a disposição final ambientalmente adequada, na forma estabelecida pelo órgão competente do Sisnama e, se houver, pelo plano municipal de gestão integrada de resíduos sólidos.

12.11 Resíduos perigosos

A Política Nacional de Resíduos Sólidos condiciona a instalação e o funcionamento de empreendimento ou atividade que gere ou opere com resíduos perigosos se o responsável comprovar, no mínimo, **capacidade técnica e econômica**, além de condições para prover os cuidados necessários ao gerenciamento desses resíduos.

Além disso, as pessoas jurídicas que operem com resíduos perigosos, em qualquer fase do seu gerenciamento, são obrigadas a se cadastrar no Cadastro Nacional de Operadores de Resíduos Perigosos.

Uma importante previsão da Lei nº 12.305/2010 é a possibilidade de exigência de seguro de responsabilidade civil por danos causados ao meio ambiente ou à saúde pública (**seguro ambiental**) para que seja concedido o licenciamento ambiental de empreendimentos ou atividades para quem opere resíduos perigosos (art. 40).

Política Nacional de Resíduos Sólidos **327**

12.12 Instrumentos econômicos

Buscando fomentar o cumprimento das normas por meio de sanções premiais ou positivas (princípio do protetor-recebedor), a Lei nº 12.305/2010 prevê que o Poder Público poderá instituir medidas indutoras e linhas de financiamento para atender, prioritariamente, às iniciativas previstas no art. 42.

Os consórcios públicos constituídos, nos termos da Lei nº 11.107/2005, com o objetivo de viabilizar a descentralização e a prestação de serviços públicos que envolvam resíduos sólidos, têm prioridade na obtenção dos incentivos instituídos pelo Governo Federal (art. 45).

12.13 Proibições

A Política Nacional de Resíduos Sólidos **proíbe** expressamente que **resíduos sólidos ou rejeitos sejam**:

a) lançados em praias, no mar ou em quaisquer corpos hídricos;

b) lançados *in natura* a céu aberto, excetuados os resíduos de mineração;

c) queimados a céu aberto ou em recipientes, instalações e equipamentos não licenciados para essa finalidade, salvo em caso de decreto de emergência sanitária, e desde que autorizadas e acompanhadas pelos órgãos competentes ambientais e sanitários (art. 47, § 1º, da Lei nº 12.305/2010).

Além disso, são **proibidas, nas áreas de disposição final de resíduos ou rejeitos**:

a) utilização dos rejeitos dispostos como alimentação;
b) catação, observadas as metas para a eliminação e recuperação de lixões, associadas à inclusão social e à emancipação econômica de catadores de materiais;
c) criação de animais domésticos;
d) fixação de habitações temporárias ou permanentes.

É também **proibida a importação de resíduos** sólidos perigosos e rejeitos, bem como de resíduos sólidos cujas características causem dano ao meio ambiente, à saúde pública e animal e à sanidade vegetal, ainda que para tratamento, reforma, reuso, reutilização ou recuperação. Esta proibição de importação objetiva impedir que países ricos enviem seus resíduos para as nações mais pobres, o chamado "**turismo de resíduos**". O exemplo mais conhecido, no Brasil, é o da proibição da importação de pneus usados, já mencionado no item 2.16 desta obra.

13

Agrotóxicos

13.1 Introdução

A Constituição Federal, quando fixou os deveres de atuação do Poder Público na defesa do meio ambiente, expressamente determinou a este "controlar a produção, a comercialização e o emprego de técnicas, métodos e substâncias que comportem risco para a vida, a qualidade de vida e o meio ambiente" (art. 225, § 1º, V). Demonstrando a preocupação com o tema, a CF limita a propaganda comercial de agrotóxicos, prevendo que "estará sujeita a restrições legais" "e conterá, sempre que necessário, advertência sobre os malefícios decorrentes de seu uso" (art. 220, § 4º).

Em harmonia com essa disposição constitucional foi editada a Lei nº 7.802/1989, Lei dos Agrotóxicos, regulamentada pelo Decreto nº 4.074/2002. A Lei nº 7.802/1989 trata da pesquisa, experimentação, produção, embalagem e rotulagem, transporte, armazenamento, comercialização, propaganda comercial, utilização, importação, exportação, destino dos resíduos e embalagens, registro, classificação, controle, inspeção e fiscalização de agrotóxicos, seus componentes e afins.

330   Direito Ambiental

A relevância do tema destaca-se pelo fato de o Brasil ser um dos maiores consumidores de agrotóxicos do mundo, observando-se que tais substâncias provocam imensos danos ao meio ambiente e às populações humanas em especial.

13.2 Conceito de agrotóxico

A Lei nº 7.802/1989 definiu **agrotóxicos e afins**:

a) os produtos e os agentes de processos físicos, químicos ou biológicos, destinados ao uso nos setores de produção, no armazenamento e beneficiamento de produtos agrícolas, nas pastagens, na proteção de florestas, nativas ou implantadas, e de outros ecossistemas e também de ambientes urbanos, hídricos e industriais, cuja finalidade seja alterar a composição da flora ou da fauna, a fim de preservá-las da ação danosa de seres vivos considerados nocivos; e

b) substâncias e produtos, empregados como desfolhantes, dessecantes, estimuladores e inibidores de crescimento;

Outro conceito relevante é o de **componentes**: os princípios ativos, os produtos técnicos, suas matérias-primas, os ingredientes inertes e aditivos usados na fabricação de agrotóxicos e afins.

13.3 Registro de agrotóxicos e de empresas do setor

A produção, a exportação, a importação e a comercialização de agrotóxicos, seus componentes e afins, são condicionadas ao **prévio registro** em **órgão federal**, de acordo com as

Agrotóxicos 331

diretrizes e exigências dos órgãos federais responsáveis pelos setores da saúde, do meio ambiente e da agricultura (art. 3º da Lei nº 7.802/1989). No caso de pesquisa e experimentação, existe a figura do **registro especial temporário de agrotóxicos** (art. 3º, § 1º, da Lei nº 7.802/1989).

É importante destacar que o registro para novo produto agrotóxico só poderá ocorrer se a sua ação tóxica sobre o ser humano e o meio ambiente for comprovadamente igual ou menor do que a daqueles já registrados. Ou seja, não se admite o registro de agrotóxico mais danoso que os já existentes.

A fim de dar publicidade ao pedido de registro, concretizando o princípio da informação, assim que protocolado o pedido, será publicado no *Diário Oficial da União* um resumo do mesmo.

Além do registro do agrotóxico, as pessoas físicas e jurídicas que sejam prestadoras de serviços na aplicação destes, ou que os produzam, importem, exportem ou comercializem, ficam obrigadas a promover os seus registros nos órgãos competentes, do Estado ou do Município, atendidas as diretrizes e exigências dos órgãos federais responsáveis que atuam nas áreas da saúde, do meio ambiente e da agricultura (art. 4º da Lei nº 7.802/1989).

13.4 Proibição de agrotóxicos

A lei contém um rol de proibições quanto ao registro de agrotóxicos e afins (art. 3º, § 6º), visando evitar danos à saúde humana e ao meio ambiente.

332   Direito Ambiental

13.5 Cancelamento e impugnação do registro de agrotóxicos

A Lei n° 7.802/1989, refletindo o princípio de Direito Ambiental da participação popular, prevê ampla legitimidade para requerer o cancelamento ou a impugnação do registro de agrotóxicos e afins (art. 5°), com fundamento em prejuízos ao meio ambiente, à saúde humana e dos animais a:

a) entidades de classe, representativas de profissões ligadas ao setor;

b) partidos políticos, com representação no Congresso Nacional;

c) entidades legalmente constituídas para defesa dos interesses difusos relacionados à proteção do consumidor, do meio ambiente e dos recursos naturais.

O processo de impugnação ou cancelamento do registro deverá durar, no máximo, 90 (noventa) dias, e deverá ter seu resultado publicado (art. 5°, § 2°).

13.6 Requisitos das embalagens

Outra peculiaridade da lei é prever requisitos para embalagens dos agrotóxicos (art. 6° da Lei n° 7.802/1989):

a) devem ser projetadas e fabricadas de forma a impedir qualquer vazamento, evaporação, perda ou alteração de seu conteúdo e de modo a facilitar as operações de lavagem, classificação, reutilização e reciclagem;

b) os materiais de que forem feitas devem ser insuscetíveis de ser atacados pelo conteúdo ou de formar com ele combinações nocivas ou perigosas;

c) devem ser suficientemente resistentes em todas as suas partes, de forma a não sofrer enfraquecimento e a responder adequadamente às exigências de sua normal conservação;

d) devem ser providas de um lacre que seja irremediavelmente destruído ao ser aberto pela primeira vez.

Outras disposições acerca das embalagens são de grande importância, as que têm a finalidade de evitar a contaminação:

a) o **fracionamento e a reembalagem** de agrotóxicos e afins com o objetivo de comercialização somente poderão ser realizados pela empresa produtora, ou por estabelecimento devidamente credenciado;

b) os usuários de agrotóxicos, seus componentes e afins deverão efetuar a **devolução das embalagens vazias** dos produtos **aos estabelecimentos comerciais onde foram adquiridos**, de acordo com as instruções previstas nas respectivas bulas, no prazo de até um ano, contado da data de compra, ou prazo superior, se autorizado pelo órgão registrador, podendo a devolução ser intermediada por postos ou centros de recolhimento, desde que autorizados e fiscalizados pelo órgão competente;

c) as empresas produtoras e comercializadoras de agrotóxicos são responsáveis pela destinação das embalagens vazias dos produtos por elas fabricados e comercializados, após a devolução pelos usuários, e pela dos produtos apreendidos pela ação fiscalizatória estatal.

Como se observa do regramento explicado, pelo qual o usuário deve retornar ao comerciante a embalagem usada de agrotóxico, a Lei nº 7.802/1989 estabelece um sistema de logística reversa.

13.7 Propaganda

Anterior à edição do Código de Defesa do Consumidor (CDC), a Lei de Agrotóxicos já previa disposições acerca da propaganda comercial de agrotóxicos (art. 8°), estabelecendo que, em qualquer meio de comunicação, deverá conter clara advertência sobre os riscos do produto à saúde dos homens, animais e ao meio ambiente, além de serem proibidas representações visuais de práticas potencialmente perigosas, tais como a manipulação ou aplicação sem equipamento protetor, o uso em proximidade de alimentos ou em presença de crianças.

13.8 Competências

Em harmonia com as competências ambientais previstas na Constituição Federal, a Lei n° 7.802/1989 detalhou as ações a serem desempenhadas em cada uma das esferas políticas:

- A **União** ficou responsável por legislar, analisar, controlar e fiscalizar os estabelecimentos de produção, importação e exportação (art. 9°) e prestar o apoio necessário às ações de controle e fiscalização, à unidade da Federação que não dispuser dos meios necessários (art. 12).
- Os **Estados** e o **Distrito Federal**, por seu turno, ficaram responsáveis por legislar sobre o uso, a produção, o consumo, o comércio e o armazenamento dos agrotóxicos, seus componentes e afins, bem como fiscalizar o uso, o consumo, o comércio, o armazenamento e o transporte interno.
- Já os **Municípios** devem legislar supletivamente sobre o uso e o armazenamento dos agrotóxicos, seus componentes e afins (art. 11).

Agrotóxicos 335

É importante recordar que o STJ reafirmou a competência concorrente ao analisar recurso da União em que esta
procurava eximir-se de obrigação imposta em decisão judicial
liminar que determinou a reembalagem e o deslocamento de
agrotóxico para local seguro, após verificado que havia produtos estocados sem o necessário cuidado técnico. A União
sustentava que a responsabilidade pelo destino dos agrotóxicos não é sua, mas do Estado-membro, porém, o STJ entendeu
que, diante da competência concorrente da União, Estados e
Municípios para proteção do meio ambiente prevista na CF e na
Lei nº 7.802/1989, não haveria como a União furtar-se de responder pela exigência emergencial para sustar a contaminação
aferida pelo magistrado do primeiro grau (REsp nº 541.771).

13.9 Responsabilidade civil subjetiva

Atente-se para a seguinte particularidade da Lei nº
7.802/1989: diferentemente do restante da legislação ambiental, ela prevê a responsabilidade civil de natureza subjetiva, isto
é, exige dolo ou culpa para sua configuração.

É o que se observa nas diversas hipóteses do art. 14 da
Lei nº 7.802/1989, quando se atribuem as responsabilidades
administrativa, civil e penal pelos danos causados à saúde das
pessoas e ao meio ambiente, sujeitas a hipóteses de dolo ou
culpa.

13.10 Responsabilidade penal

A Lei dos Agrotóxicos previu dois tipos penais.

Em primeiro lugar (art. 15 da Lei nº 7.802/1989) previu
o crime de destinação indevida de embalagens, tipificando a

conduta daquele que produz, comercializa, transporta, aplica, presta serviço, dá destinação a resíduos e embalagens vazias de agrotóxicos, seus componentes e afins, em descumprimento às exigências estabelecidas na legislação pertinente, fixando pena de reclusão, de dois a quatro anos, além de multa.

Com relação a esse tipo penal, impende destacar que o STJ decidiu, no REsp nº 1.449.266, que a conduta de transportar, no território nacional, em desacordo com as exigências estabelecidas na legislação pertinente, agrotóxicos importados por terceiro de forma clandestina não se adapta ao tipo de importação ilegal de substância tóxica (art. 56 da Lei nº 9.605/1998) caso o agente não tenha ajustado ou posteriormente aderido à importação ilegal antes da entrada do produto no país, ainda que o autor saiba da procedência estrangeira e ilegal do produto, subsumindo-se ao tipo de transporte ilegal de agrotóxicos (art. 15 da Lei nº 7.802/1989).

Já o art. 16 da Lei nº 7.802/1989 previu o crime de omissão na promoção de medidas de proteção à saúde, tipificando a conduta do empregador, profissional responsável ou o prestador de serviço que deixa de promover as medidas necessárias de proteção à saúde e ao meio ambiente, prevendo pena de reclusão de dois a quatro anos, além de multa. Somente nesta figura típica foi prevista modalidade culposa, com pena reduzida de reclusão de um a três anos, além de multa, o que viabiliza a incidência do benefício da suspensão condicional do processo (art. 89 da Lei nº 9.099/1995).

13.11 Responsabilidade administrativa

Sem prejuízo das responsabilidades civil e penal cabíveis, incide a responsabilidade administrativa (art. 17 da Lei nº

Agrotóxicos 337

7.802/1989), independentemente das medidas cautelares de apreensão do produto ou alimentos contaminados.

Insta destacar que, após a conclusão do processo administrativo, os agrotóxicos e afins apreendidos serão inutilizados ou poderão ter outro destino, a critério da autoridade competente (art. 18 da Lei n° 7.802/1989). Além disso, os custos referentes ao procedimento administrativo sancionador correrão por conta do infrator.

14

Terras indígenas

14.1 Considerações gerais

O regime jurídico sobre povos indígenas e suas terras é traçado diretamente pela Constituição Federal, nos arts. 231 e 232. Indiretamente, os arts. 215 e 216 da CF, que tratam da proteção ao patrimônio cultural, também se aplicam na proteção da cultura indígena. Além disso, também são importantes a Lei nº 6.001/1973 (Estatuto do Índio) e a Convenção nº 169 da Organização Internacional do Trabalho (OIT), que trata dos povos indígenas e tribais, incorporada ao ordenamento jurídico brasileiro por meio do Decreto nº 5.051/2004. É importante ressaltar que o Estatuto do Índio, por ser anterior à CF/1988, deve receber interpretação conforme o texto constitucional.

Para os fins desta obra, analisam-se especificamente as disposições relativas à proteção do meio ambiente em terras indígenas.

14.2 Conceito jurídico de índio

A Lei nº 6.001/1973 (Estatuto do Índio) define índio como "todo indivíduo de origem e ascendência pré-colombiana que se identifica e é identificado como pertencente a um grupo étnico cujas características culturais o distinguem da sociedade nacional" (art. 3º, I). Este conceito encontra-se em harmonia com a Convenção nº 169 da Organização Internacional do Trabalho (OIT), que prevê serem povos tribais aqueles "cujas condições sociais, culturais e econômicas os distingam de outros setores da coletividade nacional, e que estejam regidos, total ou parcialmente, por seus próprios costumes ou tradições ou por legislação especial" (art. 1º, 1, *a*).

14.3 Regime jurídico ambiental das terras indígenas

O regime jurídico das terras indígenas é estabelecido pela Constituição Federal, nos arts. 231 e 232. Contém normas que visam garantir a posse das áreas que os índios habitam e igualmente visam à **preservação do ambiente natural e cultural**. Isso permite a conclusão de que tais áreas são também espaços territoriais especialmente protegidos.

São as principais características desse regime, que conjuga a proteção do patrimônio cultural e do meio ambiente natural:

Proteção cultural	São protegidos a organização social, os costumes, as línguas, as crenças e as tradições indígenas (art. 231, caput, da CF).
Vinculação da terra indígena à sobrevivência cultural e ambiental	As terras indígenas são necessárias à sua reprodução física e cultural, segundo seus usos, costumes e tradições e imprescindíveis à preservação dos recursos ambientais necessários a seu bem-estar (art. 231, § 1º, da CF).

Terras indígenas **341**

Competência da União (dever de proteger)	Competência da União para demarcar as terras indígenas e proteger e fazer respeitar todos os seus bens (art. 231, *caput*, parte final, da CF), destacando-se que a expressão todos os seus bens se refere a todos os seus componentes ambientais, sejam naturais ou culturais.
Posse indígena	Terras indígenas são de posse permanente, e irremovíveis as comunidades que as habitam, salvo, *ad referendum* do Congresso Nacional, em caso de catástrofe ou epidemia que ponha em risco sua população, ou no interesse da soberania do país, após deliberação do Congresso Nacional, garantido, em qualquer hipótese, o retorno imediato logo que cesse o risco (art. 231, § 2º, 1ª parte, e § 5º, da CF). Ao tornar a posse permanente e assegurar a irremovibilidade, o constituinte assegurou que a proteção das terras indígenas não possui caráter transitório, mas permanente, o que impede medidas de retrocesso socioambiental como a remoção ou realocação destes povos.
Usufruto indígena	Usufruto exclusivo das terras indígenas pelos índios (art. 231, § 2º, da CF), portanto, é proibida a exploração dos recursos naturais por não índios. Como exceção, as duas únicas hipóteses de uso de recursos naturais por não índios nas terras indígenas são: 1. o aproveitamento dos recursos hídricos (incluídos os potenciais energéticos) e 2. a pesquisa e a lavra das riquezas minerais, mesmo assim sendo exigidas autorização do Congresso Nacional e oitiva das comunidades afetadas, sendo assegurada participação dos índios nos resultados da lavra (art. 231, § 3º, da CF).
Vedação de garimpagem	Proibição da atividade garimpeira em terras indígenas (art. 231, § 7º, da CF).
Imprescritibilidade do direito indígena à terra	Terras indígenas são inalienáveis e indisponíveis, e os direitos sobre elas, imprescritíveis, sendo nulos e extintos, não produzindo efeitos jurídicos os atos que tenham por objeto a ocupação, o domínio e a posse destas áreas, salvo, na forma da lei, quanto às benfeitorias derivadas da ocupação de boa-fé (art. 231,

Imprescritibilidade do direito indígena à terra	§§ 4° e 6°, da CF); atente-se, contudo, que o STF (RMS n° 29.542) acolheu a teoria do marco temporal, fixando que somente podem ser demarcadas como indígenas terras que estivessem sendo ocupadas por essas comunidades na data da promulgação da Constituição da República (05.10.1988).
Garantia processual	Têm legitimidade processual os índios, suas comunidades (portanto, independentemente, de personalidade jurídica) e organizações ingressarem em juízo em defesa de seus direitos e interesses, intervindo o Ministério Público (MPF) em todos os atos do processo (art. 232 da CF).

Além dessas disposições constitucionais, a Convenção n° 169 da OIT traz importantes disposições que visam proteger o patrimônio cultural e o meio ambiente nas terras indígenas:

Dever estatal de proteger	Dever dos Estados de adoção de medidas especiais de proteção de pessoas, instituições, bens, culturas e o meio ambiente dos povos interessados (art. 4°, 1).
Direito de consulta prévia	Comunidades devem ser consultadas, mediante procedimentos apropriados e por meio de suas instituições representativas, cada vez que sejam previstas medidas legislativas ou administrativas suscetíveis de afetá-los diretamente (art. 6°); assim, p. ex., antes que haja a construção de uma rodovia em terra indígena, as comunidades locais devem ser ouvidas sobre o empreendimento.
Direito de escolha	Das comunidades sobre suas "próprias prioridades no que diz respeito ao processo de desenvolvimento, na medida em que ele afete suas vidas, crenças, instituições e bem-estar espiritual" (art. 7°, 1).
Direito de participação	Das comunidades na formulação, aplicação e avaliação dos planos e programas de desenvolvimento nacional e regional suscetíveis de afetá-los diretamente" (art. 7°, 1, parte final).

Registre-se, ainda, que o Decreto nº 5.758/2006, que instituiu o Plano Nacional de Áreas Protegidas, expressamente inseriu as terras indígenas na categoria denominada "áreas protegidas", fixando extenso rol de metas e políticas públicas sociais e ambientais para preservação do patrimônio cultural e do meio ambiente natural.

15

Compliance ambiental

Compliance pode ser definido como o conjunto de ações e planos adotados facultativamente por pessoas jurídicas visando garantir que cumpram todas as exigências legais e regulamentares do setor ou segmento econômico em que atuam, inclusive preceitos éticos e de boa governança, visando evitar, detectar, punir e remediar adequadamente fraudes e atos de corrupção em geral (CUNHA; SOUZA, 2020). A expressão *compliance* pode ser traduzida como **conformidade** com a lei.

Embora a legislação ambiental não preveja expressamente o dever de *compliance*, a Lei n° 12.846/2013, que dispõe sobre a responsabilização administrativa e civil de pessoas jurídicas pela prática de atos contra a administração pública, nacional ou estrangeira, conhecida como Lei Anticorrupção, prevê o programa de *compliance* ao estabelecer que será levado em consideração na aplicação das sanções "a existência de mecanismos e procedimentos internos de integridade, auditoria e incentivo à denúncia de irregularidades e a aplicação efetiva de códigos de ética e de conduta no âmbito da pessoa jurídica" (art. 7°, VIII).

Regulamentando a citada lei, o Decreto n° 8.420/2015, no art. 41, conceitua o Programa de Integridade ou *Compliance*, como sendo,

> no âmbito de uma pessoa jurídica, no conjunto de mecanismos e procedimentos internos de integridade, auditoria e incentivo à denúncia de irregularidades e na aplicação efetiva de códigos de ética e de conduta, políticas e diretrizes com objetivo de detectar e sanar desvios, fraudes, irregularidades e atos ilícitos praticados contra a administração pública, nacional ou estrangeira.

Com base nessas premissas, podemos sintetizar o ***compliance*** **ambiental** como sendo um conjunto de medidas estabelecidas pelo empreendedor com o objetivo de prevenir a ocorrência de práticas ilícitas ambientais no decorrer das atividades econômicas desenvolvidas, buscando a conformidade destas com a legislação e a ética ambiental.

O *compliance* **ambiental** é vital à boa **governança ambiental**, e decorre do princípio constitucional da função socioambiental da empresa (CF, art. 170, *caput* e inciso IV). Seus objetivos principais são: cumprir com legislação nacional e internacional, além das regulações do mercado e das normas internas da empresa; prevenir demandas judiciais; obter transparência na condução dos negócios; proteger a confidencialidade da informação outorgada à instituição por seus clientes; evitar o conflito de interesse entre os diversos atores da instituição; evitar ganhos pessoais indevidos; e, por fim, disseminar na cultura organizacional, por meio de treinamento e educação, os valores éticos (RIBEIRO; DINIZ, 2015).

Inegável que, se o *compliance* genericamente considerado decorre da função social da empresa, o *compliance* ambiental encontra fundamento nos princípios do **poluidor-pagador** e da **prevenção**, pois se trata de atividade internalização de custos do processo produtivo, visando evitar a ocorrência de ilícitos contra o meio ambiente.

A Resolução Conama n° 306/2002, que estabelece requisitos mínimos para realização de auditorias ambientais para avaliação dos sistemas de gestão e controle ambiental em instalações do setor petrolífero, costuma ser apontada como a primeira norma a tratar, ainda que de forma implícita, sobre o tema.

Já a Resolução n° 4.327/2014, do Banco Central do Brasil, que instituiu a Política de Responsabilidade Socioambiental no setor da regulação financeira, constitui o mecanismo que formalmente iniciou o fomento no país ao *compliance* ambiental.

16

Litigância climática

Litigância climática são processos judiciais ou administrativos envolvendo, direta ou indiretamente, questões relacionadas a mudanças climáticas globais (aquecimento global).

Geralmente constituem uma forma de processo estrutural, ou seja, o processo que visa a solucionar um problema estrutural, o qual

> se define pela existência de um estado de desconformidade estruturada – uma situação de ilicitude contínua e permanente ou uma situação de desconformidade, ainda que não propriamente ilícita, no sentido de ser uma situação que não corresponde ao estado de coisas considerado ideal. Como quer que seja, o problema estrutural se configura a partir de um estado de coisas que necessita de reorganização (ou de reestruturação) (DIDIER; ZANETI JR.; OLIVEIRA, 2020).

No caso, o problema estrutural é justamente a mudança climática causada pela ação humana.

Nesse tipo de litígio, que pode se materializar em uma ação coletiva (ação civil pública, ação popular, mandando de segurança coletivo, p.ex.), ações constitucionais (ADI, ADO e

ADPF), ou até mesmo em uma ação individual, o autor da demanda pode pleitear, por exemplo, uma obrigação de fazer (redução de emissão de gases de efeito estufa, edição de uma norma), indenização relativa a prejuízo sofrido (elevação no nível do mar), ou a declaração de inconstitucionalidade, invalidade ou inconvencionalidade de uma norma, tudo com vistas a solucionar o problema estrutural em comento.

O fundamento legal vem basicamente do direito ao meio ambiente ecologicamente equilibrado (art. 225 da CF; Lei da PNMA; e Lei nº 12.187/2009 – Política Nacional sobre Mudança do Clima – PNMC), além de tratados internacionais assinados pelo Brasil, como o Acordo de Paris sobre a Convenção das Nações Unidas sobre Mudança do Clima (Decreto nº 9.073/2017).

Atualmente, os processos mais relevantes envolvendo o tema tramitam no STF: ADO 59 (Fundo Amazônia), ADPF 708 (antiga ADO 60 – Fundo Clima) e ADPF 760 (combate ao desmatamento Amazônia, todos ainda sem decisão de mérito.

Para além da esfera judicial, o tema pode ser objeto de processo administrativo, citando-se, a título de exemplo, o processo de licenciamento ambiental (avaliando-se o impacto da atividade na emissão de gases de efeito estufa) ou processo em Tribunais de Contas (o TCU já analisou o tema nos Acórdãos 2.293/2009, 2.354/2009, 2.513/2009, 2.516/2011 e 2.462/2009).

17

Política Nacional do Poder Judiciário para o Meio Ambiente

O Conselho Nacional de Justiça (CNJ) editou a Resolução nº 433/2021, instituindo a Política Nacional do Poder Judiciário para o Meio Ambiente. Por meio dela, busca-se uma atuação estratégica dos órgãos do sistema de Justiça para a proteção dos direitos intergeracionais ao meio ambiente.

De modo geral a norma busca fomentar uma atuação mais eficiente do Poder Judiciário, por meio da adoção de melhores práticas de gestão administrativa (p. ex., compartilhamento de informações e capacitação) e processual (p. ex., utilização de meios consensuais na solução de litígios e produção de provas em ações por meios mais modernos e menos custosos, como no caso de imagens de satélite).

Dentre as **diretrizes** que orientarão o Judiciário na temática ambiental, destacam-se (art. 1º):

a) observância dos princípios do poluidor-pagador, precaução, prevenção e solidariedade intergeracional na construção de políticas institucionais ambientais no âmbito do Poder Judiciário;

b) resolução de litígios ambientais com meios adequados à sua natureza e peculiaridade, notadamente autocomposição, conciliação e mediação, conforme dispõe a Resolução CNJ nº 125/2010;

c) utilização de recursos tecnológicos, de sensoriamento remoto e de imagens de satélite como meio de prova judicial e de criação de inteligência institucional para prevenção e recuperação dos danos ambientais na atuação finalística do Poder Judiciário;

d) respeito à autodeterminação dos povos indígenas, comunidades tradicionais e extrativistas e garantia ao respectivo direito à consulta prévia, livre e informada nos moldes da Convenção nº 169, da OIT, promulgada pelo Decreto nº 5.051/2004; e da Declaração das Nações Unidas sobre os Direitos dos Povos Indígenas;

e) atuação integrada e interinstitucional a fim de compartilhar informações de inteligência e de dados estratégicos entre as instituições públicas e privadas que atuam na tutela do meio ambiente; e

f) fomento à capacitação continuada e permanente dos agentes de Justiça para atualização e aperfeiçoamento funcional com uso de novas tecnologias e metodologias inovadoras, bem como na resolução de conflitos ambientais (art. 5º).

A resolução traz disposições importantes quanto à inteligência ambiental, isto é, a produção de informações de qualidade para fim de auxílio à tomada de decisão pelo gestor processual (magistrado da causa) ou ao gestor administrativo (órgãos de gestão dos tribunais). Nesse sentido, destacam-se (art. 3º):

a) o CNJ fornecerá periodicamente, por meio do SireneJud (Resolução Conjunta CNJ/CNMP nº 8/2021), relatórios de inteligência ambiental para auxiliar a identificação do tempo de tramitação das ações judiciais ambientais, das unidades judiciárias com maior número dessas ações e as regiões de atenção prioritária para a Política Nacional do Poder Judiciário para o Meio Ambiente;

b) identificação de regiões de atenção prioritária previstas no *caput* deste artigo engloba as terras e florestas públicas, as reservas indígenas, as terras quilombolas e os territórios ocupados por povos extrativistas e comunidades tradicionais;

c) identificação dos maiores litigantes na área ambiental por meio do SireneJud;

d) será criado nas Tabelas Processuais Unificadas, no assunto sobre direito ambiental, o subassunto litigância climática.

Os tribunais deverão (art. 6º):

a) criar de núcleos especializados na temática ambiental nos centros judiciários de solução consensual de conflitos;

b) promover capacitação contínua e periódica aos magistrados, servidores, conciliadores, e mediadores sobre direito ambiental, com uso de ferramentas tecnológicas e/ou inovadoras na temática;

c) incluir a temática ambiental no plano de ensino dos programas de formação e aperfeiçoamento de magistrados e servidores;

d) utilizar ferramentas eletrônicas de informação geográfica com vistas ao planejamento e à atuação estratégica para a execução da política judiciária para o meio ambiente, em âmbito local;

e) fomentar criação de redes para a articulação interinstitucional com o objetivo de permitir o compartilhamento de dados geográficos de interesse à temática ambiental entre o Poder Judiciário, os órgãos do Sistema de Justiça, as secretarias estaduais e municipais e as entidades do terceiro setor;

f) criar unidades judiciárias especializadas na temática ambiental, que funcionarão, preferencialmente, como "Núcleos de Justiça 4.0" especializados, nos termos da Resolução CNJ n° 385/2021, ou como estruturas físicas, com redistribuição de todos os feitos da comarca para a unidade especializada, respeitada a autonomia organizacional e orçamentária dos órgãos do Poder Judiciário (art. 7°).

Especificamente quanto aos magistrados, a resolução cria verdadeiras obrigações, determinando que estes:

a) poderão (aqui se trata de poder-dever, e não mera faculdade) considerar as provas produzidas exclusivamente por sensoriamento remoto ou obtidas por satélite no acervo probatório das ações judiciais ambientais (art. 11), disposição de suma relevância, para romper a arcaica tradição de exigência de laudos de constatação in loco, estimulando-se a adoção de provas produzidas por meios mais modernos, em homenagem à verdade real, eficiência e economicidade processual;

b) na **destinação de recursos oriundos de prestações pecuniárias vinculadas a crimes ambientais** poderão (novamente, trata-se de poder-dever) ser direcionados à entidade pública ou privada com finalidade social voltada à proteção do meio ambiente, observando-se as demais regras previstas na Resolução CNJ n° 154/2012, podendo priorizar projetos de recomposição que atuem na mitigação dos efeitos de mudança climática, especialmente os que utilizam energias renováveis (art. 12);

c) na pena de **prestação de serviços à comunidade** dirigida à pessoa física como sujeito ativo dos crimes ambientais fixarão, prioritariamente, atividades relacionadas à recomposição da área degradada pela conduta ilícita (art. 13);

d) na **condenação por dano ambiental**, deverá considerar, entre outros parâmetros, o impacto desse dano na mudança climática global, os danos difusos a povos e comunidades atingidos e o efeito dissuasório às externalidades ambientais causadas pela atividade poluidora (art. 14), isto é, a avaliação do dano ambiental deve ser abrangente, a ponto de incluir o aspecto do aquecimento global e o efeito dissuasório (punitivo, isto é, a fixação de uma multa civil além do valor da recuperação do ambiente lesado);

e) nas ações que versem sobre direitos difusos e coletivos ou nas ações individuais que afetem os povos e as comunidades tradicionais, deverá garantir o **efetivo direito à consulta prévia, livre e informada** nos moldes da Convenção nº 169, da OIT, promulgada pelo Decreto nº 5.051/2004, e da Declaração das Nações Unidas sobre os Direitos dos Povos Indígenas (art. 15);

f) ao constatar **indícios de fraude relacionadas a terras**, tais como sobreposição de terras ou irregularidade em cadastros, sistemas ou bases de dados referentes a recursos naturais ou à titularidade de terras, deverá oficiar ao respectivo órgão responsável e ao Ministério Público para as providências que entenderem cabíveis (art. 16).

18

Agenda 2030 e os 17 Objetivos de Desenvolvimento Sustentável

A Resolução CNJ nº 423/2021 alterou a Resolução nº 75/2009, que dispõe sobre os concursos públicos para ingresso na carreira da magistratura em todos os ramos do Poder Judiciário, incluiu o tema a disciplina "Noções gerais de Direito e formação humanística", o que mostra, mais uma vez, como o Direito Ambiental vem ganhando espaço nos concursos públicos e nas carreiras jurídicas como um todo.

Nesse sentido, o STF criou um Grupo de Trabalho pela Resolução nº 710/2020 para institucionalizar a Agenda 2030 na Corte. Uma das iniciativas implementadas pelo grupo foi classificar os processos do acervo de acordo com os Objetivos de Desenvolvimento Sustentável (ODS) para priorização dos temas.

Na Cúpula das Nações Unidas sobre o Desenvolvimento Sustentável (2015), os líderes de governos e de Estado de 193 países adotaram a *Agenda 2030 para o Desenvolvimento*

Sustentável, a qual contém um conjunto de *17 ODS* (NAÇÕES UNIDAS BRASIL, 2015).

Trata-se de documento de natureza recomendatória (*soft law*), o que não o torna menos importante. A participação do Brasil na Agenda 2030 para o Desenvolvimento Sustentável decorre da Resolução A/Res n° 70/1, de 25.09.2015, da Assembleia Geral das Nações Unidas. A resolução prevê a possibilidade de cada país decidir sobre a forma de implementação da Agenda em seu território, não havendo obrigatoriedade de vinculação da Agenda ao instrumento de planejamento orçamentário:

Estes são os 17 objetivos a serem buscados até 2030 (destacamos as palavras-chave):

1. Acabar com a **pobreza** em todas as suas formas, em todos os lugares.

2. Acabar com a **fome**, alcançar a segurança alimentar e melhoria da nutrição e promover a agricultura sustentável.

3. Assegurar uma vida saudável e promover o **bem-estar para todos**, em todas as idades.

4. Assegurar a **educação** inclusiva e equitativa e **de qualidade**, e promover oportunidades de aprendizagem ao longo da vida para todos.

5. Alcançar a **igualdade de gênero** e empoderar todas as mulheres e meninas.

6. Assegurar a disponibilidade e gestão sustentável da **água e saneamento** para todos.

7. Assegurar o acesso confiável, sustentável, moderno e a preço acessível à **energia** para todos.

8. Promover o **crescimento econômico** sustentado, inclusivo e sustentável, emprego pleno e produtivo e trabalho decente para todos.

9. Construir **infraestruturas** resilientes, promover a industrialização inclusiva e sustentável e fomentar a inovação.

10. Reduzir a **desigualdade** dentro dos países e entre eles.

11. Tornar as **cidades** e os assentamentos humanos inclusivos, seguros, resilientes e sustentáveis.

12. Assegurar padrões de **produção e de consumo sustentáveis**.

13. Tomar medidas urgentes para combater a **mudança do clima** e seus impactos.

14. Conservação e uso sustentável dos **oceanos**, dos mares e dos recursos marinhos para o desenvolvimento sustentável.

15. Proteger, recuperar e promover o uso sustentável dos **ecossistemas terrestres**, gerir de forma sustentável as florestas, combater a desertificação, deter e reverter a degradação da terra e deter a perda de biodiversidade.

16. Promover **sociedades pacíficas** e inclusivas para o desenvolvimento sustentável, proporcionar o acesso à justiça para todos e construir instituições eficazes, responsáveis e inclusivas em todos os níveis.

17. **Fortalecer os meios de implementação** e revitalizar a parceria global para o desenvolvimento sustentável.

A gravura a seguir, produzida pela ONU, é bastante didática e de fácil memorização:

Referências

ABI-EÇAB, Pedro. *Função ambiental das terras indígenas*. Tese (Doutorado em Direito). 2012. Pontifícia Universidade Católica de São Paulo, São Paulo.

ABI-EÇAB, Pedro; GAIO, Alexandre. Tutela do Meio Ambiente. In: VITORELLI, Edilson (Org.). *Manual de direitos difusos*. 2. ed. Salvador: JusPodivm, 2019. p. 661-845.

AMADO, Frederico. *Direito Ambiental*. 9. ed. Salvador: JusPodivm, 2018.

ATAIDE JUNIOR, Vicente de Paula. A capacidade processual dos animais. *Revista de Processo*. São Paulo: Revista dos Tribunais. v. 313, a. 46, p. 95-128, mar. 2021.

BELLO FILHO, Ney de Barros. Anotações ao crime de poluição. *Revista CEJ*. Brasília, nº 22, p. 49-62, p. 55-57, jul./set. 2003. Disponível em: www.jf.jus.br/ojs2/index.php/revcej/article/download/564/744. Acesso em: 15 maio 2017.

CAPEZ, Fernando. *Curso de Direito Penal*: legislação penal especial. 9. ed. São Paulo: Saraiva, 2014. v. 4.

CRUZ, Ana P. F. N. A responsabilidade penal da pessoa física, a culpabilidade e as excludentes em matéria penal ambiental. In: MARCHESAN, Ana Maria Moreira; STEIGLEDER, Annelise Monteiro (org.). *Crimes ambientais*: comentários à Lei nº 9.605/1998. Porto Alegre: Livraria do Advogado, 2013.

CUNHA, Rogério Sanches; SOUZA, Renee. *Lei anticorrupção empresarial*. 3. ed. Salvador: JusPodivm, 2020.

DIDIER JR., Fredie; ZANETI JR., Hermes; OLIVEIRA, Rafael Alexandria de. Elementos para uma teoria do processo estrutural aplicada ao processo civil brasileiro. *Revista de Processo*. São Paulo: Revista dos Tribunais, v. 303, p. 45-81, maio. 2020.

DINO NETO, Nicolau; BELLO FILHO, Ney; DINO, Flávio. *Crimes e infrações administrativas ambientais*. 3. ed. Belo Horizonte: Del Rey, 2011.

FIORILLO, Celso Antônio Pacheco; CONTE, Christiany Pegorari. *Crimes ambientais*. São Paulo: Saraiva, 2012.

FIORILLO, Celso Antônio Pacheco; FERREIRA, Renata Marques. *Comentários ao Código Florestal*: Lei nº 12.651/2012. 2. ed. São Paulo: Saraiva, 2018.

FRANCISCO, Ronaldo Vieira. Biossegurança – Lei nº 11.105/2005. In: CUNHA, Rogério Sanches; PINTO, Ronaldo Batista; SOUZA, Renee do Ó (org.). *Leis penais especiais comentadas*. Salvador: JusPodivm, 2018. p. 1581-1591.

FREITAS, Vladimir Passos de; FREITAS, Gilberto Passos de. *Crimes contra a natureza*. 9. ed. São Paulo: Revista dos Tribunais, 2012.

GRECO, Rogério. *Curso de Direito Penal*. 11. ed. Rio de Janeiro: Impetus, 2009.

INSTITUTO BRASILEIRO DE GEOGRAFIA E ESTATÍSTICA. *Vocabulário básico de recursos naturais e meio ambiente*. 2. ed. Rio de Janeiro, 2004. Disponível em: http://www.ibge.gov. br/home/presidencia/noticias/vocabulario.pdf. Acesso em: 7 abr. 2017.

KURKOWSKI, Rafael Schwez. Crime ambiental – Lei nº 9.605/1998. In: CUNHA, Rogério Sanches; PINTO, Ronaldo Batista; SOUZA, Renee do Ó (org.). *Leis penais especiais comentadas*. Salvador: JusPodivm, 2018. p. 1193-1315.

MACHADO, Paulo Affonso Leme. *Direito Ambiental brasileiro*. 21. ed. São Paulo: Malheiros, 2013.

MIRANDA, Marcos Paulo de Souza. Princípios básicos da proteção ao patrimônio cultural. In: MIRANDA, Marcos Paulo de Souza; ARAÚJO, Guilherme Maciel; ASKAR, Jorge Abdo (org.). *Mestres e conselheiros*: manual de atuação dos agentes do patrimônio cultural. Belo Horizonte: IEDS, 2009. p. 15-

24. Disponível em: https://saojoaodelreitransparente.com. br/files/docs/Mestres_e_Conselhos_._Manual_de_atua%-c3%a7%c3%a3o_dos_agentes_do_patrimonio_cultural.pdf. Acesso em: 18 set. 2019.

MOTTA, Lia; REZENDE, Maria Beatriz. *Inventário.* Disponível em: http://portal.iphan.gov.br/uploads/ckfinder/arquivos/Invent%C3%A1rio%20pdf.pdf. Acesso em: 26 set. 2019.

NAÇÕES UNIDAS BRASIL. *Agenda 2030 para o desenvolvimento sustentável.* 2015. Disponível em: https://brasil.un.org/pt-br/ 91863-agenda-2030-para-o-desenvolvimento-sustentavel. Acesso em: 22 dez. 2021.

OLIVEIRA, Fabiano Melo Gonçalves de. *Direito Ambiental.* 2. ed. Rio de Janeiro: Forense; São Paulo: Método, 2017.

PRADO, Luiz Régis. *Direito Penal do Ambiente.* 4. ed. São Paulo: Revista dos Tribunais, 2012.

RIBEIRO, Marcia Carla Pereira; DINIZ, Patrícia Dittrich Ferreira. *Compliance* e Lei Anticorrupção nas Empresas. *Revista de Informação Legislativa.* Brasília, a. 52, n. 205, p. 89, jan./ mar. 2015.

RIOS, Aurélio Virgílio Veiga *et al. O Direito e o desenvolvimento sustentável* – Curso de Direito Ambiental. São Paulo: Peirópolis, Brasília: Instituto Internacional de Educação do Brasil, 2005.

ROTHENBURG, Walter Claudius. A responsabilidade penal da pessoa jurídica. In: MARCHESAN, Ana Maria Moreira; STEIGLEDER, Annelise Monteiro (org.). *Crimes ambientais:* comentários à Lei nº 9.605/1998. Porto Alegre: Livraria do Advogado, 2013.

SILVA, José Afonso da. *Direito Ambiental Constitucional.* 4. ed. São Paulo: Malheiros, 2002.

SOUZA, Zani Cajueiro Tobias de. A proteção do patrimônio cultural. In: VITORELLI, Edilson (org.). *Manual de direitos difusos.* 2. ed. Salvador: JusPodivm, 2019. p. 847-896.

TOLEDO, Francisco de Assis. *Princípios básicos de direito penal.* 5. ed. São Paulo: Saraiva, 1994.

VITORELLI, Edilson. *Estatuto da igualdade racial e comunidades quilombolas.* Salvador: JusPodivm, 2012.